HULIANWANG XIAOYING JI

DAXUESHENG DE JIAZHI QUXIANG YANJI

互联网效应及
大学生的价值取向研究

朱凤云　张立艳　著

中国社会科学出版社

图书在版编目（CIP）数据

互联网效应及大学生的价值取向研究／朱凤云，张立艳著 . —北京：中国社会科学
出版社，2016.3
ISBN 978-7-5161-8759-3

Ⅰ.①互…　Ⅱ.①朱…　②张…　Ⅲ.①互联网络—影响—大学生—价值取向—
研究　Ⅳ.①G645.5

中国版本图书馆 CIP 数据核字（2016）第 189872 号

出 版 人　赵剑英
责任编辑　杨晓芳
责任校对　王佳玉
责任印制　王　超

出　　　版　中国社会科学出版社
社　　　址　北京鼓楼西大街甲 158 号
邮　　　编　100720
网　　　址　http://www.csspw.cn
发 行 部　010-84083685
门 市 部　010-84029450
经　　　销　新华书店及其他书店

印刷装订　三河市君旺印务有限公司
版　　　次　2016 年 3 月第 1 版
印　　　次　2016 年 3 月第 1 次印刷

开　　　本　710×1000　1/16
印　　　张　14.5
插　　　页　2
字　　　数　209 千字
定　　　价　56.00 元

目　录

导　言

　　进入 21 世纪，网络信息技术飞速发展和广泛应用，互联网迅速席卷整个世界。互联网的发展改变了人类的行为方式、思维方式、生产方式以及生活方式，对当代大学生群体的学习、生活以及发展也带来了极大影响。就我国来看，根据 CNNIC 第 35 次中国互联网络发展状况统计报告显示，2014 年中国 6.49 亿网民中，25 周岁以下的青少年网民规模为 2.77 亿人，占网民总体的 42.7%。青少年网民中，19—24 岁占比最大，为 49.6%，大学生群体正处于这个年龄段。在对互联网的各类应用中，除网络游戏外，大学生群体在信息获取类应用、交流沟通类应用、网络娱乐类应用和商务交易类应用中，均处于最高水平。当前，大学生群体无论是学习、生活还是娱乐都离不开互联网。但是，"未来，互联网的发展将会对青少年影响越来越大，网络依赖程度也会越来越高。而这种较高的依赖程度可能会导致青少年网络沉迷现象。过度沉迷将会造成极大的危害，严重影响到青少年生活、学习，以及身心健康"[1]。特别是大学生群体受年龄和阅历的限制，他们对互联网的信任度高、依赖性强，网络安全意识又较薄弱，一方面，互联网已经成为当代大学生获取最新信息、查阅学术资料等最为便捷的工具，同时大学生群体也是推动互联网向前发展的主体力量；另一方面，大学生很容易沉溺网络，同时他们也是网络欺骗、网络谣言、网络暴力、网络色情等的主要受害群体。"青少年群体的网络使用行为对网络娱乐的发展，网络文化的走向，以及手机上网的推广都有着重要的影响。同

---

　　[1]　《2014 年中国青少年上网行为研究报告》。

时，由于青少年网民具有较高的网络使用普及率和活跃的网络娱乐应用水平，也是最可能受到互联网不良信息影响的群体。因此，对青少年群体上网行为的研究也变得更加重要。"① 也就是说，互联网是一把双刃剑，在互联网极大地拓展了大学生群体的视野，给他们的学习生活和成长发展带来巨大便利，为他们提供了前所未有的发展机遇的同时，也给当代大学生带来了诸多严重的负面影响。

互联网对大学生自身发展的影响表现在：第一，互联网的广泛链接为我们开辟了一个新的生存空间，即虚拟空间。网络虚拟空间为当代大学生提供了新的发展平台，有利于大学生强化平等意识、开放意识、竞争意识和创新意识。但是，互联网是构造虚拟空间的一种新媒介，就像历史上其他科学技术的应用及普及一样，它带来了人类社会关系和生活方式的变革，但是它不可能改变一切，也不可能颠覆一切，因此，对互联网以及虚拟空间的讨论不能夸大其词。第二，互联网开拓了满足人们各种心理需求的渠道，有利于大学生缓解心理压力、增强自信心。但是受年龄和阅历所限，大学生自我控制的能力还较差，他们很容易沉溺网络而不能自拔，继而诱发各种网络心理障碍。第三，互联网上信息庞杂，良莠不齐，大学生对网络信息真伪缺乏辨识能力，对淫秽色情内容难以抵制，很容易出现网络道德问题和网络安全问题，甚至出现网络道德失范和网络违法犯罪行为。第四，虚拟空间为大学生展现真我提供了自由、宽容、和谐的平台，它有利于大学生独立人格的形成和发展，但是，长期沉溺网络世界，很容易形成网络双重人格障碍，其人格的裂变将直接导致心理的偏差，如社交恐惧、否定和逃避现实等，这将极大影响大学生的自身发展、学校秩序和社会稳定。第五，互联网为我们开辟了新的交往空间，它有利于大学生扩大交往范围、提高交往能力。但是，大学生网络群体是一个特殊的网民群体，其交往意愿强、思维敏捷开放、个性鲜明又拥有很强的好奇从众心理，易情绪化、极端化。很容易产生过激的、非理性的网络群体行为，不仅给自身也会给社会稳定造成很大的负面影响。对于互联网带来

---

① 《2014年中国青少年上网行为研究报告》。

的消极影响，需要从大学生自身、高校教育以及社会环境等多方面进行密切配合、有效减除。大学生应该把互联网作为一个促进自身发展的利器，在信息技术时代为自己插上互联网的翅膀，紧跟时代发展需要，尽可能地进行知识技能储备，为将来投身到祖国建设中一展身手，为推进人类事业的进步做出自己的贡献。

互联网技术推进了文化全球化的进程，也产生了自身的网络文化，文化多样性发展迅速，多元价值观对当代大学生的价值取向影响极大：文化全球化强化了大学生的全球意识、主体意识、竞争意识、创新意识、法制意识和权利意识；网络文化自身的特点有助于大学生自我解放、张扬个性，有助于增强大学生的自信、自立和自强。多元文化开阔了大学生的视野，有利于他们开放观念的形成和对世界各国文明成果的学习。但是，当前的文化全球化和网络文化发展中，实际上是西方文化对中西方文化交流的单向主导，西方敌对势力利用其主导地位强行或潜移默化地推行西方的意识形态、价值观念和生活观念，对当代大学生的价值取向带来了非常不利的影响，也不利于当代大学生对中国特色社会主义理想信念的认同和社会主义核心价值观的培育。当代大学生处于多元文化的环境影响中，他们在价值标准与价值选择上面临更多考验，难免造成价值选择迷惘和价值取向紊乱。这就要求高校教育工作者认真分析，找出应对措施，行之有效地对大学生进行引导和教育。

大学生群体是青少年中综合素质较高的人群，大学时期正是他们的世界观、人生观、价值观走向成熟和稳定的关键时期。当代大学生应该拥有什么样的价值观和价值取向，决定着他们的学习生活的目的以及未来发展的方向，他们拥有什么样的思想观念、道德情操、理想抱负和行为方式，将决定着中国特色社会主义事业建设及中国梦的实现进程。互联网时代加强培育大学生的社会主义核心价值观不仅极为重要也极为迫切。

第一章

互联网解读

互联网是 20 世纪的重大科技发明，当代先进生产力的重要标志。互联网的发展和普及引发了前所未有的信息革命和产业革命，已经成为经济发展的重要引擎、社会运行的重要基础设施和国际竞争的重要领域，深刻影响着世界经济、政治、文化的发展。

第一节　互联网时代的技术背景

技术在本质上是一种开放式演进的旨趣，这种旨趣和意向使技术活动成为人的内在向度：技术既是人的自我创造、自我展现过程，也是使自然和人的创造物被再造、被展现的过程。简言之，人建构了技术，技术反映了人的开放性的本质力量。互联网技术决定了网络空间的一些基本方面，使人们面对各种全新选择，并直接影响人们的网络生活形式。

互联网技术在社会层面所具有的革命性意义，与其独特的技术特性密切相关。因此，把握互联网的技术特性，对于在社会学层面上理解互联网的社会、文化意义和价值是极为重要的。

对于互联网的技术定义，"联合网络委员会"在其 1995 年通过的一项关于"互联网定义"的决议中说："联合网络委员会"认为，下述语言反映了我们对"互联网"这个词的定义。"互联网"指的是全球性的信息系统：通过全球性的唯一的地址逻辑地连接在一起，这个地址是建立在"网络间协议"或今后其他协议的基础之上的。可以通过"传输控制协议"和"网络间协议",或者今后其他接替的协议或与"网络间协议"兼容的协议来进行通信。可以让公共用户或者私人用户使用高水平的服务。这种服务是建立在上述通信及相关的基础设施之上的。

按照这一定义,互联网的技术特征主要包括以下几个方面:首先,互联网是全球性的,而且这种全球性是有技术保证的。作为分布式网络,互联网在技术层面上不存在中央控制问题。其次,互联网的每一台主机都需要有一个唯一的地址,以确定主机在全球性网络中的联结点。最后,这些主机必须按照共同的规则联结在一起。正是互联网的这些技术特征,使互联网成为一次崭新的技术革命。

1969 年,美国国防部高级研究计划署(ARPA)[①] 资助建立了世界上第一个分组交换试验网 ARPAnet,标志着现代计算机网络的诞生。

互联网的重要技术有:TCP/IP 协议, WWW, Telnet, FTP, E-mail,新闻组, BBS, IRC, MUDs 和加密技术等。TCP/IP 协议即传输控制协议和网际互联协议,是互联网实现不同网络互联的统一标准,也是互联网所采用的数据交换协议的统称。TCP/IP 协议采用包交换技术,所谓包交换主要指在通信网络中将信息分割成若干信息包传送。TCP/IP 协议赋予每一台联网计算机一个独一无二的地址,任何计算机只要采用该协议与互联网中的任一主机通信,都可以成为互联网的一部分。WWW 即万维网。万维网首先是一种客户/服务器结构的交互式自动信息查询系统,用户作为客户方,在自己的计算机上运行浏览器软件,该软件就会根据用户的查询条件自动地到各地的万维网服务器上查找信息。其次,万维网使用超文本格式显示信息。所谓超文本格式就是将文字、表格、声音、图像甚至影像等多媒体信息组合起来,并在有关联的信息之间建立联想式的多媒体超级链接。Telnet 即远程登录,用户利用这一服务可以登录远程计算机,这是互联网提供的最基本的信息服务之一,其目的就是让远程计算机资源为本地服务。远程登录后,用户可以共享远程计算机

---

① Advanced Research Project Agency.

的软硬件资源和数据库，使用其提供的互联网信息服务。Telnet 是一个强大的资源共享工具，例如，许多大学的图书馆就通过 Telnet 提供对外联机检索服务；一些政府部门、研究机构也将它们的数据库对外开放，便于用户通过 Telnet 进行查询。FTP 即文件传输协议，是指在 FTP 的支持下主机之间在互联网上传送任何类型的文件。FTP 与 Telnet 相似，也是一种实时的联机服务，但用户一般不希望在远程联机的情况下浏览文件，而是先将这些文件取回到自己的计算机中再进行阅读和处理，FTP 正好满足了用户的这一需求。E-mail 即电子邮件，它是当前网络用户之间快速、便捷、可靠、低廉的现代通信手段，网络用户通过 E-mail 能够发送或接收文字、图像、语音等多种形式的信息。同使用普通邮件一样，E-mail 用户也有一个属于自己的信箱地址，它是一种电子地址，其格式为"用户名@主机名．子域．最高域"，例如，joke@ sina. com. cn，这个 E-mail 地址中，joke 表示用户名，sina 表示新浪公司，com 表示该主机服务于商业领域，cn 表示中国代码。新闻组又称邮件组，是关于某个主题的公开邮件系统，参与者可以发表意见，同时也能够接收新闻组中其他成员发表的意见。是一种多对多的非实时交往方式。BBS 即电子公告牌，是网上的非实时匿名公共留言区，是自由言论的场所。IRC 即网络聊天系统，其实质就是实时一对一、一对多或多对多匿名交谈。MUDs 即"多用户地牢"，起初是一种实时在线多人虚拟角色扮演游戏，后有许多演变为各种社交论坛。加密技术对于保护隐私和信息安全具有重要作用。一般的加密措施由共用密匙和个人密匙组成，当我们向某人发送信息时，可以用共用密匙对内容加密，他本人收到信息后再用他的个人密匙解密。

在研究实现互联的过程中，计算机软件起了主要的作用。1974年，出现了连接分组网络的协议，其中就包括了 TCP/IP 这两个协议相互配合，IP 是基本的通信协议，TCP 是帮助 IP 实现可靠传输的协议。TCP/IP 有一个非常重要的特点，就是开放性，即 TCP/IP 的规范和互联网的技术都是公开的，目的就是使任何厂家生产的计算机都能相互通信，使互联网成为一个开放的系统。这也正是互联网接下来能够飞速发展的重要原因。

互联网络在 20 世纪 90 年代初开始发展，基于的协议是 IPv4（Internet Protocol Version 4），随着互联网用户和应用的不断增加，IPv4 已逐渐暴露出地址空间严重不足、数据传输缺乏质量保证、数据安全性难以保证和对组播功能支持有限等问题。90 年代中期，互联网工程任务组为了更好地满足互联网络的未来发展需求，设计了一种新的 IP 协议——IPv6，IPv6 作为下一代网络的基础以其鲜明的技术优势得到广泛的认可。

当前 IP 地址的增长已转向 IPv6，加快 IPv6 的应用和部署已经成为共识。自 2011 年开始，由于全球 IPv4 地址已经分配完毕，所以近几年我国的 IPv4 地址数量基本没有变化，地址数量维持在 3.30 亿个左右，IPv6 地址数量飞速增长，2012 年 6 月底，我国拥有 IPv6 地址数量为 12499 块/32，相比 2011 年底增速达到 33.0%。在全球的排名由 2011 年 6 月的第 15 位迅速提升到当时的第 3 位，仅次于巴西（65728 块/32）和美国（18694 块/32）。截至 2013 年 6 月底，我国 IPv6 地址数量为 14607 块/32，较上年同期大幅增长 16.5%，居世界第 2 位。IPv6 地址数的不断发展将进一步推进我国的信息化建设进程，为我国下一代互联网发展奠定坚实的基础。

2012 年 3 月七部委联合下发了《下一代互联网"十二五"发展建议意见的通知》，我国在 2013 年底前逐步开展 IPv6 的小规模商用试点，形成商业模式和技术演进路线，为全面部署 IPv6 做准备。充足的地址资源是这一过程得以顺利实施的基础。当前，各大运营商都在大力推进 IPv6 产业链的成熟，积极开展试点和试商用，逐步扩大 IPv6 用户和网络规模。截至 2013 年 12 月，我国 IPv6 地址数量为 16670 块/32，较上年同期增长 33.0%，列世界第二位。

IPv6 是下一代互联网的发展起点，其意义不仅在于解决 IPv4 时代地址资源枯竭的问题，同时 IPv6 还将成为其他技术发展的基础，支撑物联网、云计算等新兴互联网产业的发展。面对这一机遇，我国政府极为重视并积极推动相关战略的制定，2011 年 12 月，国务院常务会议研究部署加快发展我国下一代互联网产业，明确了我国发展下一代互联网的路线图，提出将在 2013 年底前开展 IPv6 网络小规模商用，并在 2014—2015 年开展大规模部署和商用，这一规划将加速我国 IPv6 及下一代互联网产业的发展步伐，提升我国在一系列新兴互联网产业中的国际竞争力。①

除此，电子商务、现代远程教育、网上远程医疗等是互联网技术发展的重要服务功能。电子商务（EC）是一种简单、快捷、低成本的电子通信方式，是买卖双方在互联网上通过数据的处理和传输而进行的各种商务活动。电子商务是一个系统，它包括买卖双方、信息公司、政府部门、认证机构、配送物流公司，还包括银行或金融机构。要保证参加交易各方和所有合作伙伴安全可靠地进行商业活动，需要完善的电子商务服务系统，其中，网上银行、在线电子支付等条件和数据加密，电子签名等技术在电子商务中尤其发挥着重要作用。现代远程教育是指 20 世纪 90 年代在计算机、多媒体与远程通信技术基础上产生的网上远程教育。现代远程教育系统是一个整体的网络化学习解决方案，它包括教学服务环境，如交互式 CSCW 教学环境、多点视频会议以及基于 Web 的学习环境；教学管理系统，如教务管理系统、教职工管理系统和财务管理系统；教学系统，如备课系统、授课系统、辅导系统和自由讨论系统；教学辅助系统，如图书馆、学术讨论系统和公共服务。现代远程教育具有多媒体教学资源丰富、实时或非实时的双向交互等特点，是一个开放的远程教育系统，它不仅适用于在校学生在校园网上学习，更能满足社会上需要接受再教育人员的学习需求。网上远程医疗也是一个系统，它是以计算机和网络通信为基础，利用医学资料（包括数据、文本、图片和声像资料）的多媒体技术，进行远距离视频、音频信息传输、存储、查询及显示，提供远距离医学信息和服务的医疗过程。它包括远程会诊和远程辅助治疗。现代远程医疗可以远距离提供医疗技术服务，这有利于打破地区间医疗水平不平衡、解决地区间医疗信息缺乏等问题。

随着社会科技、文化和经济的发展，特别是计算机网络技术和通信技术的飞速发展，人类社会从工业社会向信息社会过渡的趋势越来越明显，人们对信息的意识，对开发和使用信息资源的重视越

---

① 以上数据来源于第 29—33 次《中国互联网络发展状况统计报告》。

来越加强，今天的互联网已不再是计算机人员和军事部门进行科研的领域，而是变成了一个开发和使用信息资源的覆盖全球的信息海洋。互联网的应用渗透到了各个领域，覆盖了社会生活的方方面面，从学术研究到股票交易、从学校教育到娱乐游戏、从联机信息检索到在线居家购物、从办公室共享信息到电子贸易等广泛领域。互联网已成为目前规模最大的国际性计算机网络，其提供的方便而广泛的互联必将对未来社会生活产生巨大影响。

第二节　互联网的应用

在人类历史上，每一次关键技术的突破与普及，都会导致社会结构的转型与重构，而互联网正是这种具有突破性意义的新技术。在某种意义上甚至可以说，互联网对社会结构的革命性影响，将远比历史上任何一次技术革命都更为深刻。全球化背景下，以互联网为代表的新媒介及其技术范式，深刻影响着人们的行为方式、思维方式、生产方式、生活方式甚至是社会结构。2008 年，胡锦涛在考察人民网时指出，互联网已经成为思想文化信息的集散地和社会舆论的放大器，我们要充分认识以互联网为代表的新兴媒体的社会影响力。

为了全面了解和掌握中国互联网行业的发展状况，1997 年，国家主管部门研究决定由中国互联网络信息中心（CNNIC）牵头组织有关互联网单位共同开展互联网行业发展状况调查，并在当年发布了第 1 次《中国互联网络发展状况统计报告》。2014 年 1 月 16 日，CNNIC 在北京发布第 33 次《中国互联网络发展状况统计报告》，《报告》显示，截至 2013 年 12 月，中国网民规模达 6.18 亿人，互联网普及率为 45.8%。其中，手机网民规模达 5 亿人，继续保持稳定增长。手机网民规模的持续增长促进了手机客户端各类应用的发展，是 2013 年中国互联网发展的一大特点。《报告》对中国网民规模、结构特征、网民互联网应用、中小企业互联网应用、互联网基础资源等进行了连续的调查研究。

一 互联网改变传统企业运作模式

第 33 次《中国互联网络发展状况统计报告》对企业互联网应用发展状况、中小企业电子商务及网络营销发展状况进行了分析和总结。

（一）企业互联网应用发展状况

1. 计算机使用状况

截至 2013 年 12 月，全国使用计算机办公的企业比例为 93.1%。

分从业人员规模看，7 人及以下的微型企业计算机使用率为 83.5%；8—19 人的企业计算机使用率为 93.7%；20—49 人的企业计算机使用率为 94.5%；50—99 人的企业计算机使用率为 96.3%；100—299 人的企业计算机使用率为 97.9%；300 人以上的企业计算机使用率为 97.8%。从以上数字可以看出，7 人及以下的微型企业计算机使用率最低，与其他规模企业之间差距仍然较大。100 人以上规模的企业，计算机使用率接近 98%，比 7 人及以下的微型企业高出 14.3%。

就各地区企业间的计算机使用率来看，由于各地区的经济发展水平、产业结构不同，企业计算机的使用率也存在一定差异。当前来看，企业计算机的使用率高低跟我国区域经济的协调发展规划的实施时间先后是相一致的：东部地区最高，企业计算机的使用率为 95.7%；其次是西部地区，企业计算机的使用率为 91.9%；东北地区企业计算机使用率仅次于西部地区，为 91.8%；中部地区企业计算机使用率最低，仅为 84.8%。使用计算机是企业信息化基础应用的一个重要方面，对消除地区间数字鸿沟及信息化水平差距有促进作用，因此重点推进落后地区计算机使用工作还需强化。

2. 互联网使用状况

截至 2013 年 12 月，全国使用互联网办公的企业比例为 83.2%。

分从业人员规模看，7 人及以下的微型企业的互联网使用率依然最低，为 68.8%；8—19 人企业的互联网使用率为 82.9%；20—49

人企业的互联网使用率为 85.4%；50—99 人企业的互联网使用率为
88.7%；100—299 人企业的互联网使用率为 91.2%；300 人及以上
企业的互联网使用率为 91.3%。从以上数据可以看出，企业互联网
使用率随其规模增大而提高。7 人及以下的微型企业的互联网使用
率比全国平均水平低 14.4 个百分点，比 100 人以上规模的企业互
联网使用率低 22.5%，差距较大。

就各地区企业间的互联网使用率来看，东部地区企业的互联网
使用率最高，为 87.7%；其次是东北地区，企业的互联网使用率为
80.4%；紧跟其后的是西部地区，企业的互联网使用率为 79.5%，
尽管在计算机的使用上，西部地区对东部地区的追赶较快，二者相
差不到 4 个百分点，但是两地区企业在互联网使用率上却存在较大
差距，达到 8.2 个百分点；中部地区企业互联网使用率相对较低，
仅为 70.5%。

3. 宽带使用状况

截至 2013 年 12 月，全国范围内，企业固定宽带使用率为
79.6%，是企业接入互联网的最主要方式。固定宽带包括小区宽
带、ADSL、光纤接入、无线局域网等。其他使用情况是：窄带包括
拨号上网、ISDN、GPRS 等的使用率是 20.8%；移动宽带即 3G 上
网的使用率是 18.3%。

2013 年是中国宽带建设实现跨越性发展的一年，工信部正式启
动"宽带中国 2013 专项行动"，发布《关于实施宽带中国 2013 专
项行动的意见》。随后，国务院印发《"宽带中国"战略及实施方
案》，提出宽带网络成为新时期我国经济社会发展的战略性公共基
础设施，提出了具体的发展目标与发展时间表：（1）宽带用户规
模：固定宽带接入用户 2015 年达到 2.7 亿户，2020 年达到 4 亿户；
3G、LTE 用户 2015 年达到 4.5 亿户，2020 年达到 12 亿户。（2）宽
带普及水平：固定宽带家庭普及率 2015 年达到 50%，2020 年达到
70%；3G、LTE 用户普及率 2015 年达到 32.5%，2020 年达到
85%。（3）宽带网络能力：城市宽带接入能力 2015 年达到
20Mbps，2020 年达到 50 Mbps；农村宽带接入能力 2015 年达到
4Mbps，2020 年达到 12Mbps；大型企事业单位宽带接入能力 2015

年大于 100Mbps，2020 年大于 1000Mbps；3G、LTE 基站规模 2013 年是 95 个，2015 年达到 120 个。（4）宽带信息应用：网民数量 2015 年达到 8.5 亿人，2020 年达到 11 亿人；电子商务交易额 2013 年是 10 万亿元，2015 年达到 18 万亿元。

宽带建设工作的持续深入开展，对企业的互联网应用有极大的推动作用。一方面，宽带基础建设对互联网在优化产业结构、提高企业运营效率方面具有促进作用。《"宽带中国"战略及实施方案的通知》中具体提出要不断拓展和深化宽带在生产经营中的应用，加快企业宽带联网和基于网络的流程再造与业务创新，利用信息技术改造提升传统产业，实现网络化、智能化、集约化、绿色化发展，促进产业优化升级。另一方面，以宽带基础建设带动高新技术产业不断发展，具体提出要不断创新宽带应用模式，培育新市场新业态，加快电子商务、现代物流、网络金融等现代服务业发展，壮大云计算、物联网、移动互联网、智能终端等新一代信息技术产业。

（二）中小企业电子商务及网络营销发展状况

1. 电子商务使用状况

截至 2013 年 12 月，全国开展在线销售的企业比例为 23.5%。部分重点行业中，制造业、批发和零售业开展在线销售的比例相对较高，分别达到 27.6% 和 25.3%。受行业产品特点影响，房地产业、居民服务的在线销售开展比例较低，分别为 11.3%、12.2%；其他服务业的在线销售开展比例也较低，分别为：租赁和商务服务业为 17.2%；交通运输、仓储和邮政业为 17.3%；建筑业为 18.9%；信息传输、计算机服务和软件业为 23.1%。

就在线采购来看，截至 2013 年 12 月，全国开展在线采购的企业比例为 26.8%。部分重点行业中，仍以制造业、批发和零售业开展在线采购的比例相对较高，分别达 30.6% 与 28.8%；房地产业、居民服务仍然偏低，分别为 18.5% 与 16.9%。其他服务业的使用率也较低，分别为：租赁和商务服务业为 19.1%；交通运输、仓储和邮政业为 21.4%；建筑业为 24.4%；信息传输、计算机服务和软件业为 26.9%。总体来看，过去一年中，各重点行业企业开展在线采购的比例均超过了在线销售。

2. 网络营销使用情况

截至 2013 年 12 月，全国利用互联网开展营销推广活动的企业比例为 20.9%。调查结果显示，利用互联网开展过营销活动的受访企业使用率最高的是利用即时通信工具进行营销推广，达 63.1%。对企业而言，即时通信工具不仅起到交流沟通的作用，而且在开展电子商务和网络营销方面也扮演着重要角色。即时通信工具庞大的用户基数、较强的用户黏性和丰富的管理工具，已成为企业营销的重要工具。

除此以外，搜索引擎营销推广、电子商务平台推广方式的使用率也较高，分别达到 56.0% 与 47.6%。从消费者行为模式来看，搜索行为直接指向购买，电子商务平台正是购买行为的发生场所，并且由于营销推广成本小，因此中小企业更倾向于选择投入可控、性价比较高的方式。其他网络营销方式的使用率分别为：电子邮件营销为 39.5%；在论坛、博客上发帖、软文等进行营销推广为 31.3%；网站展示型广告为 23.3%；微博营销推广为 20.7%；网络视频广告为 15.9%；网络联盟广告为 14.7%；团购类网站营销推广为 12.5%；其他为 3.1%。

3. 中小企业互联网应用中存在的问题

对于中小企业来说，获得客户和拓展市场是关乎生存发展的重要方面，但是目前中小企业中的电子商务和网络营销方面的互联网应用水平仍然较低，需要重点提升。

我国中小企业电子商务使用率近年来表现平稳，调研中发现，虽然企业主对电子商务的意识有所增强，但网络营销推广实效性欠缺、网销渠道与传统渠道难以协同、电子商务的配套设施建设、电子商务人才缺失等，在很大程度上制约了企业电子商务的发展。比如，企业对于电子商务的认识大多还停留在促销及销售上，即使在已开展电子商务的企业中，其传统渠道与网络渠道也难以进行协同管理；当前电子商务的配套设施建设还不完善，比如企业网站建设、相关法律法规、物流及支付体系等都有待进一步提高。

近两年网络营销方式集中趋势比较突出，表现在中小企业主要是利用即时聊天工具、搜索引擎、电子商务平台推广等方式，而其他网络营销方式中除论坛/BBS 使用率明显提高外均有所下降。目前，中小企业普遍存在投放方式不精细、网站建设水平低、运营机制与网络营销难以整合等问题，从而限制了中小企业对网络营销的开展和利用。

（三）传统企业向互联网企业转型——海尔

传统企业向互联网企业转型，最重要的是拥有互联网思维。海尔在十多年前就开始进入互联网领域，也是当前国内家电业与互联网融合最好的企业。张瑞敏在海尔集团 2014 年互联网创新交互大会上提到"三个是什么"：企业的互联网思维是什么？企业的互联网宗旨是什么？员工的互联网价值是什么？来阐释 2014 年海尔集团战略推进的主题。张瑞敏认为，企业的互联网思维应是零距离、网络化的思维，因为互联网消除了距离，并使得企业网络化，企业则需要将与员工、合作方的博弈关系转为合作共赢的生态圈。比如，企业和用户之间，过去企业和用户之间的信息是不对称的，而且主动权在企业手里。企业千方百计想让用户了解产品、购买产品，最好的手段是广告和宣传。而现在，用户知道的信息比企业还多，用户知道全世界的信息，但企业未必知道，因此也就没法通过广告让用户相信。再如，企业和员工之间，过去是企业控制员工，员工必须按照企业的指挥来做，但现在不行了，员工知道的信息比企业知道的还快，他第一时间知道了用户的需求，但企业未必知道，所以不能采取过去那种方式，控制信息或者让员工把所有信息都报给上级，再发号施令，必须要让员工拥有自己的自主权。还比如，企业和供应商之间，过去是博弈关系，供应商要通过竞标给企业供货，企业要的价格是最低的。但是现在，价格最低的供应商，不一定能满足用户的需求，所以必须让供应商参与设计。事实上，现在变成了合作共赢的生态圈，不管是员工、用户还是合作方，都应该是合作共赢，否则你就没法真正去赢得市场。为了这一点，我们要打造并联平台的生态圈。过去全世界的企业流程都一样，是串联的，从研发开始，一直到制造、销售，一步步地推下去，没办法直接对着市场。但是现在我把串联的变成并联的，所有的各方并联在一起，都要为市场共同创造价值。生态圈还有一个特点，就是开放。过去企业的内部和外部边界非常清楚，但生态圈不同，谁能满足用户需求，谁能为用户创造价值，谁就可以进来。这也是网络化的思维。① 海尔海立方是海尔在 2013 年推出的创客平台，算是海尔从传统企业迈向互联网化的标志，是一个创新产品孵化平台。海立方结合众筹和预售的方式，整合项目发起者、供应商、分销商、用户，为产业中各个环节上的群体提供沟通交流、资源互动的平台。用户可以与创新产品团队进行互动，一起设计改变生活的创新产品；还可以凭借自己的创意拿到海尔的购买款；海尔可以购买到好创意，生产出更好的产品。海立方的发展对海尔未来的战略布局很关键。

二　互联网改变生活方式

互联网时代，中国人的生活方式，从衣食住行到休闲娱乐，生活的各个角落都发生着深刻变化。第 33 次《中国互联网络发展状况统计报告》对网民规模、网民互联网应用状况进行了分析和总结，并对网民互联网行为进行了解读。

（一）总体网民规模

截至 2013 年 12 月，我国网民规模达 6.18 亿人，全年共计新增网民 5358 万人。互联网普及率为 45.8%，较 2012 年底提升 3.7 个百分点。2005 年网民规模为 1.11 亿人，互联网普及率为 8.5%；2006 年网民规模为 1.37 亿人，互联网普及率为 10.5%；2007 年网民规模为 2.1 亿人，互联网普及率为 16%；2008 年网民规模为 2.98 亿人，互联网普及率为 22.6%；2009 年网民规模为 3.84 亿人，互联网普及率为 28.9%；2010 年网民规模为 4.57 亿人，互联网普及率为 34.3%；2011 年网民规模为 5.13 亿人，互联网普及率为 38.3%；2012 年网民规模为 5.64 亿人，互联网普及率为 42.1%。从以上数据可以看出，2006—2009 年我国互联网普及率增长迅速，每年保持在 6 个百分点左右的增长；2009 年到现在，我国互联网普及率增速有所下降，整体网民规模增速也保持放缓的态

---

① 张瑞敏在海尔集团 2014 年互联网创新交互大会上的讲话。

势。

近年来，我国网民规模增长的原因主要在于：第一，中国政府在信息化领域制定了一系列政策方针并持续加强基础网络设施建设，为互联网接入提供较好的网络基础条件；第二，运营商和各大厂商积极推动互联网应用发展，加快网络应用对社会生活的渗透，如打车、支付等应用与线下结合紧密，吸引更多人使用互联网；第三，传统媒体和新媒体的联动加强，提升整体社会对互联网的认知，促使更多人使用互联网；第四，网络应用的社交性和即时沟通的便捷性，在增加网民使用黏性的同时加大了网民对非网民同伴的连带影响，促进非网民向网民转化。

随着互联网普及率的逐渐饱和，中国互联网的发展主题已经从"普及率提升"转换到"使用程度加深"，近几年的政策和环境变化也对互联网使用深度的提升提供了有力保障：首先，国家政策支持、提升互联网在整体经济社会的地位；其次，互联网与传统经济结合越加紧密，如购物、物流、支付乃至金融等方面均有良好应用；最后，互联网应用塑造全新的社会生活形态，对人们日常生活中的衣食住行均有较大改变。

可以预见，未来基础网络设施建设还将继续加强，网络基础设施服务能力也将进一步提升，全方位多维度的网络接入支持将推动中国网民规模的持续增长和网络应用的普及深化，促进我国互联网的技术发展与应用创新。

（二）手机网民规模

截至 2013 年 12 月，我国手机网民规模达 5 亿人，较 2012 年底增加 8009 万人，网民中使用手机上网的人群占比由 2012 年底的 74.5%提升至 81.0%，其中 2009 年因为 3G 技术的发展，使手机上网有了一个急剧发展，比 2008 年高出 21.3%，未来手机网民规模将继续保持稳定增长。根据相关数据显示：2007 年手机网民 5040 万人，占网民的比例为 24%；2008 年手机网民 1.176 亿人，占网民的比例为 39.5%；2009 年手机网民 2.3344 亿人，占网民的比例为 60.8%；2010 年手机网民 3.0274 亿人，占网民的比例为 66.2%；2011 年手机网民 3.5558 亿人，占网民的比例为 69.3%；

2012 年手机网民 4. 1997 亿人，占网民的比例为 74.5%。

手机网民规模的持续增长，一方面得益于 3G 的普及、无线网络的发展和智能手机的价格持续走低，为手机上网奠定了较好的使用基础。另一方面得益于手机应用服务的多样性和深入性，尤其是新型即时通信工具和生活类应用的推动，手机上网对日常生活的渗透作用进一步加大。

（三）网民互联网应用状况

1. 搜索引擎

截至 2013 年 12 月，我国搜索引擎用户规模达 4.90 亿人，与 2012 年底相比增长 3856 万人，增长率为 8.5%，网民使用率为 79.3%。搜索引擎是互联网基础服务之一，行业发展已经成熟，未来的发展取决于搜索结果的安全性和用户的信任度。

2. 商务交易继续保持较高的发展速度，其中网络购物以及相类似的团购增长尤为明显

2013 年，中国网络购物用户规模达 3.02 亿人，较上年增长 24.7%，使用率从 42.9% 提升到 48.9%，相比 2012 年增长 6 个百分点。团购用户规模达 1.41 亿人，同比增长 68.9%，团购的使用率为 22.8%，相比 2012 年增长 8 个百分点，是增长最快的商务类应用，团购已经进入理性发展时期。除此，网上支付用户规模达到 2.6 亿人，用户年增长 3955 万人，增长率为 17.9%，使用率提升至 42.1%；旅行预订用户规模达到 1.81 亿人，年增长 6910 万人，增幅 61.9%，使用率提升至 29.3%。商务类应用的高速发展与支付、物流的完善以及整体环境的推动有密切关系。

3. 交流沟通发展情况不等

2013 年，微博、社交网站及论坛等互联网应用使用率均下降，而即时通信、博客发展稳定。从具体数字分析，2013 年微博用户规模为 2.81 亿人，较 2012 年底减少 2783 万人，下降 9%，使用率为 45.5%，较上年降低 9.2 个百分点；社交网站用户规模达 2.78 亿人，使用率为 45.0%，相比 2012 年底降低 3.8 个百分点；即时通信用户规模在移动端的推动下提升至 5.32 亿人，较 2012 年底增长 6440 万人，年增长率为 13.8%，使用率高达 86.2%，较 2012 年底

增长了 3.3 个百分点，继续保持第一的地位。博客用户规模为 4.37 亿人，较上年底增长 6359 万人，用户使用率为 70.7%，较上年底上升 4.6 个百分点。

4. 网络娱乐稳定增长

2013 年中国网络游戏用户增长放缓，网络游戏用户规模为 3.38 亿人，比 2012 年增长 234 万人，网民使用率从 2012 年的 59.5% 降至 54.7%。与整体网络游戏用户规模趋势不同，手机端网络游戏用户增长迅速。截至 2013 年 12 月，我国手机网络游戏用户数为 2.15 亿人，较 2012 年底增长了 7594 万人，年增长率达到 54.5%。整体行业用户的增长乏力以及手机端游戏的高速增长意味着游戏行业内用户从电脑端向手机端转换加大。除此，网络文学用户数为 2.74 亿人，较 2012 年底增长 4097 万人，年增长率为 17.6%，使用率为 44.4%，较 2012 年底增长了 3 个百分点；网络视频用户规模达 4.28 亿人，较上年底增长 5637 万人，增长率为 15.2%，使用率为 69.3%，比上年底增长 3.4 个百分点；网络音乐用户规模达 4.52 亿人，较上年底增长 1726 万人，使用率为 73.4%，较上年底下降近 4 个百分点。

（四）手机网民应用状况

2013 年，中国移动互联网行业整体保持强劲发展态势，移动终端的特性进一步体现，行业内应用发展呈现新的特点。其中，手机搜索的使用率稍有增长，由 2012 年的 69.4% 增长到 2013 年的 73.0%；手机网络新闻的使用率由 2012 年的 67.6% 增长到 2013 年的 73.3%；交流沟通类应用依然是手机的主流应用，在所有应用中的用户规模和使用率均占第一，但用户主要集中在手机即时通信上，使用率由 2012 年的 83.9% 增长到 2013 年的 86.1%。微博、社交网站、论坛、邮件等应用的使用率均有所下降，手机微博的使用率由 2012 年的 48.2% 下降到 2013 年的 39.3%，手机社交网站的使用率由 2012 年的 42.0% 下降到 2013 年的 30.9%，手机论坛的使用率由 2012 年的 22.9% 下降到 2013 年的 11.1%，手机邮件的使用率由 2012 年的 29.1% 下降到 2013 年的 25.4%；休闲类娱乐应用发展迅速，其中手机游戏、手机视频和手机音乐等应用的用户规模大幅上升，增长态势良好，手机网络游戏的使用率由 2012 年的 33.2%增长到 2013 年的 43.1%，手机网络视频的使用率由 2012 年的 32.0%增长到 2013 年的 49.3%，手机网络音乐的使用率由 2012 年的 50.9%增长到 2013 年的 58.2%，手机网络文学的使用率则由 2012 年的 43.3%下降到 2013 年 40.5%；手机电子商务类应用渗透率虽然相对较低，但领域内所有应用的使用率全部呈现快速增长，手机网络购物的使用率由 2012 年的 13.2%增长到 2013 年的 28.9%，手机网上支付的使用率由 2012 年的 13.2%增长到 2013 年的 25.1%，手机网上银行的使用率由 2012 年的 12.9%增长到 2013 年的 23.4%，手机团购的使用率由 2012 年的 4.6%增长到 2013 年的 16.3%，手机旅行预订的使用率由 2012 年的 5.9%增长到 2013 年的 9.1%。

2013 年，在移动互联网的推动下，契合手机使用特性的网络应用进一步增长。移动即时通信发展迅速的原因，一方面是因为即时通信与手机通信的契合度较大；另一方面是因为在社交关系的基础之上，增加了信息分享、交流沟通甚至支付、金融等应用，极大限度地提升了用户黏性。手机网络音乐、手机网络视频等对流量要求较高的服务增长迅速，手机端高流量应用的使用率增长的主要原因有，首先是用户向手机端的转移，整体网民对于电脑的使用率持续走低；其次是使用基础环境的完善，如智能手机和无线网络的发展；最后是上网成本的下降，如视频运营商和网络运营商的包月合作。

三　青少年是互联网的主力军

从 2007 年开始，CNNIC 每年都会发布一份《中国青少年上网行为调查报告》，《调查报告》针对 6—24 岁的青少年群体进行有针对性的分析。据《2013 年中国青少年上网行为调查报告》显示：截至 2013 年底，我国有 6.18 亿网民，青少年网民规模达 2.56 亿人，占网民总体的 41.5%，占青少年总体的 71.8%。青少年是上网人员的主力军。青少年群体的网络使用对网络娱乐的发展，网络文化的走向，以及手机上网的推广都有着重要的影响。同时，由于青少年网民具有较高的网络使用普及率和活跃的网络娱乐应用水平，也是最可能受到互联网不良信息影响的群体。因此，对青少年上网行为的研究就显得尤为重要。以下数据来自《2013 年中国青少年上网行为调查报告》。

（一）网民规模

2013 年，青少年互联网普及率继续攀升。截至 2013 年 12 月，中国青少年网民规模达 2.56 亿人，占青少年总体的 71.8%，超过全国互联网普及率 45.8% 的平均水平 26 个百分点，较 2012 年增加了 5.4 个百分点。

2009 年中国青少年网民规模为 1.95 亿人，青少年互联网普及率为 54.4%；2010 年中国青少年网民规模为 2.12 亿人，青少年互联网普及率为 60.1%%；2011 年中国青少年网民规模为 2.32 亿人，青少年互联网普及率为 64.4%；2012 年中国青少年网民规模为 2.35 亿人，青少年互联网普及率为 66.4%。中国青少年互联网渗透已处于高位，未来增速将进一步放缓。

（二）网民结构

1. 从年龄来看

青少年网民主要集中在 12—24 岁，2013 年所占比例达 88.4%（其中 12—18 岁的占 42.9%，19—24 岁的占 45.5%），较上年比例有所下降（其中 12—18 岁的占 45.7%，19—24 岁的占 46.5%），降低了 3.8 个百分点。而 6—11 岁网民占比较上年则有一定提升，增长了近 4 个百分点，增至 11.6%。互联网在 12 岁以下少年中的渗透加大。

2. 从在学状态来看

中国青少年网民中，中学生群体和非学生群体占比最高，2013 年比例分别为 38.3% 和 32.6%，但是较 2012 年均有所下降，其中中学生群体占比降低了 2.2 个百分点，非学生群体占比降低了 7.2 个百分点。与中学生和非学生群体的比例下滑相反，青少年网民中小学生和大学生占比呈上升的态势，其中，小学生占比增长最为明显，从 2012 年底的 7.4% 提升到 2013 年底的 14.7%，提高了 7.3 个百分点，大学生占比从 2012 年底的 12.4% 提升到 2013 年底的 14.4%，提高了 2 个百分点。

　　3. 从地区分布来看

　　截至 2013 年 12 月，青少年网民城乡分布差异较上年底有所扩大，城镇网民和乡村网民比例为 76∶24，青少年网民中农村人口比例继续下降。同期全国网民中城镇人口比例为 71.4%，低于青少年网民中城镇人口的比例，可以看出青少年城乡差异要高于整体网民。

　　（三）上网行为特征

　　1. 从网吧上网比例来看

　　截至 2013 年 12 月，大学生网民中网吧上网的比例从 2012 年的 33.2% 降至 24%；而中学生和小学生网民在网吧上网的比例有所增长，其中中学生网民网吧上网比例由 2012 年底的 30.3% 增长到 2013 年底的 34.2%，增长了近 4 个百分点；小学生网民由 2012 年底的 3.7% 增长到 2013 年底的 6.3%，增长了 2.6 个百分点。

　　2. 从周上网时长来看

　　截至 2013 年 12 月，中国青少年网民平均每周上网时长为 20.7 小时，较 2012 年的 18.4 小时增加了 2.3 小时。各个群体上网时长均有不同程度的增长，其中，小学生网民每周上网时长为 10.7 小时，比 2012 年的 6.7 小时增加了 4 小时；中学生网民每周上网时长为 19.4 小时，比 2012 年的 13.3 小时增加了 6.1 小时；大学生网民周上网时长增加至 25.1 小时，比 2012 年的 22.8 小时多了 2.3 小时；非学生群体是上网时长最长的群体，每周平均上网 25.6 小时，比 2012 年的 23.6 小时多了 2 小时。

　　（四）网络行为分析

　　上网时长的增加促进了青少年对互联网应用的加深。从各类应用来看，信息获取类应用方面，除小学生低于网民总体平均水平外，其余群体均高于全国平均水平；交流沟通类应用中，即时通信、微博、博客/个人空间和社交网站除在小学生群体中的使用率低于总体网民外，其余均高于全国平均水平；网络娱乐类应用是青少年群体最重要的互联网应用，网络音乐和网络游戏在青少年各个群体中的占比均高于全国水平，大学生是网络音乐使用率最高的群体，中学群体是网络游戏使用率最高的群体。商务交易类应用在青少年群体中发展水平不一，差异明显。大学生商务交易类应用使用

率高于全国平均水平，而小学生和初中生群体各项商务交易类应用
的比例则较低。

1. 信息获取

截至 2013 年 12 月，中国青少年网民搜索引擎使用率为
80.5%，较上年底下降了 3.6 个百分点，比网民整体水平高 1.2 个
百分点。大学生是搜索引擎使用率最高的群体，比例达到 91%，其
次为非学生群体，比例为 79.9%。中学生搜索引擎使用率为
79.3%。小学生搜索引擎使用率为 73.8%。

2. 交流沟通

交流沟通类应用在青少年网民中使用较好，除电子邮件外，其
余应用均高于网民总体平均水平。其中，微博在青少年网民中的使
用率高出全国平均水平 8.8 个百分点；即时通信作为青少年上网第
一应用，在青少年网民中的使用率较全国平均水平高 4.9 个百分
点。几款交流沟通类应用中，除即时通信、微博、博客/个人空间
和社交网站在小学生群体中的使用率低于总体网民外，其余均高于
全国平均水平。大学生群体使用各类交流沟通应用的比例均高于其
他群体，是交流沟通类应用的主力军。（见表 1—1）

表 1—1　　　青少年网民不同群体网络社交类应用使用率　　　单位：%

应用	小学生	中学生	大学生	非学生	青少年总体	网民总体
即时通信	73.3	91.9	97.7	93.6	91.1	86.2
微博	27.0	59.7	76.7	53.5	54.3	45.5
电子邮件	22.8	35.0	68.7	39.8	37.6	42.0
论坛和 BBS	15.3	19.2	30.6	21.2	21.4	19.5
博客/个人空间	58.0	80.7	86.5	83.0	76.7	70.7
社交网站	19.2	51.4	60.0	49.6	45.7	45.0

3. 网络娱乐

网络娱乐类应用是青少年群体最重要的互联网应用，网络音

乐、网络游戏、网络视频和网络文学在青少年网民中的使用率均超过了全国平均水平，其中网络游戏高出 11 个百分点，网络音乐高出 10.3 个百分点。网络音乐和网络游戏在青少年各个群体中的占比均高于全国水平，大学生是网络音乐使用最高的群体，比例为91.3%，比青少年整体水平高 7.6%；中学生群体是网络游戏使用率最高的群体，比青少年整体高 9.5%。（见表1—2）

表1—2　　　　青少年网民不同群体网络娱乐类应用使用率　　　　单位：%

应用	小学生	中学生	大学生	非学生	青少年总体	网民总体
网络音乐	82.0	83.3	91.3	81.1	83.7	73.4
网络游戏	69.5	75.2	63.5	55.1	65.7	54.7
网络视频	62.6	76.0	81.9	71.1	72.9	69.3
网络文学	25.1	45.4	61.2	43.9	45.0	44.4

4. 商务交易

商务交易类应用在青少年群体中发展水平不一，差异明显。大学生在各类商务交易应用上的使用率均高于全国平均水平，其中网上银行在大学生网民中的使用率为 70.4%，高出全国平均水平29.9 个百分点，较青少年总体水平高出 33.4 个百分点；大学生网民网上支付的使用率为 70.3%，高出整体网民 28.2%，比青少年总体高 31.3%。而小学生和初中生群体在各项商务交易类应用的比例则较低，因为他们在收入来源方面主要依赖父母，购物等商务行为能力相对较弱。（见表1—3）

表1—3　　　　青少年网民不同群体商务类应用使用率　　　　单位：%

应用	小学生	中学生	大学生	非学生	青少年总体	网民总体
网络购物	17.8	51.2	77.0	56.8	50.0	48.9

应用	小学生	中学生	大学生	非学生	青少年总体	网民总体
团购	3.0	15.2	43.0	15.4	17.7	22.8
旅行预订	6.8	14.7	50.1	26.4	20.6	29.3
网上支付	10.6	39.8	70.3	46.4	39.0	42.1
网上银行	9.1	35.2	70.4	46.5	37.0	40.5

（五）手机是青少年上网的主要终端

截至 2013 年 12 月，青少年手机网民规模达到 2.21 亿人，比 2012 年底增长了 2500 万人，同期增长了 12.8 个百分点，增长率高于 2012 年。2009 年，青少年手机网民规模为 1.41 亿人，占青少年整体网民比例为 74%；2010 年，青少年手机网民规模为 1.70 亿人，占青少年整体网民比例为 80.3%；2011 年，青少年手机网民规模为 1.85 亿人，占青少年整体网民比例为 80%；2012 年，青少年手机网民规模为 1.96 亿人，占青少年整体网民比例为 83.5%。2013 年青少年网民中手机上网比例为 86.3%，高出整体网民中手机上网比例（81%）5.3 个百分点，移动互联网的发展将促使手机上网比例的继续扩大。

青少年手机网民在交流沟通、信息获取和网络娱乐等各类应用上使用较好，其中手机即时通信使用率为 90.6%，手机搜索使用率为 79.4%，手机网络音乐使用率为 70.2%，是青少年网民手机端使用率最高的三大应用。手机网络游戏的使用率为 50.7%；手机网络视频的使用率超过了 50.2%。交流沟通和网络娱乐是青少年在互联网上的重要需求，手机端应用的发展，进一步推动了青少年网民规模的增长。其他应用的比例由高到低为：手机微博为 45%；手机网络小说为 40.3%；手机社交网站为 34.6%；手机网络购物为 31.4%；手机网上支付为 21.3%；手机电子邮件为 21%；手机网上银行为 20.1%；手机团购为 13%；手机论坛为 12.8%；手机旅行预订为 7.8%；手机博客为 7.2%。

（六）对青少年上网行为的建议

青少年网民规模不断扩大，上网时间持续增加，互联网正在不断影响着青少年的生活方式甚至思想意识，加强网络监管，引导青少年健康成长尤为重要。

政府相关部门要对互联网内容进行监管治理，帮助青少年远离网络谣言、淫秽色情等有害信息，规范青少年网络社交、网络娱乐行为。社会各界、学校、家长都要对青少年加强网络文明教育和网络法制教育，使青少年增强对网上有害信息的甄别、抵制能力，为青少年创造绿色上网环境。

网络娱乐类应用是青少年群体最重要的互联网应用，其中网络游戏尤其受到青少年群体的喜爱。但是，较多青少年由于沉迷于网络游戏不能自拔，对成长造成了很大危害，这就需要政府部门、社会组织、游戏企业等共同努力，为青少年打造一个健康的绿色网络环境。除此，学校和家长还要对青少年加强教育，进行正向引导，帮助青少年健康成长。

手机上网已经成为青少年上网的主要方式，这对青少年的自控能力带来了极大挑战，也给青少年上网监管带来了更大难度。这就需要相关部门不断完善专门为青少年定制的上网服务项目及内容，不断完善对青少年手机上网的监管措施，为青少年合理使用手机上网提供良好基础。

（七）互联网给大学生的学习生活及价值取向带来极大影响

根据《2013年中国青少年上网行为调查报告》，从年龄上来看，19—24岁的上网青年在青少年网民中占比最大，为45.5%，大学生正处于这个年龄段；从在学状态来看，大学生占比高出2012年2个百分点；从网吧上网比例来看，大学生网民中网吧上网的比例从2012年的33.2%降至24%，大学生手机上网比例相应增加；从上网时长来看，大学生网民周上网时长增加到25.1小时，比上年多2.3小时。从网络行为来看，在信息获取上，大学生是搜索引擎使用率最高的群体，比例达到91%；在交流沟通上，大学生群体使用各类交流沟通（即时通信、微博、电子邮件、论坛和BBS、博客/个人空间、社交网站）应用的比例均高于其他群体，是交流沟通类应用的主力军；在网络娱乐应用上，除网络游戏外，其他类别包括网络音乐、网络视频、网络文学，大学生的应用率都高于其他群体；从商务交易来看，大学生各类商务交易应用的使用率均高于全国平均水平，也大大高于青少年其他群体。

互联网极大地拓展了大学生的视野，给他们的学习生活和成长发展带来了诸多便利，比如，互联网改变了大学生传统的学习模式，网络学习不受时空限制，网络教材、网络课件等资源不限使用次数和频率。互联网使大学生充分掌握学习的自主权，更有利于提高学习效率和学习质量。同时，互联网是当前大学生获取信息的主要通道。互联网传递的信息之新、数量之大、速度之快是其他文化媒体和学习渠道所无法达到的。通过互联网，大学生可以了解有关学校的学术动态、教学科研成果等情况；可以了解校园文化、社会热点、国家大事、国际风云；了解政治、经济、文化、军事、哲学、科技的发展动向、历史沿革；进行休闲娱乐、感情交流、学术讨论等。网络在很大程度上构筑起了大学生和社会之间的信息通道。网络使大学生了解更多的社会形势，得到各方面知识的陶冶和锻炼，为将来踏入社会、更好地适应社会奠定良好的基础。网络倡导平等对话，这有助于大学生平等自由思想的建立。网络构筑起了一种多向互动的人际交流环境，这有助于大学生个体平等意识和权利意识的加强。网络文化不畏惧知识权威，这有利于大学生创新能力的提高，有利于激发大学生的创新意识和探索求知的欲望。

网络是把双刃剑，它对大学生学习生活和成长发展带来积极影响的同时，也对大学生的价值观和价值取向产生了十分明显的负面影响。

互联网时代，世界不同文化的交流与融合中，西方文化和资产阶级意识形态的宣扬，暴力、色情、拜金主义等各种低俗文化的侵蚀，对大学生已有的价值观和价值取向产生了极大冲击。当代大学生易于接受新思想、新观点，尤其是面对网上各种西方文化及资产阶级意识形态的攻势，大学生对自己民族文化甚至是国家制度的认同感有弱化的倾向。互联网中文化传播的多元性带来了多元的价值观，一部分大学生在价值取向上注重金钱、权力、享乐、私利等，而理想、信念、正义等价值取向受到极大冲击，作为中国传统文化中的精髓，"仁义礼智信"在大学校园中受到极大挑战。

大学生追求自由平等，渴望在民主自由平等的环境中展现自己的个性，在网络世界中，没有监督和约束，大学生容易放纵自己的行为，容易违背社会道德，淡化甚至忘掉自己的社会责任。当代大学生更注重自我价值的实现，在价值目标选择上更偏重于个人利益和个人发展。当代大学生重现实而轻理想，在学习中重视应用性强的课程，轻视基础理论课程，而对塑造自我人格和价值观的课程则漠不关心。过分追求实用性容易导致急功近利，不利于一个全面发展的人所应具备的良好修养和道德素质的养成。

网上信息鱼龙混杂，大学生是非判断能力不强，辨别信息能力有限，大学生在价值标准与价值选择上面临更多考验，难免造成价值选择迷惘和价值取向紊乱。这就要求高校教育工作者认真分析，找出应对措施，对大学生进行行之有效的引导和教育。

第二章

互联网时代的文化全球化

伴随着互联网的诞生及其社会影响力的不断扩大，这项全新的媒介技术使世界各种文化交流变得更加通畅便捷，它通过突破传统传播制度的控制而将文化全球化的历史进程推向了一个全新的发展阶段。在此过程中，各民族国家的本土文化彼此沟通、相互交融，导致不同文化的边界渐趋模糊。互联网的超媒体表现、自主运行、平等开放、资源共享等独特的媒介特性决定了它在全球文化的沟通与整合方面具有巨大潜力，终将使各民族国家在全球文化沟通中拥有更多的发展机遇。因此从长远来看，"和而不同"的世界文化新格局应是网络时代文化全球化的大势所趋。

第一节　互联网技术推进了文化全球化进程

一　互联网技术推进了全球化进程

戴维·赫尔德在《全球大变革》中提到全球化有四个阶段：前现代、现代早期、现代和当代。而当代的全球化是指1945年第二次世界大战以来，全球流动和相互联系浪潮获得新的生命力的历史形态。戴维·赫尔德在书中指出："在几乎所有领域全球化的当代模式都不仅在量上超过了前面的各时代，而且也表现出无可匹敌的质的差别——从全球化如何组织和复制意义上讲。""这些领域包括政治、法律和治理、军事事务、文化联系以及人口迁移，并且涉及经济活动的各个方面以及各国都面临的全球环境威胁。而且，在这个时代，交通和通信设施出现了重大的创新，全球治理和管制的制度达到了前所未有的数量。"戴维·赫尔德在书中网格表中提到：速度上，在运输和通信方面是高的，而且在某些方面是即时性的、现实的。支撑当代全球化的基础设施，航空、电话连同计算机和数字化装置、全球光缆、全球卫星、互联网以及覆盖范围扩大的电视、收音机极大推动了当代全球化量的增长和质的改变。

互联网最大的优势是能超越时空的限制，从而有效打破国家和地区之间的各种有形和无形壁垒。无论人们在世界的哪个角落，只要有一台电脑、一个调制解调器、一根电话线，就可以在互联网上通过文字、声音、影像把自己与他人相联结，从而形成一个全球化的空间。互联网之所以能做到这一点，依赖于它的数字化与网络化技术。所谓数字化，就是将各种复杂多变的数据，如文字、图片、音频、视频等，转变为可以度量的数字，再为这些数字建立起适当的模型，最后转变为一系列计算机可以识别的二进制代码。互联网中，一切都是以有规律的数字 0 和 1 来代表的。数字化对于互联网来说是至关重要的，正是凭借数字化技术，互联网拓展了储存和传播空间，从而集文字、图片、音频、视频于一体，成为真正意义上的多媒体。而网络化就是利用计算机技术、网络技术和远程通信技术，集各个部门、各个领域的各种资源为一体，供网上用户进行资源共享、交换。网络化所形成的高速公路，打破了传统的时空限制，将距离和时间缩小到零。

互联网这场前所未有的技术革命，使全球化浪潮迅猛发展，"今天全球流动和相互联系达到了前所未有的程度，跨越了几乎完全由民族国家组成的世界。几乎覆盖世界的民族国家与几乎涉及所有领域的全球化同时并存"[1]。人类社会正在进入全球社会时代，不同地区的人们各方面的交往都日益增多，来自地域方面的界限将变得愈加不明显，"地球村""人类共同体"将变得更为真切。人类社会相互依存、共同发展的局面将成为全球科技化进程的必然

---

[1] 　[英] 戴维·赫尔德等：《全球大变革》，社会科学文献出版社 2001 年版，第593 页。

结果。

二　互联网技术推进了文化全球化进程

戴维·赫尔德在《全球大变革》中指出："文化就是个人活生生的、有创造性的经历，就是人工制品（artefacts）、文本（texts）和实物（objects）等构成的主题；它包含了有关艺术的专门化和专业化话语、文化产业的商品化产出、对日常生活的自发的和无组织的文化表述，当然还包括它们之间的复杂互动。在这种情况下，文化交流指的是这些人工制品、信念和信息的时空运动方式。反过来，它也能够被分解成许多不连续的过程。信息（messages）和意义（meanings）必须被记录、保存和复制，同时，它们又必须在物理上被传递或移动到另外的地点或另外的时间。因此，交往就要求有储存和运输的载体，要求有使那种储存和运输得以实行的制度，还要求有接受的载体等（J. B. Thompson，1990）。"全球化"是指事物、符号和人员跨越地区和跨越洲际的运动。文化全球化必然伴有这 3 种流动"。

互联网技术推动文化全球化以迅猛的速度席卷世界各个角落。戴维·赫尔德在书中指出："当代全球化在广度上，大部分关键领域是全球性的；在强度上，经济和环境方面的强度非常高，文化全球化的强度更高，影响更广泛。"自从有最基本的传播手段以来，人类不同文化之间的交流与沟通就从未停止过。在有互联网技术之前，人类采取了各种各样的方法和手段，如通过图书馆、档案馆、博物馆以及百科全书、辞书、各类书籍等来传承文明，而互联网的诞生和普及极大促进了跨文化沟通的发展，使得世界各国都无法回避文化全球化的时代浪潮。"最后，由于电信的出现，文化传播的人工性已经随着无形符号——以电子脉冲的形式——在时空上的同步传播而逐渐减弱。"[①] 文化全球化已经成为时代发展的一种必然趋势。在这一历史趋势中，本土传统的生活习俗、价值观念、思维模

①　[英] 戴维·赫尔德等：《全球大变革》，社会科学文献出版社 2001 年版，第459 页。

式、宗教信仰等都面临着前所未有的冲击和挑战。正如美国传播学家萨默瓦所描述的："本世纪 60 年代后期到 70 年代前期，是全世界在时间和空间上紧缩的时期。'全球村'的预言正在变为现实。……现代化的电讯技术的发展，似乎在迅速地打破不同文化间的时空关系。由于偶然的和人为的原因，某些曾经显得遥远的，与世隔绝的文化，一下子与我们的关系密切起来。"①

　　传播技术在经济、政治、文化等领域的全球化进程中发挥着基础性作用，尤其对文化全球化来说，这一点表现得更为突出。互联网技术作为人类历史上最新一次传播技术革命以其与众不同的媒介特性将赋予文化全球化前所未有的广度和深度。

　　首先，互联网技术的多媒体优势为文化全球化提供了更为广阔的途径。美国传播学家尼葛洛庞蒂认为，"多媒体"意味着"它必须能从一种媒介流动到另一种媒介；它必须能以不同的方式述说同一件事情；它必须能触动各种不同的人类感官经验"。② 报纸、广播、电视等传统大众媒介的信息传播方式是各行其道，互不相干的。随着多媒体技术的广泛运用，互联网打破了传统大众媒介间的隔阂状态，将文字、图片、音频、视频等集于一体，为信息传播和文化交流提供了更为广阔的途径，也将为民族国家更为有效地对外宣传自己的本土文化、充分展示民族文化的魅力提供极大便利。

　　其次，互联网技术的去中心化和交互性的独特优势，将使文化全球化畅通无阻。报纸、广播、电视等大众媒介均以中心化和非交互性为特点，在对民族国家的影响上，美国社会学家斯特拉顿指出，民族国家的凝聚力是由公众的"国家感"所保障的，而这种文化认同的形成除了源于历史传统外，在现实中则依靠报纸、广播、电视等传统大众媒介对公众进行影响、渗透，甚至是操纵和控制。这些传统大众媒介的单向传播方式创建了一个被动且沉默的受众群，公众具有相对接近的信息内容和文化理念，以此来维系公众的"国家感"。而互联网系统内部却没有中心，没有人控制，也没有专

---

　　① ［美］拉里·萨默瓦：《跨文化传播》，中国人民大学出版社 2004 年版。
　　② ［美］尼葛洛庞蒂：《数字化生存》，海南出版社 1997 年版。

门的机构对它负责。互联网的这一特性打破了传统大众媒介单向传播且为少数人所垄断的格局，使公众都可以直接参与信息生产与信息传播。互联网条件下的文化传播将削弱官方操纵传统大众媒介所具有的功利性目的和意识形态色彩，从而使民间文化交流变得空前活跃。互联网的技术特性将使各类文化，无论西方文化还是东方文化、大国文化还是小国文化、现代文化还是传统文化，都有更加广阔的存在和发展空间。互联网技术为公众提供了各类信息、多元文化选择的内容和途径，它将使一切形式的信息垄断和文化封锁变得日益艰难。随着互联网技术的不断发展和完善，它在实现信息资源共享和多元文化交流等方面将越来越显示出巨大潜力，民族国家将在今后的文化全球化中拥有更多的发展机遇，基于互联网技术的文化全球化进程必将呈现出不同于以往的新面貌。

但是，由于全球化和互联网都发端于西方，当前的文化全球化进程与互联网技术又密切相关，因此，在当前的文化全球化中，以美国文化为代表的西方文化具有优势地位。正如美国社会学家罗斯科普夫所说："美国信息时代外交政策的核心目标应当是取得世界信息流动战的胜利，主导整个媒体，如英国当年控制海洋一样。……必须承认，美国的音乐、电影、电视与软件已然遍及全球，它们影响着几乎所有国家的审美观、日常生活与思想。"① 信息技术的发展为文化全球化提供了新的动力，但也是不平等的文化全球化的重要原因，戴维·赫尔德在《全球大变革》中指出："信息技术带来的不平等集中体现在以下几个方面：（1）它的发展进一步加强了发达国家已经建立的技术优势，拉大了与绝大多数发展中国家的差距，同时利用既得的优势控制了新的经济增长点以及发展中国家的技术发展途径，直接导致了技术贸易上的不平等；（2）在信息享用上，存在着严重的不平衡。无论在信息载体（包括报纸、书籍、电视、收音机等）的使用数量上、信息量上，还是在全球主要媒体的分布上，西方都拥有明显的优势；（3）信息技术的发展扩大了发达国家的其他优势。最突出的代表是英语借助计算机技术的发展，成为世

---

① 胡钰：《网络新闻发展的悖论》，《新闻界》2000 年第 3 期。

界上最普及的语言，为把英语当作第一语言的国家（尤其是英美）的文化传播和扩大影响提供了有力的支持，造成了不同文化交流的实际不平等。"

很明显，互联网技术给文化全球化带来积极效应的同时，也给全球文化交流带来了更为复杂的问题。尤其是非西方国家的民族文化、民族认同及其制度等的重要性都面临着极大挑战。比如，网络传播中的文化冲突现象日益激烈。由于西方国家的网络技术较为先进，网络传播起步较早，西方文化在传播过程中比非西方文化具有绝对的优势，致使非西方文化受到文化冲突和威胁。如果非西方国家不注重对本民族文化的保护和弘扬，很容易在文化全球化的大背景下显出颓势，甚至有些民族文化会面临完全消失的危险。同时网络技术成为某些西方国家进行文化入侵和意识形态渗透的便捷手段。"在文化全球化过程中，确实有某些国家通过网络技术进行文化渗透。众所周知，由于历史因素和现代化工业发展，西方文明在时代变革中，已形成了一种强势文明。由于网络技术始于美国并在此得到了迅猛发展，英语又成为世界最通用的语言，因而不可避免地被打上了西方文化特点的烙印，文化霸权主义倾向便由此滋生，在一定程度上使网络中的文化交流失去了平等性，从而变成了不平等的单向渗透。英美文化尤其是美国文化，已借助网络传播技术在全球范围内形成了文化霸权，这一霸权对发展中国家和非英语发达国家都会产生文化威胁。"①

第二节　中国文化国际化战略

党的十七届六中全会提出要提高国家文化软实力、在日趋激烈的综合国力竞争中赢得主动，要大力弘扬中华优秀传统文化，不断扩大中华文化国际影响力。切实维护国家文化安全。党的十八大报

---

① 《普通高中课程标准试验教科书思想政治》3（必修）《文化生活》，人民教育出版社2013年版。

告再次对文化大发展的战略决策进行了系统的概括和阐述，强调坚持建设面向现代化、面向世界、面向未来的，民族的、科学的、大众的社会主义文化。中国文化的国际化是建设社会主义文化强国的必由之路，闭塞、孤立、得不到国际社会认可的中国文化无法提升竞争力；反之，失去自我、西方化的中国文化也就丧失了社会主义先进文化的前进方向。中国文化国际化是树立高度的文化自觉和文化自信的关键，需要引起各界人士的高度重视。

中国文化国际化就是要使中国文化与国际接轨，被世界主流文化所认同、接纳，并借文化增强国家软实力，实现国家利益最大化。当前中国文化已足够强大和自信，国际化和现代化并不必然被西方化，不必再担心在现代化、国际化中失去自身的文化特质。①但是，当前中国文化的国际化存在诸多弊病，造成与国际社会的沟通不畅。因此，在向世界介绍中国文化之前，必须在了解中国文化国际化现状的基础上，制定中国文化国际化的战略原则，并探索出具有中国特色的文化国际化现实路径。

一　中国文化国际化的现状

文化有强弱之分，在国际社会，中国文化仍然处于弱势和不被国际主流文化接纳的被动状态。这既有"西方问题"，又有"中国问题"。西方问题在于非理性的政治偏见和文化差异导致西方和国际社会歪曲、误解中国文化；中国问题在于中国文化国际化和现代化的时间较短，经验不足，在对外传播过程中不讲究原则和技术策略。双面夹击下，导致当前中国文化国际化尚存在几大弊病。

第一，把中国文化过度符号化，缺乏文化创新和思辨。中国文化博大精深，绝不是一些形象符号和器物所能代表的。一方面要避免那种把文化的本质仅仅归结为符号形式的理论倾向；另一方面又要看到符号与文化研究之间的内在关系。②过剩的文化符号和符号异化容易造成文化创造主体创造能力缺失，也就是说，创造主体只

---

① 张志洲：《中国文化外交新背景与概念基本涵义辨析》，载陈文力、陶秀璈主编《中国文化对外传播战略研究》，九州出版社2012年版，第103页。

② 万资姿：《符号与文化创造》，中国社会科学出版社2011年版，第13页。

能局限于既有的文化符号，在某种程度上丧失了自由创造的能力。例如，带有中国文化符号的国际品牌设计在国际性活动中频繁出现，造成审美疲劳。余秋雨批判了 2001 年德国汉诺威世博会和 2005 年日本爱知世博会的中国馆，认为欠缺智慧、创新和想象的中国馆没有展现出中国文化的应有魅力，过于符号化的宣传方式造成了中国"文化孤立"。[①] 2008 年北京奥运会和 2010 年上海世博会在设计理念上有所创新，但仍没有突破中国文化的符号化，如突出大红在上海世博会中国主场馆和奥运会火炬设计中的运用，给西方人的印象是中国文化推崇红色、热烈和斗争。符号化中国文化的后果是使得中国文化在国际化的环境中带有浓厚的中国特色，用得多了就让人心生反感，实际上是缺乏创新的表现，缺乏国际竞争力。

在中国文化日渐丰富和强盛的今天，符号化的文化仅仅起到装饰性的作用，不能传达出中国文化多样化的特质、内在价值观等信息。例如，中国传统文化讲求"和合、人与自然的和谐，天人合一"等精神，但也有"与天斗其乐无穷"的哲学精神。一味宣扬和合、韬光养晦的文化精神，给世界的印象并不完全是爱好和平的国家形象，反而形成"睡狮""沉默的威胁"，"中国一旦崛起将引发世界战争"等认知。有些中国人在出国交流的时候喜欢带一些中国特色产品出去送给国际友人，一方面体现中国人的热情大方；另一方面觉得西方人可能会喜欢带有中国文化符号的产品，如筷子、中国丝绸等。且不说它们承载了多少中国文化的内涵，这些几千年流传下来的东西在外国人眼里可能就是符号化了的中国文化，以为中国就只有这些，几千年来丝毫没有创新和发展。与其拿这些既不实用，又没有多少文化内涵的符号化产品作为国际交流的礼物，不如拿一本翻译为当地语言的中国名著作为礼物更能体现中国文化的博大精深和走向国际化的决心。

第二，中国文化被边缘化、客体化和意识形态化，把中国文化的国际化等同于西方化。不可否认的是，西方文化占据了当前世界

---

① 余秋雨：《中国处于"文化孤立"之中吗?》，《环球时报》2006 年 10 月 9 日第 11 版。

文化的主流，虽然西方的享乐主义、消费主义和个人主义等文化理念遭遇了瓶颈，但是中国优秀的文化理念仍然无法作为西方文化的替代甚至补充为世界所接受。主要原因在于，在过去某个特定的年代，中国文化就已经被国内、国际所边缘化，其表现是"破四旧"和"去中国化"。中国传统文化中不乏优秀的理念和内涵，但经过"破四旧"和"打倒孔家店"的政治运动，国人一度彻底否定了所有中国传统文化，把洗澡水和孩子一起泼出去了。20世纪后半叶以来，国际上出于意识形态斗争的"去中国化"运动也在东亚中华文化圈洗礼一遍，以致汉字也被看作中国政党意识形态渗透的工具被妖魔化。甚至在台湾地区，也一度掀起"去中国化"浪潮，修订"国小""国中"历史和地理教科书，删改中国历史。这种无视历史事实，与中国文化决裂的行为是自欺欺人，只会损人不利己。

　　长期以来，在西方世界，中国文化被视为洪水猛兽，成为一种弱势文化和边缘文化。更有甚者，怀有不良居心的人歪曲中国文化、打着中国文化的旗号抹黑中国，捏造"中国文化霸权""中国文化威胁论"。西方文化中心论者，有意无意地把中国文化边缘化、客体化、意识形态化，作为"他者"或者"想象的威胁"来区别对待，如亨廷顿《文明的冲突》把基督教文明与中国文明、伊斯兰文明对立起来。长期以来，与西方国家的外交孤立和经济封锁相伴随，中国文化被视为不同于西方的"异类"，认为中国文化的国际化实质上就是西方化，是走向西方，与西方接轨。中国文化的国际化并不是简单的现代化、西方化，而是主动进行国际文化交流，提高中国文化在国际上的影响力。

　　第三，把文化产业与创意产业等同，中国文化被过度商业化。文化产业与创意产业属于两种截然不同的部门。"文化"更关注与象征性商品的生产和分配有关的活动，是价值观的潜在创造者，而"创意"则主要注重于知识，其中建立在创造性基础上的工作占有主要地位，因此是就业和财富的潜在创造者。文化产业和创意产业都为一个国家的GDP贡献了力量，但是并不是所有的文化都可以创造价值，注重文化产业发展无可厚非，但把中国文化过度商业化的做法不利于中国优秀文化"走出去"，这就是说可以卖创意，但不可以贩卖、兜售文化。例如，少林寺上市的炒作被认为可以极大地推动中国特色文化的商业运营，更好地走国际化道路。但是，这种违规操作是对中国传统文化的抹杀而不是发扬，只能给外界留下中国缺失信仰文化的印象。孔子学院肩负着传播中国文化、对外文化交流的使命，但有些人却打着孔子学院的招牌招揽各类生意，严重损害了中国在国外的形象。因此，不能把市场和GDP作为单一的中国文化走出去的衡量标准，文化更应该具有价值导向和精神衡量标准。

第四，在对外文化交流中把民族的价值置于人类价值之上，文化民族主义阻碍了中国文化的国际化。从人类文明的历史长河来看，中国文化和西方文化一样，是人类文化的一部分，有许多共享的人类精神价值，要把民族性放在世界性和互动性之中，文化中的"民族主义"防范心理要不得。文化民族主义有其积极的一面，它具有进步、合理的内涵；但也有其消极的一面，表现为极端保守主义、排外主义，威胁着人类文化的整体发展。[①]例如，韩国申遗"端午祭"，甚至把老子、孔子说成是韩国人，严重损害了中国人的民族自尊心和自豪感，在世界文化交融的历史长河中，韩国的文化民族主义注定不会长久。同样地，除了中国，任何一个国家都有其优秀灿烂的传统文化。要借鉴国际先进经验，利用外来资金和人力资源，大力发扬和保护各类文化遗产。例如，日本公司设计投资的上海浦东某座标志性建筑，被有些人放在民族主义的视角看待，质疑怎么可以让日本人来设计具有象征意义的中国建筑，其形态又如何对中国不利等说法，完全是一种文化的民族主义心态。中国文化既是民族的，又是国际的。从这一理念出发，实现文化共享的前提是共同保护优秀的文化遗产，不论这种文化是属于他国的，还是本国的。

二　中国文化国际化的战略原则

在中国崛起的时代，中国文化国际化不仅关系到中国能否和平

---

① 姜秀敏：《全球化时代的国际文化关系研究》，中央编译出版社2011年版，第54页。

发展的问题，而且关系到整个世界的和谐与发展。顺利实现国际化的中国文化才能具有一种世界性、整体性的眼光，从而促使中国的发展融入时代潮流，世界也才能重新发现中国、发现东方。从国际关系的视角来看，中国文化国际化应遵循以下战略原则。

第一，力争建构中国的文化话语权。"利益攸关方""中美共治"等名词无不是西方话语，中国文化走向国际不能像鹦鹉学舌一样只借鉴西方话语，必须首先打造一套统一的国家文化话语。后金融危机时代，新兴大国的崛起为建构中国文化话语权提供了经济和政治条件。在今天的中国，实际上存在着三种话语关系：一种是官方的；一种是学术的；还有一种就是大众的。这三种话语关系之间缺乏有效的互通机制和共享平台，甚至在很大的程度上三种话语之间还存在着一种冲突和对撞。① 国家的文化话语权不是自然而然形成的，而是需要国家顶层主动建构和设计。西方抛出一种理念或概念，要进行分析研究，对己利弊分析清楚再决定是接纳还是不接纳、反驳还是置之不理。同时要激发学界创新，鼓励提出新思路和新概念。学界提出一种文化概念或理念，如果可行需要官方予以承认，在外交场合加以肯定。例如，在中美关系问题上，中国崛起引发了美国对于如何看待两国关系的争论。美国学者提出"中美共治"或 G2 的概念，并加以界定和引申。中国方面认为中国还不够强大，当前不可能实现中美共治，G2 不现实，因此不予接受。很快中国方面提出构建"新型大国关系"的话语，先是在学界讨论，然后官方认可，并介绍给美国。现在美国已普遍接受"新型大国关系"的话语，但还有待于在其内涵上达成中美两国的共识。

第二，追求文化认同、允许求同存异。在全球化和世界体系一体化潮流下，主权国家之间和各民族文化之间互动频繁，一些具有普遍意义的价值观和文化认同已经被国际社会接受。例如，真善美、爱恨情仇等感情是人类社会共同的体会和感悟，无论某一国的文化如何的与众不同，它总要符合人类历史的发展规律，不能背道

---

① 胡慧林：《当前中国文化战略发展的几个问题》，载胡慧林、陈昕、单世联主编《文化战略与管理》（第 1 卷），上海人民出版社 2011 年版，第 16 页。

而驰。因为从人类文明发展的趋势来看，文化的融合会越来越普遍。首先要促进民族文化认同。民族既是文化的直接产物，也是文化认同的参考点。① 例如，中国、韩国、日本以及许多东南亚国家都有汉语言文化圈，虽然其文化内涵已经发生了演变。要重视汉语作为几个汉语国家和地区之间身份认同感情纽带的作用，以及作为全球性的沟通手段和消除这些国家在国际舞台上分歧的作用，并让汉语的使用者，包括把它作为母语和外语的使用者，学好用好这门语言，使之真正成为信息社会的知识纽带。其次要促进区域与全球文化认同。例如，妈祖文化、海洋文化是人类共有的文化传统，可以说有海水的地方就有妈祖庙，但各地的妈祖文化也有很大差异，台湾地区、大陆沿海地区、东南亚国家都有妈祖信仰，可以形成妈祖文化认同，但并不一定非要认定哪个是正宗的，允许有文化上的差异性。

第三，以平等自信为原则进行中国文化重组。中国文化偏于一隅、魅力独特，生命力顽强，但是过于久远，与时代脱节，需要以国际化标准来重组中国文化。然而，中国文化的重组绝不能靠强制性和怪异性来吸引眼球，而是要实事求是，让人心悦诚服地去选择和接受。面对全球公众，中国文化宣传要确立平等、自信的态度。动辄拿自己五千年的中国文化与人家几百年的文化开展历史对话，本身就是不自信的表现。例如，在中国少年儿童中，学习西方油画、钢琴、小提琴的层出不穷，而学习中国国画、古琴、古筝的却少之又少，以至于要采取保护的手段予以发扬光大。这种现象并不能说明中国文化的衰败，当然复兴国学固然是好事，但更需要从现代文化中获得文化自信和平等。此外，在把中国文化介绍给国际的时候，要注重中国文化与国际化潮流相一致。中国人在国外的一些不文明行为多是习惯使然，应当按照国际惯例加以纠正。如电梯左行右立的习惯，尽管可能在中国没有必要严格执行，但应当指导国民在出国时，要尊重当地礼仪、规则和法律。

① See Benedict Anderson, *Imagined Communities: The Original and Spread of Nationalism*, London, 1983.

第四，明确目标、服务于国家利益与人类共同利益。文化的功能指的是文化对国家和非国家行为体的身份、利益和行为的影响。中国文化国际化要有明确的目标，即实现国家利益的最大化，并促进人类国家利益的发展。文化对于提高一个国家的国际地位和政治影响力具有重要意义。美国著名外交家傅立民指出："与他国人民进行文化交往是实施政治影响的一种途径，也是加速向其社会进行经济渗透的催化剂。禁止或限制向其他社会输出本国文化的国家将使自己在争夺国际影响力的竞争中处于劣势。增加在国外的文化活动，增强国家实力；反之，则削弱影响。"[1] 有损于国家利益的国际文化活动不如放弃。如一些粗制滥造的影视作品严重歪曲国家形象，给世界的印象是中国就是这样，一直是这样落后、愚昧、贫穷，尽管输出这类影视作品可能会有很大经济收益，但被损害的国家形象可能需要很长时间才能扭转。

中国文化还要超越国家利益，服务于人类共同利益。要想成为一个真正的大国，不仅要看重利益，还要看重价值，既要讲原则，不唯利是图，又要负责任，不文过饰非。[2] 国际化的中国文化可以与世界其他文化共同推动国际文化的发展，对世界产生积极的影响。例如，中国的和谐文化是介于"洛克文化"与"康德文化"之间的一种文化形态，符合当今国际现实，又能推动国际关系缓和。[3] 中国文化肩负的使命不仅是实现国家利益最大化，面对虚无、没落的西方文化，中国文化有责任和使命来拯救世界文化，为世界文化增添原动力，激发创造性。例如，世界生态文化缺失造成人类共同生存的地球家园生态失衡。在各种危机面前，人类需要一种新的智慧来重新审视人与自然的关系。中国文化国际化必将有助于补充西方生态文化的不足，形成西方消费文化、斗争文化与东方节约文

---

① ［美］傅立民：《论实力——治国方略与外交艺术》，清华大学出版社 2004 年版，第 34 页。

② 赵可金、彭萍萍：《中国文化软实力面临的困境及其解决路径》，《当代世界与社会主义》2012 年第 3 期。

③ 杨守明：《国际文化的建构与中国崛起的影响》，《当代世界与社会主义》2012 年第 4 期。

化、和合文化的调和与互补。

三　中国文化国际化的路径选择

针对西方和部分国际媒体对中国文化歪曲、丑化和有意无意的误解，中国应采取双向文本解读战略，一方面，要构建中国文化国际化的战略原则，充分揭露这些歪曲、误解背后的文化差异和政治偏见，加强对外文化宣传；另一方面，要批判性地吸收外来文化中某些合理成分，摒弃中国传统文化中的糟粕和负面因素，积极完善自我。可以从以下几方面打开中国文化国际化的现实路径。

第一，"走出去"与"请进来"相结合。近代以来的中西方文化交流，中国拿来了大量的西方文化，而对西方没有进行大规模的文化输出，其间的文化逆差、落差等问题触目惊心。20 世纪文化拿来主义盛行，表明中国文化遭遇了深刻的身份合法性危机。[①] 现在强调文化输出不是扩张主义，不是为了对抗，而是为了实现文化交流与融合。从文化拿来主义到文化输出主义要求首先要走出去主动接受外来文化，其次要走出去传播中国文化。中国文化的国际化不一定非要走出国门，在国内也可以实现国际化，同时，"走出去拿来"比"请进来"更能显示中国的诚心诚意。例如，在出国进行文化交流时，首先要表现出对对方文化的兴趣，回来向国内介绍他们的文化，这样，对方才会主动了解、接受自己的文化。莫言之所以能获得诺贝尔文学奖，除了实力外，还有文化交流、文化公关的很大功劳。要让世界各国了解、接受中国文学，莫言作品的翻译工作和推广宣传不可缺少。应充分利用现代电子网络和卫视，传播具有深厚中国文化底蕴和魅力的作品，系统地介绍东方文化、中国文化的精神和现代价值。

第二，政府主导与民间行为相结合。政府主导的文化国际化行为具有举国效应，如党和国家领导人亲自确定和支持的"中法文化年""中俄文化年"项目，能最大限度地集中全国文化资源优势，不仅大力推动了国与国之间政治、经贸关系，也体现了党和政府推

---

① 王岳川：《发现东方》，北京大学出版社 2011 年版，第 10 页。

动中国文化国际化的战略意图。民间行为和半民半官方的文化交流行为形式多样而灵活，更能体现中国文化的亲民风格，是政府主导文化传播行为的重要补充。但是，要使中国文化为其他国家的受众所吸纳和接受，必须借助当地官方和主流文化平台。西方民间的民主和意识形态传播行为多数得到政府资金和人力支持，以民间文化交流的名义，发挥意识形态的渗透作用，打消国外受众的防范心理。中国民间文化交流活动要提高国际竞争力，必须得到中央和地方政府的支持。实践证明，这种民间牵线搭桥、政府接手支持的运作方式在发展中国家和地区成效显著，对中国企业"走出去"和国家形象的改善具有重要现实意义。

第三，国内传播梯队和海外传播梯队相结合。人是文化传播的最主要载体，要主动组织传播中国文化的梯队，包括国内梯队和海外梯队。国内梯队包括在中国的文化工作者、聘雇的外国人、在中国的留学生、技术合作者和旅行者。他们首先作为外来文化的传播者向中国传播外来文化，同时，也可以作为中国文化的传播梯队发挥作用。作为中国文化的搬运者，这些群体具有向国外呈现中国文化的便利条件和渠道，无论在中国逗留时间长短，他们生活在中国的这段时间里都有可能成为中国文化的传播者。在"走出去"过程中，中国文化的受众不能只局限于海外华人群体，要把海外华人华侨作为中国文化的传承者和传播者，是中国文化走出去的极其重要的基础和市场。一方面他们有需求；另一方面他们也是中国文化向海外传播的"二传手"和"搬运者"。海外梯队还包括海外汉学家、中国留学生、海外务工人员、技术合作者、去国外的旅行者等群体都可以作为中国文化的传播梯队。这就需要把中国文化国际化的工作做在前面。当身处中国时，看似深知中国文化精髓，却连中国历史朝代都搞不清楚。文化传播战略需要把中国文化的国际化当作一项任务来对待，而不是随意就能做好的。例如，对出国留学人员的培训，不光要进行对方语言、文化的培训，更要向这些潜在中国文化搬运者进行从言谈、行为到中国文化历史、文化传播自觉意识的培训。特别是那些从事对外文化交流工作的公职人员，要有传播优秀中国文化的使命感和自觉性，一方面要提升自身的文化修养；另一方面要多在中国文化传播者之间组织一些文化学习和交流活动。

第四，大众文化和精英文化并重，低俗文化与高雅文化要有所侧重和取舍。相比非洲各国文化和欧洲某些地方的文化，亚洲文化整体而言是较强的，尤其是日本、中国和印度的文化。但是中国大众文化明显不敌日本和韩国，尽管传统文化和精英文化源远流长。大众文化与精英文化的区别，首先体现在文化的创造者和受众的不同上。精英文化显然是由精英所创造和享用的文化。在文化领域，这样的精英主要就是知识分子或知识分子阶层。从文化功能上看，精英文化承担了比大众文化更多的社会教化和价值规范功能；大众文化的消费也许可以说是表面性的，就是说对于人们的信念、价值观或行为并没有很深刻的影响。但是大众文化更易于传播和被接受。因此，要采取大众文化和精英文化并重的传播路径。中国文化的国际化还要多一些高雅文化，少一些低俗文化。当然，低俗文化和高雅文化是可以相互转换的，界限不是那么分明。有些低俗文化经过包装和去其糟粕，也可以实现由俗至雅的转变。例如，中国古代诗词，很多产生于青楼歌女与嫖客的打情骂俏，但经过后代文人各种形式的加工，通过去粗取精，发展为雅俗共赏的艺术形式，如琴歌、戏曲等，既有艺术欣赏价值，又反映了当时的时代风貌和政治特征，完全可以被国际社会理解和接受。

第五，道器一体、形神兼备的中国特色文化国际化路径。鉴于中国文化的特点，要让西方了解中国最根本的东西，即中国文化的精神非常不容易，必须借助于感性的道具和形象。例如，京剧脸谱、毛笔、旗袍文化，不是展示出来就可以了，还要向他们介绍其中包含的文化内涵和价值体系。中国文化的价值体系和西方明显不同，西方人拿西方价值来衡量中国，所以对中国的很多现象难以理解。这需要先运用感性认识引起他们的兴趣和好奇心，再超越这些器具形成理性认识。所谓道器合一、形神兼备，借助具体的载体来传播文化理念和价值体系更容易被西方接受。例如，中国独一无二的古琴音乐艺术。古琴作为器具，不仅传递了音乐，而且每首古琴乐曲背后都有一个历史故事，这个故事背后又蕴含了丰富的哲学理念和人物的价值追求。这样由表及里的介绍避免了一开始就乏味的说教，把中国文化特性放在历史长河和音乐修养中去体味，更容易引起共鸣。中国文化是包容的，可以吸收西方文化的精华，使中国文化的价值体系更丰富、更先进。兼容并蓄的中国文化可以随着中国的强大有朝一日实现国际化，从而形成与建立在弱肉强食的丛林文化基础上完全不同的国际秩序。

互联网上"并育而不相害""并行而不相悖"的文化生存法则恰好体现了文化发展所应具有的开放性、平等性和包融性等原则。因此，互联网技术将极大促进各国文化的交流、沟通与整合，各国文化在保持自身本土特点的前提下相互交流、共同发展、共同繁荣，从而实现互联网条件下的"和而不同"的世界文化新格局。

第三章

互联网时代大学生价值取向的变化

"青年的价值取向决定了未来整个社会的价值取向，而青年又处在价值观形成和确立的时期，抓好这一时期的价值观养成十分重要。"[1] 当前，互联网推进的文化全球化带来了多元文化，文化多样性发展迅速，多元价值观对当代大学生的价值取向影响极大，互联网时代加强培育大学生的社会主义核心价值观尤为重要。

第一节 文化全球化对大学生价值取向的影响

"价值取向就是人们在一定场合以一定方式采取一定的价值倾向。它来自主体的价值体系、价值意识，表现为政治取向、功利取向、审美取向、道德取向等不同的方面。人的每一具体行为的取向或定向，都是各种具体价值取向综合作用的结果。"[2] 也就是说，价值取向是人们在处理各种关系、各种问题时所持有的立场、态度以及所表现出来的价值倾向。显然，人们有什么样的价值取向，就会有什么样的价值行为。在实践活动中，人们首先要依据自身的价值取向对有关的目标、方向、措施、手段、结果等进行评价、判断和取舍，因此，价值取向如何直接关系到人们行为的性质及成败。

当前，以美国为首的西方社会的价值观念借助于互联网传播进

---

① 习近平:《青年要自觉践行社会主义核心价值观——在北京大学师生座谈会上的讲话》, 2014 年 5 月 4 日。

② 袁贵仁:《价值学引论》, 北京师范大学出版社 1991 年版, 第 530 页。

行渗透和推广，对中国本土文化及其价值观念带来的挑战和竞争是前所未有的。中西文化交往必然带来价值观念的冲突，大量的西方意识形态、价值观念和生活观念对当今大学生的价值取向带来了极大影响。

文化全球化带来了多元文化，在此背景下，大学生既受社会主义、集体主义、为人民服务等的中国社会价值观念的熏陶，又受西方"个人主义""自由主义""功利主义"和"幸福主义"等价值取向的影响。当前，"在伦理价值观层面上，既有'仁爱礼让''诚实守信'的真善美，又有'人情冷漠''尔虞我诈'的利己主义；在政治价值观层面上，既有'天下兴亡，匹夫有责'的集体主义，又有'崇尚独立''张扬个性'的个人主义；在经济价值观层面上，既有'积极进取''劳动光荣'的崇高境界，又有'消极待命''保守安逸'的得过且过；在生活价值观层面上，既有'悬梁锥股''卧薪尝胆'的艰苦奋斗，又有'物欲横流''金钱至上'的拜金主义"①。

当前的文化全球化背景下，"相对于高度集中统一的计划经济体制下社会文化单一、意识形态单纯、社会价值观高度同质的状况来说，'80 年代生人'赶上了一个众声喧哗的文化时代。文化的冲突、观念的碰撞、思想的渗透、价值的并行，构成了中国思想文化发展史上前所未有的多元景观"②。文化全球化是一把"双刃剑"，它对当今大学生价值取向的影响既提供了有利环境，也带来了严峻挑战。

文化全球化强化了大学生的全球意识、主体意识、竞争意识、创新意识、法制意识和权利意识，为大学生将来服务国家、推进人类事业的进步提供了更为充分的条件。

第一，文化全球化促使大学生全球意识不断增强。文化全球化背景下的中西方文化交流，开阔了大学生的眼界，拓展了大学生的学术视野和文化境界，大学生身处国内却能获得全球资讯、了解世界主流文化、关注世界文明的发展与进步，以世界的眼光来思考国际国内问题。从而促使大学生的全球意识不断增强。具有全球视野

---

① 郑文力：《多元文化背景下当代大学生价值观探析》，《教育评论》2015 年第 1 期。
② 王勤：《走向前台的"80 后"——解读 80 年代生人》，《中国青年研究》2005 年第 4 期。

的大学生将来能够更好地融入到国家与世界的发展中。

　　第二，文化全球化促使大学生主体意识不断增强。西方价值观念是以个体为本位，自我在价值观念中居于中心地位。人是价值的主体，离开了人就谈不上什么价值；同时，人又是实现价值的主体，只有通过自己的努力、奋斗、创造、进取，才能获得幸福，才能实现自我。西方价值观念中的这个特点大大增强了中国大学生的主体意识。大学生正处在从学校到社会的过渡阶段，在社会角色转换过程中，当代大学生的主体意识不断展现：一方面，当代大学生积极投身到学校各类社团活动和各种社会实践活动中，依据自己的价值取向作出判断和选择、边学边用、边用边积累经验，以期实现个人价值和社会价值的很好结合。另一方面，当代大学生崇尚自由、自主、自立、自强，反对限制、反对依附、反对盲从、主张基于自己的知识结构和经验积累去观察问题、分析问题、解决问题。当代大学生的这种自我肯定、自我选择、自我实现的理念，正是他们主体意识不断增强的突出表现，这为他们正式进入社会、积极投身到国家建设奠定了良好基础。

　　第三，文化全球化促使大学生创新意识、竞争意识不断增强。青年一代总是对创新和竞争表现出极大的热情。他们思想活跃、文化素质较高、接受新事物能力强，他们敢于打破旧事物，创造新事物，他们总是走在时代发展的前列。文化全球化带来的中西文化交流给大学生创新意识、竞争意识不断增强提供了有利环境，正是有了中西文化交流，才丰富了大学生的文化视野和知识结构，提高了大学生的竞争能力，也正是有了中西文化的交流与冲突，才激发了当代大学生极大的创造热情。习近平总书记2014年5月4日在北京大学师生座谈会上的讲话指出："每一代青年都有自己的际遇和机缘，都要在自己所处的时代条件下谋划人生、创造历史。"

　　第四，文化全球化促使大学生法制意识和权利意识不断增强。用法律保护个体的权利，是西方价值观念中的突出特点。我国改革开放以来，随着政治领域中依法治国、建设"法治中国"的提出，在国内不断强化建设社会主义法治国家的大背景下，当代大学生的法制观念和权利意识也不断增强，从个体来说，法律也越来越成为保护自身权利和利益的最有效的工具。

但是，文化全球化对当代中国大学生价值取向的消极影响又是显而易见的。

首先，当前的文化交流实际上是西方文化对中西方文化交流的单向主导，西方敌对势力利用单向文化交流强行或潜移默化地推行西方的意识形态和价值观念，这不利于中国大学生对中国特色社会主义理想信念的认同和社会主义核心价值观的培育。文化全球化使当代大学生的社会主义意识形态和社会主义核心价值观受到严重冲击。

文化全球化中西方霸权主义表现尤其明显，美国借助自己的经济、技术优势，把自己的民主政治制度、文化价值观念推向全球，企图使其成为全球的唯一标准，实现西方价值观"统治"全球。克林顿执政时提出的"国家信息基础结构行动计划"，明确指出要用美国的自由、民主、人权的价值观统治世界，实现"思想的征服"。[①] 当代中国大学生面对西方的"糖衣炮弹"，如果没有坚强的意志，广博的知识，极强的识别能力，极有可能对马克思主义信仰、中国特色社会主义的共同理想产生动摇，和对以爱国主义为核心的民族精神的削弱，从而严重冲击着我们所宣扬的社会主义核心价值观的建立。

尤其当前，西方的民主政治、意识形态、思想文化、生活方式、价值观念等充斥网络，大学生又是互联网的主力军，由于大学生还处在价值观和人生观不成熟的成长阶段，对新生事物缺乏充分的辨别能力，很难抵挡西方的"文化污染"。当前，互联网已经成为美国等西方发达国家进行全方位、全时段向全世界推行西方意识形态、价值标准的利器。"科学与技术是无疆界的，只有水平的高低和先进与否，但是，文化的传播就有鲜明的意识和立场。文化上的强势要比军事上的强势更可怕和有效，更能征服人们的心灵。因为军事上的入侵容易产生民族性的强烈反抗，即使军事征服成功，征服的只是人体；而文化的入侵既是潜移默化的，又是自由化的，

---

① 林伯海：《互联网时代的高校学生爱国主义教育》，《学校党建与思想教育》2002 年第 1—2 期，第 46 页。

兼之温柔的攻击性，一旦文化入侵成功，征服的将是人们的心灵。"① 美国前总统布什曾指出："如果互联网在以其他国家发展的那种方式进入中国，那么自由将迅速地在那片土地上站稳脚跟。"② 可见，中西方价值冲突在互联网时代将会愈演愈烈，当前处于竞争劣势的中国在社会主义价值观领域的建设将面临越来越大的挑战。

当前，以美国为首的西方国家利用广播卫星、电视、无线电、互联网等现代化的传媒手段，通过无处不在的文化产业和文化产品的输出对我国进行强烈的文化渗透，他们打着"平等、自由、博爱"的幌子极力推销他们的政治制度、经济制度和西方的意识形态、价值观念，以期把中国纳入西方资本主义的秩序轨道中去。尤其当前的西方敌对势力对我国的文化渗透采取了诸如"淡化""腐化""丑化""溶化"等的新策略。"淡化"策略指的是西方国家极力宣扬的"淡化意识形态"，促使我们淡化政治，淡化共产主义理想，淡化马克思主义在意识形态领域的指导地位。"腐化"策略指的是利用市场经济的负效应腐蚀中国共产党的干部，企图搞垮社会主义国家的经济基础，进而搞垮社会主义国家的上层建筑。"丑化"策略指的是利用我们党内少数领导干部的工作失误和腐败行为，对我们党的形象和社会主义制度进行丑化，以期使我们党的威信下降。"溶化"策略指的是通过鼓吹"马克思主义过时论""意识形态终结论"等企图扰乱我国民众的思想，消解我们的社会主义的价值观和社会主义的理想信念。③ 对此，我们国家包括大学生在内的所有普通大众都要加强辨识、增强防范和敢于反击。

其次，文化全球化背景下，多元文化对大学生的思想道德带来极大冲击，一部分大学生价值观异化、道德滑坡现象严重。

文化全球化背景下，西方的消费主义思潮、后现代主义思潮等

①　苏振芳主编：《网络文化研究——互联网与青年社会化》，社会科学文献出版社2007年版，第61页。

②　张力、白洁：《互联网的发展对国际关系的影响》，《现代国际关系》2000年第11期，第15页。

③　谢宏忠：《大学生价值观导向——基于文化多样性视野的分析》，社会科学文献出版社2010年版，第126页。

不断涌入我国，深刻影响着我国民众的思维方式和生活方式，严重冲击着当代大学生现有的思想道德和价值观建构。消费主义是过度的、不合理的消费，是不顾实际需求的虚假的消费，于是当代大学生群体中也出现了比穿名牌衣服、比吃新奇食物、比时尚消费……在还不具备实际消费能力的情况下过度消费、高调炫富，给父母带来巨大经济压力，对大学生树立正确的消费观产生了极大的负面影响，也对继承和发扬中国传统文化中艰苦奋斗的精神带来了不小的冲击。后现代主义在 20 世纪 80 年代后期进入中国后，就对大学生产生了极大影响。后现代主义强调对既有现实和理论的"质疑""批判"和"解构"，后现代主义反对原则性、确定性、统一性和权威性，倡导多元性、不确定性、差异性和开放性，后现代主义具有强烈的叛逆精神和多元价值取向，力求表达的是"去中心化""去神秘化""去合法化"，后现代主义对当代大学生的消极影响就是，"他们作为后现代主义的行为者，被人们冠之以'新新人类''无厘头'。在观念上，主要表现为反传统、反权威、破坏规矩、反理性、反教育、公德差。在心理上，主要表现为追求舒适，寻找感觉，内心焦虑，好发泄。在行为上，主要表现为追赶时髦，玩世不恭，好表现，强调自由，不愿拘束，甚至触犯刑律"[①]。他们对社会理想、人生意义、国家前途、传统道德等将逐渐淡化，造成大学生中道德评价标准的多元化和政治信仰的多元化。

面对复杂多样的西方文化思潮，大学生群体好奇心强，对新生事物极易模仿、追捧，有些大学生辨识能力弱，难以抵抗西方文化思潮的冲击，这对大学生正确的世界观、人生观、价值观的形成带来极大障碍。表现在个体价值取向上就是，出现了诸如"个人至上"的极端个人主义倾向、"主观任性"的极端自由主义倾向、"损人利己"的极端利己主义倾向、"有用即真理"的功利主义价值取向和"及时行乐"的享乐主义价值取向。

一些大学生表现出了极端个人主义、极端利己主义倾向，他们

---

① 朱子超：《后现代主义思潮对中国当代青年大学生的影响分析》，《广西青年干部学院学报》2005 年第 6 期。

重个人，轻集体，甚至把个人利益凌驾在他人、集体和国家利益之上，他们唯利是图，损人利己，自私自利，见利忘义，为了实现自己的个人利益而不择手段。极端自由主义强调主观任性，想干什么就干什么，而不顾及社会的秩序、公共的道德和他人的利益。功利主义者强调眼前的、局部的、个人的利益，而不顾长远的、全局的、整体的利益。什么有利就干什么，盲目追赶潮流。在学业上，一些大学生"泛功利化"倾向严重，他们重实用知识轻基础知识，许多大学生用三分之一的时间和精力学习专业课，而用三分之二的时间和精力去努力获取各类职业资格证书，冷门专业的大学生则几乎把所有的时间和精力都用于应付英语和各种考证上了。[1] 享乐主义过分注重现实生活的享受而消解了奋斗的意义，他们盲目追求生活享乐和感官刺激，甚至为达目的而不顾道德规范和法律秩序。他们只想享受，不想创造；只想消费，不想生产。以上价值取向使一部分大学生集体观念缺失、社会责任感和社会政治意识淡化，进而引发大学生的理想信念危机。"人的理想价值取向的合理化，不只是对民族、国家、社会的责任，也是对自己的一种人文关怀。"[2] 缺乏理想信念，就会丢弃自己的社会角色和社会责任。"和过去的青年相比，这一代青年的理想主义色彩相对淡了，只有直观的朴素的责任感，缺乏对祖国历史使命的深刻理解和执着追求，没有取得情感上直至理性上的认同，他们更为关注的是人自身状态和现实的利益。"[3] "他们没有 50 年代大学生的纯真追求，没有 60 年代大学生的虔诚激情，他们不再信奉那种个人崇拜与盲目服从的价值取向。在他们的心目中没有崇拜的英雄人物，没有神圣和庄严的东西，对领导的尊重淡薄了，对父母的权威淡薄了，对思想教育的说教厌烦了。他们失去了传统的价值观，但又找不到新的价值观，因而，大

---

① 唐如前：《论当代大学生的功利化行为》，《湖南科技学院学报》2009 年第 5 期。

② 李佳国：《当代文化变迁与大学生思想政治教育》，西南财经大学出版社 2008 年版，第 72 页。

③ 杨雄等：《社会转型与青年发展》，上海社会科学院出版社 2004 年版，第 273 页。

有失落、困惑之感。"① 缺乏理想信念，就不会去"仰望星空"，甚至"脚下的事情"也不去关注，2007 年 5 月，时任总理温家宝在同济大学演讲时提道："一个民族有一些关注天空的人，他们才有希望；一个民族只是关心脚下的事情，那是没有未来的。""我们的民族是大有希望的民族。希望同学们经常地仰望天空，学会做人，学会思考。学会知识和技能，做一个关心国家命运的人。"②

多元价值观条件下，大学生道德认知出现危机，道德滑坡现象严重。大学生处于价值心理活动活跃期，其道德认知的模糊性表现突出，文化全球化背景下，多元文化和西方价值理念的大量涌入，使大学生在价值评价和选择上有了更多的参照，他们既有对中国传统价值的推崇和怀疑，又有对西方价值理念的批判和效仿；在道德认知上，他们既有对传统道德的怀念和依恋，又有对新的道德认知的冲动和向往。我国正处于社会转型时期，面对现实道德状况的评价争执，当代大学生对价值标准、善恶标准一度出现模糊，他们中的一部分人失去了道德追求的目标，道德行为极度堪忧。他们不知道要做一个什么样的人，不知道怎样把握自己的人生，他们精神空虚，对生活缺乏希望，对他人和社会缺乏关心。他们"对亲人无孝敬之心，对老师无尊敬之心，对学校无热爱之心，对同学无友谊之心，对社会无关爱之心，有的只是怀疑、冷漠、牢骚、怨恨；遇到危难之事，奉行明哲保身心态，袖手旁观，见危不扶，见难不助，见死不救，使社会正义之气下挫"③。

第二节　网络文化对大学生价值取向的影响

互联网时代，网络文化已经呈现为一种全新的文化形态，它运用特定的语言、声响、影像符号等，以最快捷的方式传播各种思想

---

① 赵金飞：《大学生理想信念缺失问题与思考》，《思想教育研究》2006 年第 2 期。
② 《人民日报》2007 年 9 月 4 日。
③ 薛海鸣：《新时期大学生核心价值观教育研究》，中国书籍出版社 2014 年版，第 13 页。

观念、文化信息，从而引发不同文化之间的碰撞和冲突，同时也促成不同文化的生成和融合。"在一定程度上，计算机网络已经形成了一种与其相适应的文化模式，因为在网络世界中，人们已经创造和发展了一种独特的文化系统方式、语言模式，甚至礼仪格式。"①"网络文化作为一种以网络技术为基础，以网上生存为核心内容的新文化形式，它不仅造成了人们对以往传统的占主流地位的文化价值规范的反思和检讨，而且也极大地扩充了现代社会中人们文化生活的深度和范围，并正在塑造出全新的文化价值体系。"② 当代大学生是接触和接受网络文化的主体，但是，由于大学生群体正处在世界观、人生观和价值观确立的关键时期，他们的价值观不稳定、可塑性强；他们社会阅历浅、人生经验不丰富；他们理性辨别是非的能力、判断善恶的能力、抵制外部影响的能力和自我选择的能力不强，而网络文化的多元性、交互性等特点深刻影响和重塑着当代大学生的价值观，对当代大学生的思想观念、价值取向和道德行为等都产生了极大影响。

网络文化也是一把双刃剑，它对当代大学生价值取向的影响既有其积极的一面，也有其负面影响和冲击的一面。

第一，网络文化具有开放、多元的特点，互联网打破了地域、时空的限制，促进了全球各民族文化传统的交流与融合，带来了各种文化共享的局面。各种思想观点、思潮主张、价值观念通过网络的高速传递深刻影响着当代大学生，对他们来说，网络文化既开阔了其视野，又有利于他们开放观念的形成和对世界各国文明成果的学习。但是，当前西方发达国家正是利用互联网的迅速、开放等特点对发展中国家尤其是社会主义中国加强其文化渗透，使当前的网络文化带有浓厚的西方文化霸权主义色彩，据统计，"互联网上，英语的内容约占90%，法语的内容占5%，其他世界上的不同语系只占5%。据对互联网上的输入、输出信息流量统计，中国仅占0.1%和0.05%，而美国的这两项指标都达到85%以上。这就意味

---

① 苏振芳主编：《网络文化研究——互联网与青年社会化》，社会科学文献出版社2007年版，第58页。

② 冯鹏志：《延伸的世界——网络化契机限制》，北京出版社1999年版，第25页。

着发达国家垄断着网上的信息资源，能够通过网络向全世界全方位、全时空、全天候地推销自己的价值标准、意识形态、商业理念、外交政策和社会文化，严重冲击着发展中国家的思想阵地"①。当代大学生易于接受新思想、新知识，但是由于大学生正处于世界观、人生观和价值观形成的重要时期，价值判断能力还不强，难免出现价值取向多元化的倾向，许多大学生表现出对我国的传统文化和主流意识形态进行质疑和抵触，而对西方的生活方式、政治制度、思想文化、意识形态产生崇拜和认同，这无疑削弱了我们民族文化的影响力和凝聚力，消解了我们的国家意识和民族情感，淡化了对中国特色社会主义的政治认同。

第二，网络文化具有自由、平等、民主、交互的特点，这些特点一方面有利于促进大学生的主体意识提高；另一方面，由于我国正处在社会转型期，新的社会道德体系还没有完全建立，在多元价值观的冲击下，当代大学生道德滑坡、社会责任感弱化现象非常严重。互联网中信息文化的传递和交流是自由的，人与人之间没有高低贵贱之分，人们之间的交往是平等的，任何人在任何事情上都拥有表达自己思想的权利，网络文化的这些特点有助于大学生自我解放、张扬个性，有助于增强大学生的自信、自立和自强。并且，网络文化没有权威中心，大学生可以脱离传统权威独立进行价值判断，这有助于增强大学生的民主平等观念。尤其，网络文化的交互特性直接促使着大学生由被动接受转变为主动参与，大学生的主体意识大大增强。当代大学生开始尊重个体的需要，关注与追求个体价值的实现，但是，当代大学生一味强调个体价值致使其爱国主义、集体主义和无私奉献精神逐渐淡漠。同时，网络信息杂乱繁多，一些落后的、腐朽的，甚至是色情的、暴力的、违法犯罪的信息充斥网络，对大学生价值取向的正确选择产生了直接的消极影响。加之大学生价值判断能力不强，信息真伪辨别能力有限，他们大都又具有从众和从权威的心理特征，因此非常容易受到不良信息

---

① 钟牧原：《试论网络时代的高校思想政治教育》，《许昌学院学报》2004年第1期。

的影响。早在 1995 年，美国宾夕法尼亚州卡耐基·梅隆大学发表了一份题为《信息高速公路上的色情市场》的调查报告，该调查报告指出：在过去的 18 个月中，因特网上出现了 91.7 万幅色情图片、多部色情小说和影片，向美国 50 个州的 2000 多个城市以及包括中国在内的 40 多个国家和地区扩散。这些色情信息对我国大学生正确价值观的认识和形成产生了非常消极的影响。除此，暴力内容也通过互联网游戏、电影等逐渐渗入大学生的思想意识中。尤其，在互联网带来的虚拟空间中，约束网络行为的道德秩序缺失，法律法规不健全，而大学生自律性差，容易放纵自己，这直接导致了大学生的是非观念模糊、道德意识淡薄、社会责任感减弱。大学生在看似自由的信息消费中变得被动和盲从，从而导致实际上的不自由，在道德判断上出现弱化和相对化的趋势。这种趋势将导致道德失范行为，如网络犯罪、网络盗窃、网络传毒、网络色情、网络黑客等。

　　第三，互联网的虚拟、匿名的特点赋予网络文化以特质，一方面，虚拟空间允许匿名存在，在虚拟空间，大学生可以随意扮演不同的角色，可以实现现实中不能实现的愿望，可以满足现实中不能满足的需求，"网络文化所具有的虚拟性、自主性、多元性、开放性等特征能够让大学生暂时处于虚拟世界，摆脱现实社会的束缚，满足大学生在身心发展中的尊重需求、交流需求、情感需求、求知需求、求新需求、求异需求、独立需求、自主需求以及安全需求等"①。在此过程中，大学生群体可以释放自我，消除心理压力。另一方面，大学生在虚拟空间中将自己的真实身份隐匿起来，用其他的身份甚至是多重身份与人交往。这种虚拟的交往方式难免夹杂着虚假的内容，并且，这种交往方式缺少了面对面的表情语言交流，长此以往，大学生将越来越缺乏对现实社会人际交往的规则和技巧的掌握，造成现实人际交往障碍和人际关系冷漠，深陷虚拟空间的

---

　　① 张朝霞：《网络文化对大学生的价值观意识影响探究》，《湖北函授大学学报》2015 年第 28 卷第 2 期。

交往将直接导致心理封闭。马克斯·劳卡在《大冲突：赛博空间和高科技对现实的威胁》中如是说："在这个杂糅的世界，每一种潜在的价值都变成了它自己的阴暗面；自由，成了种种恶习和折磨他人的自由；匿名，成了肆无忌惮的色情电话的匿名；而脱离物质躯体的解放，成了折磨他人虚拟躯体的邀请函。当真实世界用各种检查制度和权衡措施把住邪恶之门时，人性中的所有恶魔，却在极短时间内跳到赛博空间里重新开张营业。"大学时期是大学生获得自我角色认同的重要时期，大学生如果在这一阶段不能获得自我认同，就极可能出现"角色混乱"。虚拟空间缺乏确切的社会角色关系，大学生在其中可以获得身份、地位以及扮演角色的满足感，但是，沉溺于虚拟空间的角色扮演而不能适应现实生活中的角色，容易造成大学生许多心理或精神问题，甚至出现人格障碍。网络交往时间越长，现实生活中交往的时间就越少，现实生活中克服挫折和解决困难的能力就越缺乏，就越容易导致孤独症和网络上瘾症，从而错失现实生活中完善人格的时机，对大学生身心健康的发展带来直接影响。

第三节　大学生社会主义核心价值观的培育

当前，互联网日益成为大学生的精神生活新空间、信息传播新渠道和文化创作新平台。同时，文化全球化背景下，各种思潮理论、多元文化信息、多样社会舆论也在互联网上相互交流、交融和碰撞，强烈冲击着当代大学生正在形成中的价值观。在"面对世界范围思想文化交流交融交锋形势下价值观较量的新态势，面对改革开放和发展社会主义市场经济条件下思想意识多元多样多变的新特点下，积极培育和践行社会主义核心价值观，具有重要现实意义和深远历史意义"[①]。

---

① 《毛泽东思想和中国特色社会主义理论体系概论》，高等教育出版社 2013 年修订版，第 165 页。

一　社会主义核心价值体系和社会主义核心价值观

（一）价值、价值观、核心价值观

"价值"这一概念属于关系范畴，"'价值'这个普遍的概念是从人们对待满足他们需要的外界物的关系中产生的"①。袁贵仁指出："价值是主体和客体之间的一种基本关系"，"物的价值属性则是在物与人的关系中表现出来，即在主客体关系中表现出来的能够满足人的某种需要的那样一种属性"②。

"价值观"是一种价值认识。"就是人们对价值问题的根本看法，是人们处理价值关系时所持有的立场、观点和态度的总和。"③价值观与价值既有区别又有联系，价值是客体对主体特定的"效益关系"，而价值观则是一种评价标准，它主要反映的是主体利益需求和立场态度。价值观一方面表现为价值取向、价值追求，凝结为一定的价值目标；另一方面表现为价值尺度、评价标准，成为主体判断客体有无价值及价值大小的观念模式和框架，是主体进行价值判断、价值选择的思想根据，以及决策的思想动机和出发点。价值观是支撑人们生活的精神支柱，它决定着人类行为的取向。从微观上来说，价值观是人心中的一个深层的信念系统，在人们的价值活动中发挥着行为导向、情感激发和评价标准的作用，构成个人人生观的重要内容，直接影响着人们的各种社会活动。从宏观上来说，价值观是社会文化体系的内核和灵魂，代表着社会应该提倡什么、反对什么的规范性判断，在国家社会经济政治生活领域，显示了社会主导价值观念的重大作用。从表现形式来说，信念、信仰、理想是价值观的最基本表现形式。信念，是人对某种现实或观念抱有深刻信任感的精神状态，它所揭示的内容同人们"应当"持有的态度和"应当"采取的行动有关。信仰，是人们关于普遍、最高（或极高）价值的信念。信仰在人的精神活动中居于统摄地位，它是人生

---

① 《马克思恩格斯全集》（第19卷），人民出版社1963年版，第406页。

② 袁贵仁：《价值观的理论与实践》，北京师范大学出版社2006年版，第23—24页。

③ 同上书，第26页。

的"主心骨",是人的全部价值意识的定向形式,人不能没有信仰,没有信仰的生命等于没有灵魂。信仰的偏差,会造成人生道路和社会发展的方向性错误。理想,是价值意识的最高范畴,它是以一定的信念和信仰为基础的价值目标体系。崇高人生理想的实现,是人的生命的最高自我价值;崇高社会理想的追求和实现,是人的生命的最高社会价值。建设中国特色社会主义、实现中华民族的伟大复兴,是当代中华儿女共同的社会理想。①

"核心价值观是指在一定历史时期,统治者所倡导的对社会文化体系和个体行为起决定和支配作用的价值观,对生活在社会中所有的人产生巨大的影响"②,"是一个社会中居统领地位、起支配作用的价值理念,是一种社会制度、社会形态长期普遍遵循、相对稳定的根本价值准则,是一个社会的价值观、价值体系和核心价值体系的灵魂"。③核心价值观是一定社会形态社会性质的集中体现,它决定着社会制度、社会运行的基本原则,制约着社会发展的基本方向。习近平在《青年要自觉践行社会主义核心价值观——在北京大学师生座谈会上的讲话》中指出:"人类社会发展的历史表明,对一个民族、一个国家来说,最持久、最深层的力量是全社会共同认可的核心价值观。核心价值观,承载着一个民族、一个国家的精神追求,体现着一个社会评判是非曲直的价值标准。""如果一个民族、一个国家没有共同的核心价值观,莫衷一是,行无依归,那这个民族、这个国家就无法前进。"

(二)社会主义核心价值体系

价值体系是"由一定社会崇尚和倡导的思想理论、理想信念、道德准则、精神风尚等因素构成的社会价值认同体系"。④核心价值体系就是在一个社会中居于主导地位的价值体系,它决定着社会意

---

① 刘允正等:《裂变与整合》,光明日报出版社 2009 年版,第 3—5 页。

② 陈章龙、周莉:《价值观研究》,南京师范大学出版社 2004 年版,第 28 页。

③ 戴木才:《论社会主义核心价值观与核心价值体系的辩证关系——中国特色社会主义核心价值观探索之一》,《南昌航空大学学报》(社会科学版)2011 年第 6 期。

④ 吴潜涛:《建设社会主义核心价值体系:准确理解社会主义核心价值体系的科学内涵》,《人民日报》2007 年 2 月 12 日。

识形态的性质和方向，影响着人们的价值取向和思想行为，它体现着社会的本质属性，指导着社会的奋斗目标和发展方向，它是一个国家的精神支柱，是推动社会前进的精神旗帜。建设和发展中国特色社会主义，需要有一个能够被全社会共同接受和认同的社会主义核心价值体系来引领。党的十六届六中全会第一次明确提出社会主义核心价值体系的科学命题，指出"马克思主义指导思想，中国特色社会主义共同理想，以爱国主义为核心的民族精神和以改革创新为核心的时代精神，社会主义荣辱观，构成社会主义核心价值体系的基本内容"。社会主义核心价值体系是社会主义意识形态的本质体现，是社会主义制度的内在精神和生命之魂，体现了社会主义制度的内在价值取向，反映了全国各族人民的核心利益和共同愿望。

社会主义核心价值体系四个方面的内容都是社会主义意识形态最重要的组成部分，它们相互联系、相互贯通、相互促进，是一个有机统一的整体。马克思主义指导思想，是社会主义核心价值体系的灵魂，它解决的是举什么旗的问题。它是社会主义核心价值体系的理论基础，居于统领地位，树立中国特色社会主义共同理想、弘扬培育民族精神和时代精神、树立社会主义荣辱观，都必须以马克思主义为指导。马克思主义是我们立党立国的根本指导思想，为我们提供了科学的世界观和方法论，决定着社会主义核心价值体系的性质和方向。只有用马克思主义的立场、观点、方法来正确认识经济社会发展大势，正确认识社会思想意识中的主流与支流，才能在错综复杂的社会现象中看清本质、明确方向。中国特色社会主义共同理想，是社会主义核心价值体系的主题，它解决的是走什么路、实现什么样目标的问题。坚持马克思主义指导思想、弘扬培育民族精神和时代精神、树立社会主义荣辱观，都是为了引导和激励全体人民努力实现中国特色社会主义共同理想。这一共同理想，就是在中国共产党的领导下，走中国特色社会主义道路，实现中华民族的伟大复兴。中国特色社会主义共同理想，既是对中国社会发展规律的正确认识，也是中国人民利益和愿望的根本体现，是号召全国各族人民团结奋斗的精神旗帜。这个共同理想，把党在初级阶段的目标、国家的发展、民族的振兴与个人的幸福紧密联系在一起，把各个阶层、各个群体的共同愿望有机结合在一起，不论哪个社会阶层、哪个利益群体的人们，都能够也应该认同和接受这个共同理想，并且为这个理想共同奋斗。民族精神和时代精神，是社会主义核心价值体系的精髓，它解决的是应当具备什么样的精神状态和精神风貌的问题。它是坚持马克思主义指导思想、树立中国特色社会主义共同理想、树立社会主义荣辱观的精神条件。在中华民族五千年历史发展过程中，形成了以爱国主义为核心的团结统一、爱好和平、勤劳勇敢、自强不息的伟大民族精神；在改革开放和社会主义现代化建设新时期，形成了以改革创新为核心的与时俱进、开拓进取、求真务实、奋勇争先的时代精神。民族精神和时代精神不仅是中国革命、建设和改革的精神动力，也是国家文化软实力和综合国力的重要体现，二者相互联系、相互交融，深深熔铸在中华民族的生命力、创造力和凝聚力之中，共同构成中华民族自立自强的精神品格，成为推动中华民族伟大复兴的不竭精神动力。社会主义荣辱观，是社会主义核心价值体系的基础，它解决的是人们行为规范的问题。它涵盖了社会主义核心价值体系其他三个方面的内容并使之具体化。以"八荣八耻"为主要内容的社会主义荣辱观，覆盖各个利益群体，涵盖了社会生活的方方面面。它与社会主义市场经济体制相适应、与社会主义法律规范相协调、与中华民族传统美德相承接，旗帜鲜明地指出了什么是真善美、什么是假恶丑，为人们在社会主义市场经济条件下判断行为得失、作出道德选择、确定价值取向，提供了基本的价值准则和行为规范。①

（三）社会主义核心价值观

在十六届六中全会提出的建设社会主义核心价值体系的战略任务基础上，党的十八大首次提出了简明扼要、便于传播践行的社会主义核心价值观：富强、民主、文明、和谐，自由、平等、公正、法治，爱国、敬业、诚信、友善。社会主义核心价值观的一个显著特征就是体现国家、社会与个人的内在统一，其中，富强、民主、

---

① 《毛泽东思想和中国特色社会主义理论体系概论》，高等教育出版社 2010 年修订版，第 256—262 页。

文明、和谐是国家层面的价值目标，自由、平等、公正、法治是社会层面的价值取向，爱国、敬业、诚信、友善是公民个人层面的价值准则，这个概括，回答了我们要建设什么样的国家、建设什么样的社会、培育什么样的公民的重大问题。

每一个社会都有其独特的核心价值观，社会主义核心价值观是社会主义制度本质属性在价值层面上的集中反映，它代表了广大人民群众的利益诉求和价值追求，它吸收了世界文明有益成果，又继承了中华优秀传统文化，带有深刻的中华文化印记，它具有与当代资本主义社会不同的价值选择和核心价值观。习近平在《青年要自觉践行社会主义核心价值观——在北京大学师生座谈会上的讲话》中指出："不同民族、不同国家由于其自然条件和发展历程不同，产生和形成的核心价值观也各有特点。一个民族、一个国家的核心价值观必须同这个民族、这个国家的历史文化相契合，同这个民族、这个国家的人民正在进行的奋斗相结合，同这个民族、这个国家需要解决的时代问题相适应。""我国是一个有着 13 亿多人口、56 个民族的大国，确立反映全国各族人民共同认同的价值观'最大公约数'，使全体人民同心同德、团结奋进，关乎国家前途命运，关乎人民幸福安康。"

二　当代大学生社会主义核心价值观的培育

青年强则国强，青年弱则国弱。习近平在青年科技创新创业人才座谈会上指出："青年是祖国的未来、民族的希望。我们党历来高度重视、关心和爱护青年，始终认为青年是社会上最有朝气、最富活力、最具创造性的群体。青年兴则国家兴，青年强则国家强，青年一代的健康成长和不断进步始终是党和人民事业兴旺发达的最大希望之所在。"大学生是最具活力和发展潜力的群体，他们是中国特色社会主义事业的接班人和建设者，他们承担着国家建设和民族复兴的伟大历史使命。《中共中央、国务院关于进一步加强和改进大学生思想政治教育的意见》明确指出："大学生是十分宝贵的人才资源，是民族的希望，是祖国的未来。加强和改进大学生思想政治教育，提高他们的思想政治素质，把他们培养成中国特色社会主义事业的建设者和接班人，对于全面实施科教兴国和人才强国战略，确保我国在激烈的国际竞争中始终立于不败之地，确保实现全面建设小康社会、加快推进社会主义现代化的宏伟目标，确保中国特色社会主义事业兴旺发达、后继有人，具有重大而深远的战略意义。"

马基雅维利曾经指出："造就最强大的国家的首要条件不在于造枪炮，而在于能够造就其国民的坚定信仰。"[①] 当前文化全球化及以互联网为代表的新媒介所带来的多元文化及东西方价值观的冲突，进一步加大了对当代大学生社会主义价值观教育的难度。如果社会主义核心价值观不去引领潮流、不能深入大学生的心灵，我们大学生的思想领域必定会被非社会主义的价值观所占领；如果我们没有充分重视和落实培育多元文化背景下的大学生的社会主义核心价值观，我们实现中华民族伟大复兴的历史重任将会异常艰难。

（一）当代大学生的价值观特点

大学生处于青年前期阶段，是少年期向成年期转变的过渡期。大学生处于青春期，其情感丰富而强烈，表现在理智感、道德感明显发展，美感、友谊感逐渐趋于成熟、情感易冲动等方面；其认识能力发展迅速，表现在观察力、记忆力、想象力、思维能力的发展等方面；其自我意识增强但过分强调自我，表现在自尊心、自信心和好胜心明显增强、独立意向迅速发展、自我评价和自我教育能力成熟等方面；其自我个性逐渐定型、自我意志的目的性、自觉性和坚持性越来越强、兴趣爱好广泛；其社会心理渐趋成熟，表现在他们越来越重视人际关系，以提高自己在社会关系中的地位。[②] 大学生阶段所具有的以上心理特点以及当代多元文化的影响使当代大学生在价值观上显示出诸多消极特点。

首先，当代大学生在价值认知上表现为模糊、混乱。价值观与社会实践密切关联，中国处在深刻的社会转型期，与之相联系，当

---

① 迈克尔·H.亨特：《意识形态与美国外交政策》，世界知识出版社1999年版，第65页。

② 薛海鸣：《新时期大学生核心价值观教育研究》，中国书籍出版社2014年版，第49—53页。

代大学生在价值认知上也表现为从模糊与混乱到逐渐清晰与明确。改革开放带来了新的生产生活理念，对社会的传统价值观也有了一个反思和批判的过程，加上文化全球化带来的西方价值理念以及互联网文化的强烈冲击，更多的价值理念参照使当代大学生既有对传统价值理念的推崇与怀疑甚至是批判、全盘否定，又有对西方价值理念的批判与仿效甚至是推崇以致全盘接受，还有对现实社会道德状况的不断争执、不断担忧甚至是对道德状况改善丧失信心，这一系列的模糊、混乱的价值认知，将随着改革开放的不断深化和社会主义市场经济体制的不断完善，随着我国转型期新的社会价值观的逐渐确立而逐渐明晰。

其次，当代大学生在价值评价上表现为随意、偏差。价值评价的特点是根据主体的利益、需求来评价客体。大学生阶段身心发展的特点使大学生对客体本身的属性、结构、本质、规律等还不能准确认识和把握，大学生价值评价的特点更多的是基于肤浅的认识、根据自身喜好来进行价值评价，因此大学生价值评价带有很明显的随意性和偏差性。大学生价值评价的随意性、偏差性还由于当今的大学生对社会事物的判断和评价不再盲目听从统一的价值评价、不再认同同一的评价标准，而是更加注重自身的价值和权利，以至于陷入了极端个人主义的泥潭而不能自拔。

最后，当代大学生在价值目标上表现为易变、错位。价值目标是行为活动的最终目标，它指引着大学生的一切行为活动，如果价值目标有偏差，将直接影响大学生正确价值观的形成以及行为活动的成功。大学生阶段，大学生自我意识增强，开始注重自我价值，在市场经济相关理念和西方价值观念的影响下，一些大学生讲实惠、求功利、追时尚、求享乐，至于理想、信念、人生观、价值观则被抛在一边，大学生的价值目标跟着社会潮流的闪现而不断改变，这种急功近利的短期行为既是大学生价值目标易变、错位的结果，又将进一步影响大学生人生价值的实现。

（二）当代大学生社会主义核心价值观培育的基本内涵

大学生教育的根本目的是为中国特色社会主义事业培养合格的建设者和可靠的接班人，当代大学生社会主义核心价值观回答的是党和国家"培养什么样的人才"的问题，它不仅关系到大学生个人的成长发展，也关系到国家建设和民族复兴的历史重任，当代大学生社会主义核心价值观培育的基本内涵要体现社会主义本质属性，体现社会主义核心价值体系和社会主义核心价值观的要求。社会主义核心价值体系和社会主义核心价值观是一个基本规定，它对社会各个领域发挥着根本的指导作用，当代大学生社会主义核心价值观是社会主义核心价值体系和社会主义核心价值观对当代大学生的具体价值观要求，其基本内涵还要反映当代大学生的实际情况。"大学生社会主义核心价值观就是处于中华民族伟大复兴战略发展机遇期的大学生在社会主义核心价值体系指导下所形成的关于价值、价值关系、价值信念、价值追求、价值目标的总的看法和根本观点，是以科学的理论性为指导、以深厚的传统性为支撑、以现代的先进性为主体、以自觉的群体性为保证的绝大多数成员所认同和实践的价值共识。这种价值共识可以具体表述为：顺应时代，崇尚科学，追求真理；振兴民族，建设祖国，服务社会；尊师贵友，守法诚信，开拓创新；俭以养德，勤以重行，谦以修能。这四个方面，既体现了社会主义核心价值体系的本质规定，又表现了当今的时代特征，同时也展现了大学生的群体特点和个体差异，是时代性、民族性、群体性和个体性的统一。"①

2014 年 5 月 4 日，习近平在《青年要自觉践行社会主义核心价值观——在北京大学师生座谈会上的讲话》中，对青年树立和培育社会主义核心价值观提出了四点要求："一是要勤学，下得苦功夫，求得真学问。""二是要修德，加强道德修养，注重道德实践。""三是要明辨，善于明辨是非，善于决断选择。""四是要笃实，扎扎实实干事，踏踏实实做人。"

在新的历史时期，根据社会主义核心价值体系和社会主义核心价值观的要求，当代大学生社会主义核心价值观培育的基本内涵可以概括为"理想信念、修德求真、开拓创新、学以报国"。

---

① 李春梅、魏忠明、刘会亭：《当代大学生社会主义核心价值观的培育路径》，《湖北社会科学》2010 年第 9 期。

第一，理想信念在大学生核心价值观中具有引领作用。理想信念是一个国家和民族奋勇前进的精神支柱和不竭的精神动力。我们的理想信念指的是"中国特色社会主义共同理想"和"共产主义最高理想"。摆脱贫穷落后，走向富强民主文明和谐，实现中华民族的伟大复兴，是中华儿女世代追求的共同理想，需要每个社会成员共同为之奋斗。对中国共产党人来说，最高理想就是实现共产主义，我们现在为建设中国特色社会主义而努力奋斗，也是为将来实现共产主义最高理想而奠定坚实的基础。共同理想代表和反映着我们的共同愿望，是个人理想的凝聚和升华，当代大学生的个人理想的实现是中国特色社会主义共同理想的重要基础和重要的组成部分，因此，将个人理想纳入到社会理想信念教育的范畴，引导大学生形成健康向上的个人理想信念具有重要意义。当前，在多元文化、多元价值观的强烈冲击下，当代大学生的社会理想信念发生动摇，表现出对坚持马克思主义指导思想，坚持社会主义、共产主义道路的信心不足；当代大学生的个人理想偏离社会共同理想，表现为他们更注重短期目标和现实利益，他们重物质、讲实惠、追功利、求享乐。当代大学生的理想信念是中国特色社会主义共同理想实现的关键，因此，"引导大学生认清个人理想与社会理想之间的依存关系，自觉地把个人的成长发展与国家的前途命运结合起来，将个人理想信念与建设社会主义的共同理想和实现共产主义的远大理想联系起来，用个人理想带动社会理想，用社会理想引领个人理想，使个人理想在社会理想的关照下得到升华"①。

第二，修德求真是对大学生品德和学业的基本要求，具备这两个方面是大学生成才的根本。当前，受社会不良风气的影响，大学生道德滑坡现象非常严重。大学阶段又是大学生从学校走向社会的最后学习阶段，因此，学习依然是这个阶段最重要的任务，它不仅包括对专业知识的学习，"更重要的是学生学习意识、学习理念和学习能力的培养和塑造"，而学习观念和能力的培养对当代大学生来说明显不足，因此"大学生的核心价值观要包括学生的学习观念

和学习能力，要将科学、现代的学习价值观作为大学生核心价值观的一个重要组成部分。具体而言，应当包括主动学习、合作学习、终身学习的观念和能力"①。品德和学业是我们党和国家对大学生人才培养的两个基本要求，青年学生思想品德、学业情况如何，直接关系到国家和民族的未来，早在 1957 年 2 月 27 日，毛泽东在最高国务会议上就指出，青年学生"除了学习专业之外，在思想上要有所进步，政治上也要有所进步，这就需要学习马克思主义，学习时事政治。没有正确的政治观点，就等于没有灵魂"。因此，"我们的教育方针，应该使受教育者在德育、智育、体育几方面都得到发展，成为有社会主义觉悟的有文化的领导者"。这就是"三好学生"的由来。改革开放之初，邓小平同志提出了青年学生要立志做"四有"新人，1980 年 5 月，邓小平在书赠《中国少年报》和《辅导员》杂志的题词中，对全国青少年提出了"立志做有理想、有道德、有知识、有体力的人，立志为人民作贡献，为祖国作贡献，为人类作贡献"的要求。在此基础上，1982 年 7 月，他提出"搞社会主义精神文明，主要是使我们的各族人民都成为有理想、讲道德、有文化、守纪律的人民"的"四有"标准。世纪之交，江泽民同志对青年学生提出了"四个统一"的期望，1998 年 5 月 4 日，在庆祝北京大学建校 100 周年大会上的讲话中，江泽民提出，青年学生要"坚持学习科学文化与加强思想修养的统一""坚持学习书本知识与投身社会实践的统一""坚持实现自身价值与服务祖国人民的统一""坚持树立远大理想与进行艰苦奋斗的统一"。进入新世纪，胡锦涛同志对青年学生提出了"四个新一代"的培养目标。2007 年 5 月 4 日，在致中国青年群英会的信中提出：希望全国广大团员和各族青年牢记党和人民的重托，自觉担负起时代的重任，以英雄模范为榜样，努力成为"理想远大、信念坚定的新一代，品德高尚、意志顽强的新一代，视野开阔、知识丰富的新一代，开拓进取、艰苦创业的新一代"。2011 年 4 月 24 日，在庆祝清华大学建校一百周年大会上，胡锦涛同志进一步提出："希望同学们把文化知

---

① 韩丽颖：《当代大学生核心价值观研究》，人民出版社 2014 年版，第 147 页。

识学习和思想品德修养紧密结合起来"，"希望同学们把创新思维和社会实践紧密结合起来"；"希望同学们把全面发展和个性发展结合起来"的三点希望。在继续深化改革开放的新阶段，习近平在《青年要自觉践行社会主义核心价值观——在北京大学师生座谈会上的讲话》中对青年学生也提出了品德和学业的要求："一是要勤学，下得苦功夫，求得真学问。知识是树立核心价值观的重要基础。""为学之要贵在勤奋、贵在钻研、贵在有恒。""要勤于学习、敏于求知，注重把所学知识内化于心，形成自己的见解，既要专攻博览，又要关心国家、关心人民、关心世界，学会担当社会责任。""二是要修德，加强道德修养，注重道德实践。""道德之于个人、之于社会，都具有基础性意义，做人做事第一位的是崇德修身。这就是我们的用人标准为什么是德才兼备、以德为先，因为德是首要、是方向，一个人只有明大德、守公德、严私德，其才方能用得其所。修德，既要立意高远，又要立足平实。要立志报效祖国、服务人民，这是大德，养大德者方可成大业。同时，还得从做好小事、管好小节开始起步，'见善则迁，有过则改'，踏踏实实修好公德、私德，学会劳动、学会勤俭，学会感恩、学会助人，学会谦让、学会宽容，学会自省、学会自律。"

第三，开拓创新是对当代大学生品质培养的新要求。习近平《在同各界优秀青年代表座谈时的讲话》中提道："青年是社会上最富活力、最具创造性的群体，理应走在创新创造前列。""广大青年要有敢为人先的锐气，勇于解放思想、与时俱进，敢于上下求索、开拓进取，树立在继承前人的基础上超越前人的雄心壮志……要有逢山开路、遇河架桥的意志，为了创新创造而百折不挠、勇往直前。要有探索真知、求真务实的态度，在立足本职的创新创造中不断积累经验、取得成果。"创新是一个民族进步的灵魂，是一个国家兴旺发达的不竭动力。2000年6月5日，江泽民在中国科学院第十次院士大会和中国工程院第五次院士大会的讲话中指出："有没有创新能力，能不能进行创新，是当今世界范围内经济和科技竞争的决定性因素。"当今世界，新科技革命迅猛发展，不断引发新的创新浪潮，2003年11月7日，胡锦涛在庆祝我国首次载人航天飞行圆满成功大会上的讲话中指出："当今时代，人类正在经历一场全球性的科技革命，知识创新迅速发展，科技进步日新月异，科学技术越来越成为综合国力竞争的核心。我们比以往任何时候都更需要加快科技进步和创新的步伐。""创新"是时代精神的核心内容，对新时期大学生人才培养提出了新的要求，教育部在《面向 21 世纪教育振兴行动计划》中提出："在当前及今后一个时期，缺少具有国际领先水平的创造性人才，已经成为制约我国创新能力和竞争能力的主要因素之一。"为此，我国行动计划的主要目标包括"瞄准国家创新体系的目标，培养造就一批高水平的具有创新能力的人才"。2011 年 4 月 24 日，胡锦涛在庆祝清华大学建校 100 周年大会上的讲话中指出：高等教育"要注重培养拔尖创新人才，积极营造鼓励独立思考、自由探索、勇于创新的良好环境，使学生创新智慧竞相迸发，努力为培养造就更多新知识的创造者、新技术的发明者、新学科的创建者作出积极贡献"。新的历史时期，把大学生培养成为符合时代发展要求、有发展潜力的创新型人才，是我国高等教育改革和发展的重要任务。

第四，学以报国是对大学生承担社会责任的基本要求。学以报国，就是要求当代大学生在继承以爱国主义为核心的伟大民族精神的基础上，运用所学知识服务国家，服务社会。爱国要与爱党、爱人民、爱社会主义相结合，要维护国家安全、独立、领土完整；维护民族团结，反对民族分裂；要为把祖国建设成为富强、民主、文明、和谐的现代化国家而奉献自己的一生。习近平在《青年要自觉践行社会主义核心价值观——在北京大学师生座谈会上的讲话》中指出：广大青年学生"要勤于学习、敏于求知，注重把所学知识内化于心，形成自己的见解，既要专攻博览，又要关心国家、关心人民、关心世界，学会担当社会责任"。当前的互联网时代和全球化背景下，以西方为主导的文化全球化和网络文化多元化，一方面弱化了大学生的国家与民族意识，由西方倡导的"地球村"观念、"社会趋同"理论、"非民族国家化"概念等使人们传统的国家观和民族观受到了前所未有的冲击，在这些理念的影响下，一部分大学生民族意识失落，民族自信心和民族自豪感受挫，国家意识淡化，爱国情怀消退，他们甚至对国家、民族的前途命运失去了信心，当代大学生的民族意识和爱国情感面临危机。另一方面，一部分大学生又具有强烈的狭隘的民族主义和不理性的爱国主义，产生了不理性的爱国行为。理性强调考虑问题、处理问题不盲目、不冲动；爱国，首先要维护国家利益，不做有损国家利益、有损人民利益的事情。理性爱国强调用正确的方法对待国家冲突等问题。2008年5月4日，胡锦涛在北京大学师生代表座谈会上的讲话指出："当前，要把爱国热情转化为立足岗位、刻苦学习、发奋工作、支持奥运的实际行动，倍加珍惜我国安定团结的良好局面，自觉维护社会稳定，维护国家利益。"文化多元化下，对当代大学生进行以爱国主义为核心的伟大民族精神教育，使他们形成正确的民族认同和理性的爱国情怀尤其重要。

（三）当代大学生社会主义核心价值观培育的基本途径

胡锦涛在中共中央政治局第三十四次集体学习时指出："高校是培养人才的重要基地，要坚持育人为本、德育为先，把立德树人作为教育的根本任务，努力培养中国特色社会主义事业的建设者和接班人。"

第一，充分发挥思想政治理论课主渠道作用。高校思想政治理论课教育就是要提高大学生的思想政治素质，旨在教育大学生树立马克思主义的立场、观点和态度；树立科学的世界观、人生观和价值观；培养大学生运用科学的、辩证的思维方式来认识世界和改造世界。大学阶段正是大学生价值观发展趋于成熟和稳定的时期，这一时期的社会主义核心价值观养成至关重要。这就要求高校思想政治理论课教师既要具备较高的理论素质和思想政治素养，能够洞察和分析当今的时代特点和社会发展趋势，还要充分了解大学生年龄阶段所具有的道德心理特征，能够把握当代大学生的道德心理状况并积极引导大学生社会主义核心价值观的养成。当前的大学课堂教学，必须改变教师的单向灌输，以知识传授为主的传统教学模式，努力探索使用多种方式包括启发式、参与式、研究式等教学方法的结合应用，充分调动学生参与和学习兴趣，提高师生交流和互动，形成学生独立思考和主动学习的过程，这将更有利于大学生社会主义核心价值观教育的实效性。

第二，充分发挥校园文化建设的"第二课堂"作用。校园文化建设包括校园环境建设、校园制度建设、校规校训、校徽校歌、指示标语和校园广告宣传画设计等，还包括学校、学院和学生团体所举办的各类学术、文娱活动等，多种形式的校园文化载体、活动，积极向上的校园文化氛围，对当代大学生树立社会主义核心价值观产生了积极效应。刘云山在第十五次全国高校党建工作会议指出："要深刻认识建设社会主义核心价值体系的重大意义，把社会主义核心价值体系融入和谐校园建设的全过程、贯穿高校工作的各个方面，使社会主义核心价值体系的基本要求得到切实贯彻和充分体现，为高校发展提供坚实的思想基础。"校园文化具有很强的熏陶和感染功能，也具有很强的导向和激励功能，对于教育、引导大学生内化并认同社会主义核心价值观产生着潜移默化的重要作用。

第三，充分发挥社会实践的重要作用。社会实践是当前大学生思想政治教育的重要环节，有利于大学生深入实际了解国情民意、有利于大学生树立劳动意识、公德意识，有利于大学生增强社会责任感和使命感。社会实践活动丰富多样，可以是组织学生参观反映我国社会主义现代化建设伟大成就的展览馆，反映中华文明历史和文化传统的博物馆、反映红色革命精神的纪念馆等，通过这类参观活动来激发当代大学生的爱国热情以及实现中华民族伟大复兴的责任感。还可以是通过组织大学生进行社会调查、勤工俭学、志愿服务等活动来锻炼他们的意志，提高他们的道德品质和增强他们奉献社会的意识。大学要积极探索社会实践活动的内容和形式，提高社会实践活动的质量，增强社会实践活动在大学生社会主义核心价值观形成中的实效。

第四，充分发挥互联网媒介的优势作用。"和过去被动地接收信息相比，通过使用网络，大学生不仅可以通过网络接收信息，还可以表达自己的看法，这就为思想政治教育工作者及时掌握大学生的思想动态，及时进行辅导提供了便利。"① 互联网的自由、开放、互动等特点与大学生阶段的心理需求相契合，高校思想政治教育工作者要紧紧抓住当代大学生的思想特点，结合当代大学生的思想实际，充分发挥互联网媒介的优势，开辟大学生社会主义核心价值观教育的全新领域。比如，利用微博、微信等及时传播国家时政要闻、党的方针政策；通过网络互动及时了解大学生的实际问题和思想动向；还可以在网络上建立马克思主义理论专栏和社会主义核心价值观论坛，宣传马克思主义立场和观点，宣扬社会主义核心价值观，对理论问题进行师生互动，引导大学生树立社会主义核心价值观。

具有社会主义核心价值观的有志青年是实现中华民族伟大复兴的希望。习近平《在同各界优秀青年代表座谈时的讲话》中提道："历史和现实都告诉我们，青年一代有理想、有担当，国家就有前途，民族就有希望，实现我们的发展目标就有源源不断的强大力量。""现在，我们比历史上任何时期都更接近实现中华民族伟大复兴的目标，比历史上任何时期都更有信心、更有能力实现这个目标。行百里者半九十。距离实现中华民族伟大复兴的目标越近，我们越不能懈怠，越要加倍努力，越要动员广大青年为之奋斗。""广大青年要勇敢肩负起时代赋予的重任，志存高远，脚踏实地，努力在实现中华民族伟大复兴的中国梦的生动实践中放飞青春梦想。"

---

① 黄佳佳、杨松：《网络媒体时代大学生价值观教育》，《现代远距离教育》2010年第 4 期。

第四章

互联网效应——虚拟空间的本质

互联网为信息传播和资源共享提供了新的载体，为人们的行为、思维乃至社会结构注入了新的内容和形式。尤其虚拟空间嵌入到人类现实的社会文化系统之中，带来了人类社会关系和生活方式的变革。但是虚拟空间与现实空间并不是完全分立的，更不是对立的。虚拟空间是在现实空间的客观基础上超越现实空间规范的方式产生的，并在这一新领域中持续开展着超越现实世界的创造性过程。

第一节　虚拟空间的概念界定

一　对空间的概念阐释及空间划分

1. 对空间的概念阐释

对于空间的理解是人类几千年来的一个难题。我国古代先贤对于空间的概念有不同的阐释。春秋时期，管仲与老子把空间比作炼铁用的风箱——橐（tuó）。"宙合有橐天地，天地苴万物，故曰万物之橐。宙合之意，上通于天之上，下泉于地之下，外出于四海之外，合络天地为一裹。散之至于无间，大之无外，小之无内，故曰有橐天地。"① 管子的橐不同于一般的风箱，它"大之无外"，是没有挡板的，是设想的一种风箱空间，天地万物只是这无边风箱中的裹物。老子曰："天地之间，其犹橐龠乎？虚而不屈，动而愈出。"②

---

① 《管子·乘马》。
② 《道德经》。

老子的橐龠是虚而不屈的，即空间不会弯曲。同时，它的空间是开放的，即"动而愈出"。墨子、尸佼等人以"宇"来比喻空间，"宇"在古代是屋的同义语，屋宇就是容人居住的场所。"宇，弥异所也。"①"上下四方曰宇。"② 墨子、尸佼的宇是无墙壁与底盖的宇，它代表上、下、东、西、南、北几个方向的空间，同笛卡尔的三个空间坐标轴类似，我们现在所用的"宇宙"一词便从这个"宇"字而来。庄子把空间叫作"六合"，"六合之外，圣人存而不论"③。这六合是喻指盒子的六块挡板，代表上、下、前、后、左、右六面，空间就是由这六个面合成的。六合之外的事物，圣人是无法讨论的，只能存想于心。"有实而无乎处者，宇也。"④"至大无外，至小无内。"⑤ 庄子认为空间是充满实体的，无处（无边）的、无外（无限）的、无内（有实）的。

　　相比较中国的古圣先哲，西方的思想家给空间下的定义更明确些。

　　古希腊柏拉图把空间理解为场所，"空间作为存在者和变化者之外的第三者，在世界生存之前就已经存在了。……它像一个母体，为万物的生成提供了一个场所"⑥。这里的"存在者""万物"就是物质的概念，"变化者""生成"就是时间的概念，"母体""场所"便是空间。空间、时间、物质三者是柏拉图所认识的三种根本性存在，空间同管子所讲的"橐"（风箱或口袋）一样，是用以装天地万物的场所。

　　亚里士多德是第一个给空间下定义的人，他在《物理学》一书中把空间称为"地位"，地位具有四种根本特性："Ⅰ.地位是一事物的直接包围者（即空间），而又不是该事物的部分；Ⅱ.直接地位既不大于也不小于内容物；Ⅲ.地位可以在内容物离开后留下来，

---

① 《墨子·经上》。
② 《尸子·卷下》。
③ 《庄子·齐物论》。
④ 《庄子·庚桑楚》。
⑤ 《庄子·天下》。
⑥ 《蒂迈欧》。

因而是可以分离的；Ⅳ．整个地位有上下之分，每一种元素按其本性（即重力）都趋向它们各自特有的地位，并在那里留（沉浮）下来。"亚里士多德的空间定义Ⅰ是讲物体与空间的关系，同墨子的"体"与"兼"一样，兼包围体，但体不是兼。空不是物，物只是占据空，但物不是空。定义Ⅱ是讲体所占空间的大小，一个萝卜一个坑，两者大小相等。定义Ⅲ是讲空间同"容积"的区别，"恰如容器是能够移动的空间，空间是不能移动的容器"①。定义Ⅳ是讲一种"自然地位"，即引力场中的物体对空间的自然选择，相当中国先哲所说的"阳清上以为天，阴浊下以为地"。亚里士多德的空间（地位）定义结束了人类用比喻来表述空间特性的历史，第一次把空间作为科学研究的对象，为牛顿引入"绝对空间"概念提供了思想方法与逻辑基础。

17世纪，法国的笛卡尔强烈批评了空间虚空（真空）说，认为空容器中不是绝对、纯粹的"无"，而是装着未被感觉到的物质。就宇宙空间来说，里面到处装着以太，宇宙就是一个装着以太的大容器，所有星体都是因以太旋涡把重物质漩进中心之后形成的。因笛卡尔的空间观是以以太旋涡为特点的，我们可把它简称为"以太旋涡空间"。

18世纪，德国的康德把空间概念归结为人类理性的直观知觉，是一种先验存在的观念，这种空间观念是人用以整理有无、结构、位次与形态的思维工具。康德还提出了原初空间、绝对空间（不同于牛顿）的概念，原初的绝对空间有别于镜中假像的空间，一切物体的物理关系只有通过这种原初的空间才能被理解与判断。康德对空间的哲学分析是有深度的，我们可简称其为"直观空间"。

2. 空间划分

互联网的广泛链接为人类开辟了一个新的生存空间——虚拟空间，虚拟空间的产生大大拓宽了人类的生存空间，使人类的生存空间由二元空间拓展为三元空间，即由原来的现实空间（或称物质空间）、思维空间（或称精神空间）拓展为现实空间、思维空间和虚

---

① ［古希腊］亚里士多德：《物理学》，中国人民大学出版社2003年版。

拟空间。现实空间有着自己的客观物理结构和相一致的客观规律性；与现实空间相对应的是思维空间，思维空间是与人类社会共生的，思维空间是现实空间的产物，但却有自己的独立性、内在规定性，有着自己独立发展的规律。虚拟空间是计算机内由数码"运动"（计算）而呈现的空间，它是局部现实空间和部分思维空间的数码实现，但它有独立于这两个空间的内容及演变规律。虚拟空间包括数码计算与传输的物质基础以及由数码虚拟的多维空间及其演化，它具有复杂的实体系统结构与信息传输体系，有其独特的运行机制——数字思维规律。虚拟空间是一种技术空间，它看得见、"摸"得着、体会得到，是虚拟的多维影像空间。它的演化一方面表现为物质上的积累与继承；另一方面表现为虚拟理论的丰富与演化。① 虚拟空间把思维空间的绝对自由和现实空间的"实在"统一起来，实现了人类生存空间的一大跨越。物质决定意识，没有现实空间，就谈不上什么思维空间和虚拟空间，后两者的存在必须以前者的存在为前提；意识对物质又有能动作用，虚拟空间的良好建构将极大地影响着人类的现实空间的发展。

二　虚拟空间的源起及概念界定

1. 什么是虚拟？

"虚拟"一词在《现代汉语词典》中解释为：一是"不符合或不一定符合事实的；假设的"；二是"虚构"。从哲学意义上来界定，"虚拟特指用0—1数字方式去表达和构成事物及其关系，是数字化表达方式和构成方式的总称"②。"虚拟主要是指一种超越现实的创造性的思维活动。"③ 虚拟的产生，是人类中介系统的深刻变革，是一场数字化革命。人类第一次中介革命的标志是语言文字符号的产生。它推动了人类文明的巨大发展，人类至今取得的一切成

---

① 边馥苓、王金鑫：《现实空间、思维空间、虚拟空间 ——关于人类生存空间的哲学思考》，《武汉大学学报》（信息科学版）2003 年第 28 卷第 1 期。

② 陈志良：《虚拟：人类中介系统的革命》，《中国人民大学学报》2000 年第 4 期。

③ 殷正坤：《虚拟与虚拟生存的实践特性：兼与刘友红商榷》，《哲学动态》2000 年第 8 期。

果，都与语言文字符号系统密不可分。语言文字符号创造了人类的思维空间、符号空间。但是，语言文字符号局限于指称意义对象的关系，是一种现实关系的表述和创造；而虚拟则包含背离现实的内容，使现实中的不可能成为一种真实性。虚拟是在思维空间、符号空间中发生的革命，它在思维空间、符号空间中又创造出了虚拟空间。它表明主体、客体和中介系统发生了跳跃式的发展。这场中介革命，其意义深远。

虚拟作为一种数字化的存在，一般来说有三个层次：第一个层次是现实性的虚拟，它类似于模拟，如虚拟爱情、仇恨、快乐、愤怒，虚拟各种现实的行为、过程、关系等，因为没有实际进行，所以仅仅是虚拟。现在网络中的大量虚拟正是这一层次的虚拟，这种虚拟是对现实的对象、过程进行的虚拟，是对象性的虚拟，与模拟相似的虚拟，并没有脱离现实性范畴的框架，属于现实性的。第二个层次是超越现实的虚拟，它基于现实又超越现实。这一虚拟是虚拟现实的各种可能性。因为现实性本身尽管有各种可能性，但现实性的发展只能选择一种可能性，所以相对来说，没有成为现实性的各种可能性则成为不可能性，从而成为虚拟的对象。应该说，这种不可能性，实际上是可能性，只是由于各种条件的限制，从而成为不可能性。同时，对现实性关系各种各样的展开，也包含着大量虚拟的过程，因为现实性的关系可以这样展开也可以那样展开，虚拟从理论上可以包含关系展开的所有解，但在实际上并不需要这样进行。不过，尽管现实性并不需要所有的解，但虚拟这一方式却提供了现实性的合理选择性，使现实性的进行有着广阔的空间和可选择性、可比较性。这对现实性的发展至关重要。第三个层次是对现实背离的虚拟，即它是在虚拟空间中形成对于现实性来说那种不可能的可能性，是与现实性背离的，是在现实性范畴框架之外的。传统总是对那种不可能的可能性抱以嘲笑，以为是痴人说梦。虚拟正是变痴人说梦为正常性的方式，把痴人说梦中的虚幻梦境变为真实。虚拟并不一定是现实的，但却是真实的。换言之，虚拟是数字化的存在方式，对虚拟的东西，人们若普遍接受，它就会转化为真实性。比如红绿灯，红灯停，绿灯行，当初只是一种虚拟的规则，人们可以接受也可以不接受，因为红本身并不是停，绿本身也不是行。但人们一旦共同确认之后，它就成为交通规则，成为一种真实性。

虚拟的重大意义在于，它为人类展开了现实未被选择的可能性及其不可能性的选择，并使其成为虚拟空间的真实，从而大大开拓了人的选择空间。可见，虚拟是多样化多维空间的。

2. 虚拟空间的源起及概念界定

（1）虚拟空间的源起：虚拟空间（cyberspace）一词，又译为电脑空间、赛博空间等，最早由加拿大科学幻想小说家威廉·吉布森（William Gibson）1984 年在小说《神经浪游者》（*Neuromancer*）中论及，并指出虚拟空间与"一个由电脑控制台控制的有关电脑网络的适于航行的和数字化的空间"相关；虚拟空间的基础是全球电脑网络，他称之为基质（matrix，又译为点阵、矩阵，吉布森赋予它的新意涵为电子交感幻觉世界），人可以通过电极使神经系统与之相连，用意念控制其他事物，并产生各种脱离躯体的交感幻觉。吉布森认为："虚拟空间是成千上万接入网络的人产生的交感幻像……这些幻像是来自每个计算机数据库的数据在人体中再现的结果。"

吉布森的虚拟空间集中体现在他的"点阵三部曲"（Matrix Trilogy）《神经浪游者》（1984）、《数零》（*Count Zero*，1986）和《蒙娜·丽莎超速档》（*Mona Lisa Overdrive*，1988）中。吉布森笔下的虚拟空间拥有的特点，一是脱离了躯体的知觉能够在其中独立存在。吉布森认为，虚拟空间实际上就是人类知觉的极端简化，人的知觉通过神经电连接而脱离躯体，"飞"入虚拟空间，寻找和运用各种数据。二是虚拟空间可以突破物质束缚，飞越摩天大厦、横穿网络。三是虚拟空间由信息构成，这使得有操纵信息能力的人拥有巨大的权利。四是进入虚拟空间者可能获得永生。在每部小说的结尾，好几位主人公都放弃了躯体，通过信息存储器，以纯粹的精神形式成为虚拟空间中的天使。更为激进的是，吉布森笔下的一些赛博朋克实际上是人机合一的电子人（Cyborg）。

在科幻小说领域，吉布森和斯特林（B. Sterling）等人在 20 世纪 80 年代中期发起了一场声势浩大的"赛博朋克"（cyberpunk）运动。赛博朋克小说的共同之处是，主人公可以将自己的大脑与全世界的电脑网络连通，在高度信息化的虚拟空间里随意漫游。赛博朋克的虚拟空间的基本特点有：一是有条理的信息构成了一个非物质的虚拟空间；二是身体的虚拟化。由此，虚拟空间被设想为网、基质、逻辑网格（lattices of logic）等由信息构建的场域，此场域虽非物理意义上的场域，却是赛博朋克们可以感知的。

（2）对虚拟空间的不同界定：互联网的迅速发展使虚拟空间逐渐形成并得到新的拓展。1991 年，（Michael Benedikt）在他主编的《虚拟空间：第一步》中指出，尽管成熟的虚拟空间仍然只是科幻故事或少数人的想象，但它已在建构之中。他这样描述虚拟空间："一个由计算机支持、联接和生成的多维全球网络，或'虚拟'实在。在这一实在中，每个计算机都是一个窗口，由此所见所闻的对象既非实在的物体，也不一定是实在物体的形象。在形式上，其所涉及的符号或操作，都由数据和纯粹的信息构成。这些信息一部分源于与自然和物质世界相关的运作，而更多的则来自维系人类的科学、艺术、商业和文化活动的巨大信息流。"Benedikt 的定义仍是一种未来取向的假定。

迈克尔·海姆（Michael Heim）在 1993 年出版的《从界面到虚拟空间：虚拟实在的形而上学》一书中对虚拟空间的定义是："数字信息与人类知觉的结合部，文明的'基质'，在其中银行交换货币（信用）而信息寻访者则在虚拟空间中存储和再现的数据层中航行。虚拟空间的建筑物也许比实体的建筑物具有更多的维度，而且它们也许会反映出不同的实存规律。虚拟空间无所不在，你打电话时，到自动取款机取钱时，都能体会到它的存在。电子函件在那里传送，它就像动画片《兔子罗杰》（Roger Rabbit）卡通城似的。"可见，迈克尔·海姆对虚拟空间的定义强调语言和数据的电子存储和传输，在他那里，虚拟实在与虚拟空间一定程度上是两个可以互换的概念。

虚拟空间内含着网络交往，美国电子边界基金会（EFF）的发起人之一、也是全球电子链接（The WELL）的董事会成员约翰·佩里·巴洛（John Perry Barlow）指出："因特网及随网络而生之种种现象的功用，在于制造出能够提供互通经验的环境。"他强调，人们应该相信计算机的连接的确已经使虚拟空间变成了现实，并可以用任意暗示具有空间性的名称相称谓。他认为，电子通信绝不仅是通信高技术，而是已衍生出一个区间——虚拟空间，这是一个完全不同的新世界和"边疆"，它需要一套新的隐喻，呼唤一套新的规则和行为。

虚拟空间既不具有牛顿的"绝对空间"的性质，也不是康德意义上的"直观空间"，这种概念空间"显然不是由现实世界中一种同质性的空间（homogeneous space）组成的，而是指无数个迅速膨胀或迅速萎缩的和个性差异极大的空间。每一种空间都提供了一种不同的数字相互作用和数字通信形式"①。一般来说，这些空间形式通常都能够被归属于因特网、虚拟现实、电脑软件和电信通信，如电话、传真和电子邮件等所拥有的那种内在性的存在。

目前来看，各国不同领域对虚拟空间（赛博空间）的定义是有区别的。2006 年，美国新奥尔良大学定义：赛博空间是一个非物理空间，计算机网络在其内部进行交互。2009 年，美国《赛博空间政策评审》报告指"赛博空间是由各种信息技术基础设施组成的一个彼此相互依存的网络，包括因特网电信网计算机系统和关键行业中的嵌入式处理器及控制器"。2009 年，英国政府发布英国赛博安全战略指出，赛博空间包括所有形式的网络化数字活动，包括通过数字网络所实施的各种行动的内容。赛博空间的物理构成模块是各种个人计算机和通信系统，这些分散的技术要素已经成为人们日常工作和生活必不可少的基础，也是大多数国家基础设施与信息的基础支撑。2011 年，美国东西方研究所和莫斯科国立大学信息安全研究所联合发布关键术语基础报告，定义赛博空间为产生、传输、接收、存储、处理和删除信息的电子媒介。

可见，对虚拟空间的定义经历了一个由幻像描述到现实概括的过程，对虚拟空间的理解也是从不同维度逐渐展开的，当前更侧重

---

① Martin Dodge, Rob Kitchin, *Mapping Cyberspace*, London, 2001, p. 1.

于虚拟空间的媒介性功能。

第二节　虚拟空间的本质特征——真实的虚拟现实

"Virtual Reality"（虚拟现实，简称 VR）作为一个现在广为接受的专业术语是由美国 VPL 公司的创建者（Jaron Lanier）在 80 年代初提出的。20 世纪 90 年代末阿兰·H. 韦斯提出了将传统虚拟现实技术与网络技术融合在一起的"远程沉浸"的思想：通过技术手段使身处不同空间位置的人们产生身处同一物理空间的感觉，克服空间距离，进行实时的信息与情感交流。2000 年 5 月，美国布朗大学的研究人员进行的远程沉浸展示，使身处不同地点的演示者借助网络技术、虚拟现实技术及其他相关技术产生了视觉立体感，并实现了近距离交往所具有的目光交流。

20 世纪 90 年代中期后，"VR"成为我国哲学界关注的概念。钱学森将其译为"灵境"，金吾伦将其译作"虚拟实在"，还有"临境""似真现实""幻真现实"等，更多的人采用了"虚拟现实"，这也是目前学术界普遍采用的。

技术界学者（Mark Green）认为"虚拟现实——用一个有虚拟现实感的用户界面来模拟一个虚拟的或现实的世界的某个侧面。其重点是构造一个用户可以探索和交互的三维世界。虚拟现实是高级交互式三维用户界面（HITD）的一种形式"[①]。我国技术界学者将其概括为："虚拟现实技术是通过综合计算机图像、模拟与仿真、传感器、显示系统等技术，以模拟仿真的形式，给用户提供一个真实反映操作对象变化与相互作用的三维图像构成的虚构世界，并通过特殊设备（如头盔和数据手套）提供给用户一个与该虚拟世界相互作用的三维交互式用户界面，使用户可以直接参与和探索操作对象所处环境的作用与变化。"[②] 对于由虚拟技术设施呈现出来的虚拟

[①]　王国庆、吴广茂、刘天时：《虚拟现实技术及其应用》，《航空计算技术》1994年第 2 期。

[②]　同上。

现实的本质，美国学者迈克尔·海姆在《从界面到网络空间——虚拟实在的形而上学》中将其概括为：模拟性、交互作用、人工性、沉浸性、遥在、全身沉浸和网络通信。我国学者金吾伦认为 VR 的本质有三个层次：首先从技术上看，VR 是以动态形式创造一种可选择的数据表达的系统，其基本特征是沉浸—交互—构想（Immersion- Interaction- Imagination）。其次，从社会层面上看，VR 是不同于精神或意识的人造物，VR 是实在的。最后，从哲学层次上看，VR 是计算机创造和生成的一种新的实在，它表明了世界的多元性。① 蔡曙山认为："Virtual reality 无论从辞源意义上说，还是从实际意义上说，都是一种实实在在的现实。"② 英国阿伯丁大学的技术哲学教授戈登·格雷厄姆认为，伴随虚拟现实技术在互联网上的应用，赛博空间中的网络交往行为也是一种典型的虚拟现实，基于互联网技术的虚拟现实的实质是"数字化社会关系"，是"一种新型的社会存在"。③ 传统哲学中，现实就是实在、实存，而虚拟却用 0—1 数字方式去表达和构成事物以及关系，从而形成一个与现实不同但却有现实特点的真实的数字空间。而这种虚拟空间以及在其中存在的各种虚拟的"事物"，④ 都能给人的感官带来与现实事物、现实空间同样的感受。

通过数字模拟实现的虚拟现实大致可以分为两类："一类是建立一种新型的人机交互界面，使用户可以沉浸于电脑数据库所制定的三维直觉环境中，从而产生身临其境的现场效果。"比如，有些网站推出的远程日常电子性爱 cybersex 系统。这类系统很大程度上实现了如麦克卢汉所说的"媒介是人的延伸"，通过改变用户的"感官比率"无限刺激人的极端体验和真实快感。值得注意的是，个体在虚拟社区中体验到许多现实中无法体验的角色，其个体社会化进程得到加速，并在一定程度上使用户减少了现实参与度。另一

---

① 金吾伦：《关于 Virtual Reality 的翻译》，《光明日报》1996 年 10 月 28 日。

② 蔡曙山：《论数字化》，《中国社会科学》2001 年第 4 期。

③ 毛牧然、陈凡：《哲学视野中的虚拟现实（VP）——兼评戈登·格雷厄姆 VP 技术哲学思想》，《自然辩证法研究》2003 年第 10 期。

④ 王岳川：《媒介哲学》，河南大学出版社 2004 年版，第 163 页。

类是指互联网中的在线互动所建构的言谈空间、游戏场景和电子社区等虚拟情境。正如《屏幕生活》艺术作者特克尔（S. Turkle）所说："网虫们在谈到 MUD 中的情境和角色时，感到如同现实生活中一样地富有意义，终日穿梭于多个虚拟世界的人大有人在。现实生活不过是我在荧屏上的诸多窗口之一，而且通常还不是最好的一个！"①

人类自古以来就有一种克服现实束缚、力图再造自己生存世界的梦想。人类可以借助技术的发展实现相应的梦想。通过互联网实现的声像并茂的三维"现实"，使人类在媒体中获得"多重感觉的体验"，"体验完全的沉浸感"。它与二维空间的多媒体是不同的，"多媒体"只是提供视觉和听觉刺激的媒体，并不能充分促发人的"多重感觉的体验"。（Jaron Lanier）对二维与三维的视觉形象作了生动、准确的区分：在一个二维的屏幕上看三维的图像就如同从一个玻璃船底看下面的海水，这时我们感到我们自己还是在船上，我们处于三维环境的边缘，从它的边缘看这个世界的深处。而在一个立体的"屏幕"里看一个视觉世界就像是在潜水。通过一个电脑化的手套来操纵一个三维显示器，使我们得以通过表面接触到在我们的臂长允许的范围内的物体，同时能够从环境的外部观看到我们的活动；我们的手浸在水里，进入到虚拟现实的多重感觉的世界中，就如同戴着水肺装置潜入到深海。由于我们自己沉浸在水下环境中，在礁石间穿行，听着鲸鱼的低鸣，捡起贝壳来仔细端详，与别的潜水员交谈，因而我们完全参与到海底探险的经验当中，我们就在那儿。莱茵霍尔德（Howard Rheingold）也有类似的说法：虚拟现实是一种革命性的技术，它使你沉浸在你自己制造的电脑世界——一个房间，一个城市，一个完整的太阳系，人体的内部构造之中。借助于电脑手套，星球大战头盔和某种高度精密的软件的帮助，你现在能运用你所有完整的感觉来探索人类想象过而未曾涉足过的领域。

虚拟现实的更大优势在于人可以将获得的"多重感觉"反馈到

---

① http://www. south. nsysu. edu. tw/sccid/book/publisher/ylib/9573236486. html.

电脑中，电脑又可以作出相应的反应，它是互动的。谢尔曼（Barrie Sherman）和扎德金（Phil Judkins）在《天国一瞥，地狱景观》（*Glimpses of Heaven*，*Visions of Hell*）一书中这样写道："虚拟现实是一种能够迷惑感觉和内心的电脑世界。数据手套（data glove）可能使你觉得你的手有放在水中或者泥巴中、蜂蜜中的感觉。一件虚拟现实的赛博紧身衣可能使你感到你似乎是在水中、泥沼中或蜂蜜中游泳的感觉。虚拟现实产生于用于训练飞行员的模拟座舱，它可能决定未来的家用和办公用多媒体系统的形态。作为替代性行为、毒品和教室培训的高级的虚拟现实系统的观念，是现代科学小说或'赛博朋克'的作品所津津乐道的。"虚拟现实不仅可模仿现实到乱真的程度，而且还可以随心所欲地营造出现实世界不可能出现的情景，神话、童话、科学幻想在这个世界中可以轻而易举地化作"现实"。

虚拟现实使人类拥有双重的时空。互联网使我们的世界变得越来越小，变成了一个"地球村"，同时，又使我们的世界变得越来越大，每个人甚至可以拥有一个供自己独享的世界，正如 Jaron Lanier 所说："现在我们正在制造一个行星，它能满足西方人开疆辟土的冲动，而用不着糟踏环境。"VR 技术和互联网已经并将继续深刻而全面地影响我们的生活。

第三节　虚拟空间的典型结构——虚拟社区

同样，虚拟社区（Virtual Community）也不是人们在网络上构造的虚幻的、不真实的世界。它不虚假、虚幻，相反，它是真实的、实在的：人们在此获取信息、广泛交流、网上购物、网上交易、网上娱乐、网上政治投票等。对于虚拟社区的界定，约翰·哈格尔三世（John Hagel Ⅲ）、阿瑟·阿姆斯特朗（Arthur G. Armstrong）在他们的《网络利益》一书中给出了这样的界定：所谓"虚拟社区"，就是一个供人们围绕某种兴趣或需求集中进行交流的地方；它通过网络以在线的方式来创造社会价值和商业价值。此观点的核心在于：虚拟社区是由具有共同兴趣及需要的人们组成，他们可以借助网络，与想法相似的陌生人分享一种社区的感觉。与此观点相似的是埃瑟·戴森在其《2.0版：数字化时代的生活设计》中认为的："在网上的世界里，一个社区意味着人们生活、工作和娱乐的一个单位。"国内有学者认为："虚拟社区"是主题定位明确，居民与社区间有极大的互动性，居民之间频繁交流，社区性质与信息资料相互平衡的网上虚拟世界。可见，虚拟社区与现实社区一样，也包含了一定的场所、一定的人群、相应的组织、社区成员参与和一些相同的兴趣、文化等特质。

关于虚拟社区的界定尽管表述各异，但其共同之处在于：一是肯定虚拟社区是客观存在的。认为它是人们依靠网络技术围绕一些共同感兴趣的话题进行交流的空间场所。二是认同虚拟社区是人们互动行为的产物和结果。三是认为虚拟社区能够提供满足现实世界人们"另类需要"的服务，并孕育出新的人际关系、拓展了人类新的生存与生活空间。由此，我们认为，虚拟社区的基本含义是：它是由具有共同兴趣及需要的人们，利用网络传播的特性，通过网上社会互动满足自身需要而构筑的新型的生存与生活空间。

虚拟社区与现实社区最大的差异在于它的跨地域性。正如埃瑟·戴森所言："Internet的优势之一，是它使超越地理限制去营造社区成为可能。"现实社区都存在于一定的地理空间中；而虚拟社区的"空间"是无形的，而且是跨越了地理限制的。虚拟社区的成员无论身处何地都不会影响社区的构成，影响社区构成的是人群、人对社区的感情、对社区中他人的认同。虚拟社区把不同国家、不同地区的人们联结在一起进行实时地、"面对面"地互动，它把人类交往的范围拓展到了全世界。

虚拟社区的成员依据不同的志向、兴趣和爱好，归属于不同的社区。人们可以根据自己的需要在不同的社区间流动，虚拟社区成员有很大的自主性，人们可以随心所欲地退出不满意的社区进入到一个与自己的志趣相投的社区中来。正如尼葛洛庞帝所言："数字化生存所以能让我们的未来不同于现在，完全是因为它容易进入、具备流动性以及引发变迁的能力。"

虚拟社区的跨地域性、功能结构的独特性及成员流动的频繁性等特点使得对虚拟社区的秩序建构有其自身的特点。

虚拟社区的建设和管理则主要依靠社区成员的自治。社区成员的自治表现在：社区主题的设计、社区内容的充实、社区规则的制定、严格遵守规则、履行相应的义务、承担相应的责任等。

虚拟社区中的规则，是社区成员的行为规范，这些规范有的是规则限定的，有的是社区约定俗成的，规则是虚拟社区秩序的基础。像现实社区一样，有些虚拟社区的规则十分详细具体，比如"天涯社区"的规则包括 ID 管理制度、社区删帖标准、管理员管理规定、版主管理规定、版主申请管理规定、特邀版主申请管理规定、社区管理人员津贴及版块基金管理办法和《社区基本法》。除此，还有一些栏目规则，并且许多规则中都有对虚拟身份的惩罚性条款，比如天涯社区《社区基本法》中的惩罚手段是：删帖并扣除分值、版面封杀、全区封杀、IP 拒绝、注销账号取消会员资格；栏目规则《天涯婚姻法》的惩罚手段是：警告、通告批评、封杀婚礼堂发言权和永久剥夺结婚权利。如果虚拟社区成员的网络行为触犯了现实社会的法律法规，社区的最重惩罚是取消会员资格，进一步的惩罚需要现实社会来进行，如把违法的电子信息证据提交到政府相关部门。

虚拟社区的秩序主要依靠社区成员的自治，因此，社区成员对社区规则的遵守就显得非常重要。但是虚拟社区没有严厉的惩罚手段，因此，社区成员更多是从伦理、道德等内化因素进行自律的。郭茂灿在对天涯虚拟社区规则服从的研究中发现，虚拟社区的成员服从规则的行为首先是规范性的，规范性是指人们服从规则是伦理、道德等文化因素内化的结果，人们对规则的服从是因为内在的价值取向告诉我们这样做是应该的，而不在于我们认为这样做对自己有益。虚拟社区的成员服从规则的行为是"个人的道德观"起作用；其次，"同侪的评价"和"对规则本身的尊重"也是对"规则服从"起重要制约作用的因素。①

　　虚拟社区及虚拟社会的开放性和虚拟性使得虚拟交往十分容易，但同时也带来了一个非常重要的社会学问题，即来自不同国家、不同地区、不同语言、拥有不同历史文化、不同信仰习俗的人在虚拟空间中应该建构什么样的文化秩序，使虚拟交往更加和谐有效。

　　从对网民文化差异的协调到虚拟空间文化秩序的建构，不同流派有不同的主张。文化相对论认为，在价值领域没有绝对的标准，一切应从本土文化的角度来审视行为习俗的合理性。全球主义的文化观则认为，人类属于同一物种，在社会方式和文化价值观上虽有差异，但仍以共性为主，应该以这些共性来约束人的社会行为和跨文化交往中的行为。显然，在这里，文化共性的确定成为至关重要的问题，由于当前欧美发达国家在政治、经济和社会等各方面都处于领先地位，代表着时代的文明，因此欧美文化自然也就成了当今文化"共性"的主要组成部分。与文化相对论和全球主义文化观不同，多元普遍主义认为，人类的文化价值存在着共性或普遍性，但这种共性不是单一的，而是多元的，同一行为用不同的标准去衡量有可能都是合理的。同时，就虚拟空间中的语言秩序来说，互联网产生于美国，英语是它的起始语言，同时也是它的支配语言。对于使用非英语的网民来说，虚拟交往无疑很难进行。

　　虚拟空间是一种全球化媒介，媒体理论家马歇尔·木拉汉（Marshall McLuhan）指出："借助于电子，我们不仅可以扩展我们的全球性的中枢神经系统，而且可以立即将每一种人类经验都关联起来……这就是新的全球村。"这种新的全球村或全球公社一定会超越文化和社会之间的差异，创造一种新的社会形式或群体形式。在那里，素不相识或根本也不想相识的人们将会自觉自愿地聚集在一起，共同工作和学习，相互信任、相互理解，创造出各种大小不一，但却都是更自由和更为民主的世界。当然，这种预想和正在创

____

① 郭茂灿：《虚拟社区中的规则及其服从——以天涯社区为例》，《社会学研究》2004年第2期。

造的全球村，很大程度上也是一种同质化和西方化的价值观与消费文化，是西方人的最深层的渴望、追求、经验上的向往和精神上的焦虑在意识上的反映。因此有人预言：虚拟空间、虚拟世界、网络技术作为一种十分凸显的西方文明的文化、世界观和科学技术的产品，作为现代文明人的一个梦想，很可能"接下去会抹掉一切非西方国家或非西方社会的历史"。①

我们认为，互联网是构造虚拟空间的一种新媒介，它不可能改变一切，也不会覆盖一切，因此，对虚拟空间的讨论不能夸大其词。正如《数字化生存》一书的译者胡泳所言："不管我们为互联网戴上多少桂冠，它也不过是另一场技术革命，与此前的革命遵循着同样的发展轨迹——像电的发明，或电报、电话、铁路的普及一样。""互联网本身不会把世界变成乌托邦，不会造就民主也不会重写资本主义的规则。"②

---

① 张之沧：《"赛博空间"释义》，《洛阳师范学院学报》2004 年第 3 期。
② 胡泳：《互联网是一场什么样的革命》，《读书》2000 年第 9 期。

第五章

互联网效应——网络心理

21世纪是网络的世纪。随着信息网络技术的普及和发展，越来越多的人被互联网所吸引，并且满怀激情地走进网络世界，成为这一虚拟世界的"公民"——网民。网络的发展是超常规、跳跃式的，瞬息万变的，在人们尚没有充分的思想和心理准备，或者说根本就没有明确预期的情况下，互联网便迅速渗透到了社会生活的方方面面。随着网络的发生、发展，面对互联网构建的虚拟世界，当代网民表现出了极高的认同度和参与热情。

随着互联网在我国的迅猛发展，与网络行为相伴而生的各种各样的心态，要求我们必须充分关注并采取相应的疏导和调适措施。对网民心理和行为的研究也日益受到人们的重视。"目前，国内外对网民心理的研究，已涉及许多方面，诸如：网上的印象修饰（即个体如何驾驭自己的在线表现），网上的角色扮演，网上的性别角色的刻板印象，网上的利他行为；上网受挫、网上失控、网上冲突及网上的宣泄和攻击性行为；网上的团体竞赛、团体互动及网上的从众现象；网上的强迫症、焦虑症和网络的心理治疗等等。"①

网民们在网络虚拟世界里寻找着、编织着自己的精神家园。他们认为，在这里没有后顾之忧，没有强者塑造，没有肤浅说教，有的只是真实、原始、本质，有的只是平等、自由、激情。然而，我们不可忽视的是，互联网与其他高新科技一样，是一把双刃剑，它带来的并非都是幸福、享乐和希望，它也给人们带来了忧愁、痛苦和危机。特别是处于青年时期的网民，由于他们的心理倾向尚未定

---

① 刘京林：《浅析网民的心理生活空间》，《新闻三味》2002年第5期。

型，认识能力有待提高和发展，世界观、价值观尚在形成中，分辨是非能力较差，非常容易陷入网络的虚拟世界，诱发心理问题的可能性更大。因此，正确认识网络对网民的心理冲击和影响，迎接和回应网络时代的挑战，是当代网民心理健康教育的重要任务和内容。

第一节　网络心理需求及网络心理障碍

网络的出现正在改变人类的生产方式、生活方式，对人的心理和心理学的发展也产生了极大影响。网络作为一个媒介，一个工具性的存在，它可以造福人类，也可能遗害无穷，关键看谁来用它、怎样用它。积极的网络心理会带来积极的网络行为，而消极的网络心理很有可能导致上网者沉溺网络，进而产生网络心理障碍，对上网者的自身发展带来极大的负面影响。

一　网络心理需求

人的心理可分为个体心理和群体心理。个体心理是指个别主体即具体的个人的心理，一般分为心理过程和个性两大类。苏联心理学家爱列维托夫（1890—1972 年）认为，在心理过程与个性之间还有一种过渡的状态，即心理状态。这样，人的心理现象结构（人的心理现象之间相互关系系统）就有心理过程、心理状态、个性三大类。

心理过程是指人的心理活动发生、发展的过程，即客观事物作用于人（主要是人脑），在一定的时间内大脑反映客观现实的过程。包括认识过程、情绪和情感过程、意志过程。三者合在一起简称为"知情意"。认识、情感或意志这三个过程是相互联系、相互促进，统一在一起的。

心理状态是介于心理过程与个性心理之间的既有暂时性又有稳固性的一种心理现象，是心理过程与个性心理统一的表现。

个性心理是显示人们个别差异的一类心理现象。由于各个人的先天因素不同，生活条件不同，所受的教育影响不同，所从事的实践活动不同，因此这些心理过程在每一个人身上产生时又总是带有个人特征，这样就形成了每个人的兴趣、能力、气质、性格的不同。譬如，各人的兴趣广泛性，兴趣的中心、广度和兴趣的稳定性不同；各人的观察力、注意力、记忆力、想象力、思考力不同；有的能力高，有的能力低；各人的情感体验的深浅度，表现的强弱，克服困难的决心和毅力的大小也不同，所有这些都属于个性的不同特点。人的心理现象中的兴趣、能力、气质和性格，称为个性的心理特征。

心理现象的各个方面并不是孤立的，而是彼此互相联系着的。不仅在认识、情感、意志过程之间，而且在个性心理特征和心理过程之间也密切联系。没有心理过程，个性心理特征就无从形成。同时，已经形成的个性心理特征又制约着心理过程，在心理过程中表现出来。例如，具有不同兴趣和能力的人，对同一首歌，同一幅画，同一出戏的评价和欣赏水平是不同的；一个具有先人后己、助人为乐性格特征的人，往往表现出坚强的意志行动。

事实上，既没有不带个性特征的心理过程，也没有不表现在心理过程中的个性特征，二者是同一现象的两个不同方面。我们要深入了解人的心理现象就必须分别地对这两个方面加以研究，但在掌握一个人的心理全貌时，是两方面结合起来进行考察的。

群体心理分为小群体心理和大众心理。进行社会交往，从而产生交往心理。交往心理既存在于个人与他人之间，也存在于群体之间。群体心理包括三大类型．即交往心理、小群体心理、大众心理。

网络心理需求指的是人们上网的动机与需要。网络开拓了满足人们心理需求的渠道。网民可以有多种心理需求，包括积极的心理需求与消极的心理需求。

（一）积极的心理需求

1. 求知求新的心理需求

人们对新奇的事物总是抱有很大兴致。网络信息的即时性、快捷性、媒介的多维性等优势极大吸引了网民的求知求新心理，引起了他们的特别关注和兴趣。通过网络，他们可以了解分享各种新鲜、有趣和刺激的信息，同时网络也成为人们了解和探究未知世界的便捷途径。

2. 追求开放多元的心理需求

网络具有开放多元的特性，在网络中，各种思想、文化、观念相互激荡，从而为网民追求开放、多元的文化观念提供了平台。

3. 追求自由平等的心理需求

网络具有自由平等的特性，这适应了当代社会对自由平等的呼声。在网络虚拟空间，种种现实社会的限制都消失了，任何人都是互联网的"主人"，都可以在网上按照自己的意愿做自己想做的事情。

4. 追求情感交流的心理需求

网络具有互动、虚拟的特性，它极大扩展了网民的人际交往范围，也增强了他们的人际交往能力。网络交往可以避免因为现实生活中比如人的社会属性或者自身生理等个体特征的限制而获得更广泛的情感交流，它使交往变得更为方便、快捷、坦诚和放松，使双方都会产生一种心理压力释放的愉悦感、依恋感。通过网络，很多网民结识了志同道合的朋友，摆脱了现实生活中的孤独感。

5. 释放压力的心理需求

网络的虚拟空间为现实生活中压力巨大的网民提供了宣泄释放压力的场所。比如，在网络游戏中，他们不断升级，一路斩妖除魔，他们减轻了现实的压力感受，同时也获得了现实生活中不可能获得的成就感与荣誉感。

6. 自我实现的心理需求

在现实社会中，很多人获得自我实现的难度较大，往往面临很多困难和阻碍，加上传统文化及自身条件的限制，人们在现实生活中也很难通过张扬个性、展现个人魅力等来得到他人的认可和尊重，而网络为网民自我认同、自我实现的心理需求提供了一个极其广阔的舞台。在网络虚拟空间，他们可以塑造一个脱离现实生活的自我，尽情展现自我，表达自我愿望；他们可以通过某些网络行为来彰显自我魅力。

（二）消极的心理需求

1. 猎奇心理

网络的匿名性加剧了一部分网民的猎奇心理，他们在网上刻意搜寻现实生活中通过正当渠道难以获得的奇、艳事物或信息，在抛开现实社会的种种限制和规则的虚拟空间，他们体验到了现实生活中体验不到的惊险、快乐与新奇。他们往往会出于好奇或冲动的心理上网去寻找一些色情或暴力信息，借以获得感官刺激。

2. 发泄心理

在虚拟的网络环境中，网民可以隐藏自己的身份，甚至可以虚拟一个人的信息，互联网成了网民无拘无束宣泄自己情感、肆意发泄不良情绪的场所，在互联网上，网民不必遵守现实中的各种道德规范，不必担心会受到限制或承担相应责任。因此，他们尽情发泄自己的不满，甚至是用污秽的语言抨击时事，还有的进行人身攻击、粗言谩骂等道德失范行为。

3. 逃避心理

现实生活中人们都会遇到这样那样的挫折和困难，诸如学习上的、工作上的、感情上的、人际关系上的，等等。部分网民在现实中受挫时，就会到网络的虚拟空间去倾诉，互联网成了他们逃避现实、寻求自我解脱的一个渠道和场所。在网络空间，他们没有学习压力、工作压力、经济压力和复杂的感情挫折，相反，他们还可以实现自己设定的诸多目标。但是现实生活中的挫折和困难并不会因为网络世界里的解脱和放松而得到解决。

4. 虚拟的自我实现心理

很多网民把网络当成了可以实现自我的一个埋想社会，他们在互联网上享受着平等、自由、放松、成功、刺激的感觉，实现了自己成为侠客、富翁的梦想。但是，虚拟的自我实现心理还会导致一些不道德的行为甚至是犯罪行为。有些网民不能很好地理解自我实现、自我价值的真实含义，为了能在网络中展示自己的能力，大胆地制造网络病毒、盗用他人电脑信息、刺探他人隐私、非法通过银行卡进行盗窃和诈骗等，给社会和他人带来了严重的损失。

5. 焦虑心理

网络技术发展迅速，一部分网民担心自己的知识更新赶不上网络发展的速度而产生了焦虑心理；还有部分网民因为网络传输速度缓慢、网络的隐匿性以及网上人际关系的不确定性、网络信息内容庞杂无序、良莠不齐等变得无所适从，从而产生了焦虑心理。

6. 急功近利心理

互联网造就了很多的商业奇才，但是机会总是眷顾有准备的人。那种认为网络是通往成功的捷径的想法会误导很多人。

迷恋网络实际上是上网者寻求理想化状态的一种途径，面对现实与梦想的冲突，他们转而进入网络寻求另一种解决方式，但是随着上网时间的持续加长，他们慢慢沉溺网络而不能自拔，网络心理障碍的产生使他们越发离不开网络，也越发不能积极面对现实生活。

二　网络心理障碍及其种类

随着互联网的普及，伴随着网络而产生的各种心理障碍也引起了人们的关注。有这样一部分人，他们在网上其乐无穷的冲浪体验中逐渐形成了一种对网络的心理依赖，随着每次上网时间的不断延长，这种依赖越来越强烈。

网络心理障碍是指患者往往没有一定的理由，无节制地花费大量时间和精力在互联网上持续聊天、浏览，以致损害身体健康，并在生活中出现各种行为异常、心理障碍、人格障碍、交感神经功能部分失调等。网络心理障碍在医学临床上被称为"网络成瘾综合征"，其典型表现包括：情绪低落、无愉快感或兴趣丧失、睡眠障碍、生物钟紊乱、食欲下降、体重减轻、精力不足、精神运动性迟缓、激动、自我评价降低、能力下降、思维迟缓、有自杀意念和行为、社会活动减少、大量吸烟、饮酒和滥用药物等。

在网络心理障碍的早期，患者先是感到上网其乐无穷，随之不断延长上网时间。他们开始时是精神上的依赖，而后可发展为躯体依赖，表现为每天起床后情绪低落、思维迟缓、头昏眼花、双手颤抖、疲乏无力或食欲不振，上网后精神状态才能恢复至正常水平。

该病晚期，患者会出现与生理因素无关的体重减轻、外表憔悴等特征，一旦停止上网还会出现急性戒断综合征，甚至有可能采取自残或自杀手段，危害自身和社会安全。

研究人员认为，网络心理障碍主要表现为三种类型：网络成瘾、交往障碍、情感淡漠。

（一）网络成瘾

世界卫生组织将"网络成瘾"定义为：由过度使用网络所导致的一种慢性或周期性的着迷状态，并产生难以抗拒的再度使用的欲望。同时，会产生想要增加使用时间、耐受性提高、出现戒断反应等现象，对于上网所带来的快感会一直存在心理与生理上的依赖。[①]我国颁布的《网络成瘾临床诊断标准》将网络成瘾定义为个体反复过度使用网络导致的一种精神行为障碍。[②] 网络成瘾具体分为以下几类：网络游戏成瘾，即过度沉溺于网络游戏不能自拔，或与计算机对打，或通过互联网与网友联机进行游戏对抗。资料显示，网络游戏成瘾者占我国网络成瘾群体的大部分，他们中的很多人沉溺于网络游戏的世界里，甚至不能区分真实世界与虚拟世界，也因此出现了许多恶性事件，比如盗窃、抢劫、杀人等；网络色情成瘾，即对网络上的色情信息成瘾，如过度使用成人网站，迷恋网上的所有色情音乐、图片以及影像等；网络交往成瘾，即利用各种聊天软件在网络上长时间聊天。这一类中女性占多数，表现为过度迷恋于网络中建立起来的"友情"或"爱情"，甚至在网络上建立"婚姻关系"；网络信息成瘾，即强迫性地从网上下载无关紧要的、不需要的信息，并以堆积和传播这些信息为乐趣；网络制作成瘾，即下载使用各种软件，追求网页制作的完美性和以编制多种程序为嗜好。在以上五种类型中，其中网络游戏成瘾者、网络交往成瘾者、网络信息成瘾者占大学生网络成瘾群体的多数。大学生网络成瘾表现在：第一，强烈的上网渴求或冲动，一些同学早晨醒来后就有立即上网的冲动。第二，难以控制上网时间，一些同学沉溺于网络长时

---

① 周梅：《大学生网络成瘾与学业不良的相关研究及教育对策》，硕士学位论文，苏州大学，2009年。

② 解放军总后卫生部、北京军区总医院：《网络成瘾临床症状诊断标准》，2008年。

间不休息、不进食。第三，对现实生活漠不关心，感情冷漠。第四，将上网作为解决问题及缓解不良情绪的最重要途径。第五，知晓沉溺网络会对学业、人际交往和身体健康造成危害，但却无法停止上网行为。

　　网恋即网上恋爱，通常情况下，网恋都带有较强的随意性和盲目性。现实社会中的诸多案例也表明，大学生对待网恋需要有十分谨慎的态度。当前丰富的网络交友软件为网恋提供了适宜的沟通媒介和平台。网民可以通过互联网结识网络社会中的"异性"，并与之谈情说爱。在这里，网民只要注册一个用户名，就可以扮演各种角色：可以扮成老练成熟的长者，也可以作为天真无邪的孩童；可以是侠胆豪情的男子汉，也可以是柔情可人的小姑娘。网络的虚拟性为网恋带来了诸多后遗症：他们打情骂俏、变性交友、多角恋爱等的随意性、不负责任的行为时常发生。尤其是沉迷于网恋的大学生，如果缺少理性的认识和正确的价值观，必将影响到现实的感情生活，使他们的感情发展轨迹出现偏差，进而影响到他们的成长和发展。个别陷入网恋的大学生不但荒废了学业，还让自己的身心受到极大伤害，有的甚至因为痛苦而选择轻生厌世。

　　　　案例：女大学生网恋被拍裸照　遭胁迫被逼婚
　　羊城晚报佛山讯：佛山市高明法院最近审理了一个案例，受害者是还在上大学的女生小冬（化名）。
　　女大学生小冬通过某知名交友网站与在广州一个工地做水电安装的张某相识，二人在网上聊得十分投机。一个月后，小冬从学校放假去到广州，应张某的要求连续两晚与其在广州开房，其间，张某多次要求与小冬结婚。小冬认为两人虽然聊得来，但毕竟相识时间太短，双方并不十分了解，因此没同意结婚。
　　令小冬没想到的是，张某随后打来电话称，自己已经拍下了她的裸照，如果不肯与其结婚，就将裸照发到网上、学校以及小冬父母单位。
　　小冬有些害怕，但还是希望张某能改变主意。在电话里，小冬对张某说，她的家人不会允许她嫁给外地人。谁知，张某听完更加生气，威胁要杀死小冬全家，还要与小冬同归于尽。不谙世事的小冬只得同意了张某的要求。

2012年2月3日，张某到了小冬家，叫小冬带上身份证，瞒着家人，到公安户籍处开具户籍证明，然后领取了结婚证。之后，张某又多次恐吓小冬，不准其与家人联系。

结婚之后，张某完全露出了本来面目，经常打电话给小冬诉说生活困难，要小冬拿钱给他母亲看病或买房。还在上学的小冬不堪骚扰，最终将事情告诉了母亲李女士。李女士当机立断，要求小冬与张某断绝来往。

可是，张某恼羞成怒，扬言如果分手，小冬需赔偿其50万元，否则就将其裸照传播到网上，并于3月底将手上的照片寄给了李女士。

2012年底，小冬与母亲一起，将张某告上法庭，表示这桩婚姻是受胁迫而成，二人并没有感情基础，请求撤销该婚姻。高明法院经审理认为，原告小冬是受被告张某胁迫，违背自己真实意愿结婚的，遂判决撤销小冬与被告张某的结婚登记。

记者了解到，虽然这场因网络相识的婚姻最终被撤销了，但小冬已经受到了极大的精神损害，并且因为张某的骚扰，小冬的学业受到了严重影响，导致三门课程不及格而不能顺利毕业，只领取了结业证。

提醒：女性容易在网络交友中被骗

高明法院指出，从案件的受害人情况来看，网络交友诈骗的受害人基本都是女性。

该院认为，由于网络交友简单方便，不受时间地点限制，可用假名登记，实施犯罪后又不易被发现，在缺乏熟人监督的情况下，不法分子很容易捏造出虚假身份背景，建立高大全的形象，以取得女孩子的信任。而女性常常比较感性，容易被情感打动从而被骗。从以往处理的案件分析，女子与陌生男网友见面极易遭到性侵犯，男性与陌生女网友见面后又极易被对方下药麻醉等而实施抢劫、敲诈。

因此，高明法院法官建议，女性通过网络交友平台交友时，要保持警惕，不要轻易发生金钱往来。同时建议，各种交友平台也应注重核实人员信息，以减少违法犯罪行为的发生。

（资料来源：《羊城晚报》2013年3月8日）

（二）交往障碍

网络交往是通过人机对话来实现的，与现实生活中的人际交往相比，一方面，它掩盖了许多非语言符号等的丰富内容，存在深层情感交流不足的缺陷。如果长期专注于这种"人—机—人"的交往方式，在现实社会进行面对面交流时就会出现注意力不能集中，曲解对方的语言信息和表情含义，现实社交能力愈发变得削弱。另一方面，网络交往不需要现实中的人际交往原则或技巧，如果长期专注于这种"人—机—人"的交往方式，必然大大减少他们进行现实交往的机会，进而削弱了自己的交流能力和社会适应力，当大学生脱离网络、面对现实中的人际交往时往往显得束手无策，一些原本性格内向的大学生不适应感会更强烈，严重者会造成社交恐惧症。由于互联网具有匿名性、隐蔽性的特点，在虚拟的网络世界里，交往各方可以消除各种社会暗示和物质表象的干扰，平等地与对方沟通信息、交流思想、表达感情，以取得对方最大的理解和帮助。一些大学生由于青睐网上交往匿名、隐匿性别和身份的形式，成为了网络交往的常客，他们向网友发泄自己的不良情绪，讲述自己的情感故事，取得对方的理解与支持，网络交往使他们的心情得到放松。当他们从热烈的网络交流氛围中回到平静单调的现实生活后，强烈的落差往往使他们产生极度的心理孤独；有些网民原来的现实人际交往比较频繁，现在由于把更多的时间投入到网上交友聊天中，无形中既减少了与现有朋友的联系，又减少了现实中认识新朋友的机会，这就造成了现实生活中人际交往面的窄化，人与人直接交流的减少，人际关系的淡化，人际交往的矛盾与错位，久而久之，就会走入"现代与孤独"，造成网民与现实社会的分离。《硅谷的废话》作者克利福德·斯拖尔就指出："电脑网络使我们彼此孤独，而不是将我们联系在一起。"斯坦福大学政治学者诺曼尼也认为，"人们花在网络上的时间越长，他们与人们的交往时间就越少"。事实上，迷恋网络交往，会使网民远离朋友、远离同学、远离社会，会使现实生活更加孤独。

（三）情感淡漠

网络世界是由信息技术构筑的虚拟空间，其网络传播强调的是高速、大量、生动和精确，网络虚拟社会缺乏现实生活中人与人之间的真实情感。过度依赖网络、长时间地与电脑终端打交道，很容易造成情感活动退化，对外界刺激缺乏相应的情感反应，久而久之，个体的情感趋于淡漠，不去理会他人的幸福，对社会发展也漠不关心。他们面部表情呆板，对亲友冷淡，对周围事物失去了兴趣，他们缺乏内心体验，对周围事物无动于衷；沉迷于网络中的网民不受现实社会规范、规则、道德的约束，长时间的网络生活使他们的价值观念模糊、言行放纵，社会责任感弱化。他们模糊了虚拟和现实的界限，他们常常把网络虚拟中的冷酷与无情带到现实生活中来，他们恣意表现自我、放纵自我，他们把现实中的自我抛得越来越远，他们进行网络犯罪，甚至对自己的技术沾沾自喜，却很少对自己所造成的损害感到羞愧。

第二节　大学生网络心理障碍及疏导

网络在给人们的生活、工作、学习带来极大便利的同时，也给人们特别是青少年的身心健康带来了许多隐患。当前，互联网已经成为大学生日常生活中不可替代的一部分，上网聊天与游戏基本上成为大学生网络生活的主旋律，一些大学生迷恋网络导致了网络性心理障碍，影响了自己正常的学习生活，积极调适大学生网络性心理障碍是全社会和大学生自己迫在眉睫的任务。与之相关，大学生上网的心理动因及其网络心理障碍都应引起足够的关注。

一　大学生出现的网络心理障碍

大学生网络心理，是大学生这一特定人群的网络心理，主要是指在虚拟的网络环境里大学生的心理活动过程以及由此而形成的大学生的个性特征的总和。① 大学生网络心理障碍指的是大学生因无节制地上网而导致的行为异常、人格障碍、情感神经功能失调等。具体表述为：上网大学生的心理或行为偏离了社会公认的规范或适宜的行为方式；上网大学生的社会价值观与现实社会价值观出现了错位；上网大学生对环境和社会的适应能力降低。

从心理过程的角度来分析大学生出现的网络心理障碍，表现在以下几方面。

（一）认知过程障碍

认知过程障碍主要有感知觉障碍、注意障碍、记忆障碍和思维障碍。

感知觉障碍主要是指幻觉，沉溺于网络游戏的大学生，往往在长时间激烈的网上游戏后产生虚幻的感觉，这是由于大脑皮层感受区异常兴奋所引起的。②

注意障碍主要是指注意品质的异常，表现为注意的强度、广度、稳定性和持久性等方面。如长时间沉溺网络，对网络图片、游戏、图像等过分注意所表现出的过高警觉性，即所谓的注意增强；而注意强度减弱、注意广度缩小和稳定性下降等即所谓的注意减退。除此，注意涣散、注意迟钝、注意力难以集中也是注意障碍的表现。经济学家郝博特·西蒙在1971年计算机网络开始发展时，就对现代人的注意力匮乏症做了论断：信息消耗的是接收者的注意力，信息的聚敛必然意味着注意力的匮乏与欲求。美国加州大学的一项研究结果显示，人们在持续上网时，平均每隔3分钟就会被干扰信息打断一次，即使不被打断，他们也会自己打断自己，而注意力每被打断一次，重新恢复至少需要花费15分钟，久而久之，就会造成注意力涣散，注意力涣散是很多精神疾病发生的征兆，包括精神分裂症、多动症等。

记忆障碍是指记忆力减退。注意力持久分散会令我们的大脑处

① 张传东：《社会转型期大学生网络心理教育探析》，《石油教育》2011年。
② 田景荣：《高校学生网络性心理障碍及其调试》，《政法学刊》2005年第22卷第1期，第125页。

于高度紧张中，我们分散注意力关注每件事，我们时刻关注周围的变化，对出现的新信息时刻保持警觉，苹果公司前雇员林达·斯通将这种精神状态称为"持续性的局部注意力"，随之而来的就是一种"多任务处理"的强迫症，它表现为大脑不断强制命令一次性处理更多的事情。开始，我们的大脑能以加快信息处理速度的方式来适应这种压力，短期看，人体能通过分泌应激激素提高自身能量水平以增强记忆力。但长期出现这种情况，我们的大脑就会受到很大伤害：当我们进行"多任务处理"时，大脑负载过重，它的信息处理区域就会从海马回（负责学习、记忆）转移到纹状体（负责机械性任务），从而导致理解困难，记忆力减退。[①] 心理学家认为，我们的大脑每秒钟只能处理 110 字节的信息，而沉溺网络的大学生，基本都属于在很短的时间内接收海量信息的主体，无疑大大加重了大脑的负载量；加之不专注于专业知识的学习，大脑的记忆力得不到充分的锻炼，必然会出现明显的记忆力减退。

思维障碍是指思维僵化，学习能力下降。从思维模式上来看，书刊造就了人们发达的逻辑思维能力，而网络媒介则提高了人的形象思维能力。网络信息集文字、图片、影像于一体，这种信息的高度综合性，使我们的形象思维能力越来越发达；但是，网络信息的形象化往往会诱导我们用"看"的方式而不是用"想"的方式来认识世界，网络信息的影像化往往使我们不去深度思考、追问事物的本质，加之，网络信息碎片化、非理性化、非系统化，这就使我们的大脑倾向于接受表象的、肤浅的、琐碎的知识。沉溺网络的大学生，其逻辑思维能力必然下降，长此以往，便引发思维僵化。网络媒介诱导的思维方式会使大学生在学习专业知识时，听课、读书抓不住重点，不懂得举一反三、触类旁通，不善于归纳和总结。网络信息的复杂性对于一些自制力差、判断能力不足的大学生来说，还极易造成他们思维混乱，导致主体道德选择迷茫、价值取向紊乱。

网络技术的高速发展表现为网络知识具有更高的综合性、声像

---

① 盖瑞·斯默尔、陈赛、廖宴思等：《数字时代的病——你患有大脑"肥胖症"吗?》，《计算机应用文摘》2010 年第 33 期，第 3—5 页。

的多维一体化等特点，长期上网必然造成上网者的逻辑思维能力、抽象思维能力、语言表达能力、阅读能力和实践能力等的下降，这对迷恋网络的大学生成长是非常不利的。

（二）情感过程障碍

网络引发的情感过程障碍主要包括病理性优势心境和情感反应障碍。病理性优势心境包括病理性愉快心境和病理性情绪低落，比如，上网者在游戏中获胜时所表现出的异常持续性的情绪高亢，称为病理性愉快心境；反之，游戏长时间不能过关所表现出的异常持续性心境不佳，称为病理性情绪低落。情感反应障碍指出现的与客观刺激不相符的过高或过低的情绪反应，比如情感反应迟钝，表现为反应速度缓慢，强度低下；情感淡漠，表现为情感活动减退，对周围的任何刺激缺乏相应的反应；情感焦虑，表现为过分担心自身安全问题或其他不良后果而伴有焦灼不安、紧张恐惧等。

"学生在网络中的交往主要是人、机对话或以计算为中介的交流。他们终日与电脑终端打交道而缺乏有感情的人际交往，这易使他们趋向于孤立、自私、冷漠和非社会化，表现在他们对现实生活中他人的幸福和社会发展漠不关心。大学阶段是人们人际交往能力和人际关系形成的重要时期，由于网络交往与传统的具有亲和感的人际交往大不相同，容易对现实产生怀疑、悲观和敌意的态度。"[1]很多沉溺网络的大学生在网络游戏中情绪高亢和情绪低落交替出现；加上很多网络游戏以战争、暴力、凶杀等为题材，这会使他们产生情感淡漠；由于沉溺网络致使迟到旷课严重、学习成绩下滑，担心学校处分、家长责备，又容易使他们产生情感焦虑。如此，沉溺网络对大学生的学习和生活都产生了极其不良的影响。

（三）意志行为障碍

沉溺网络的大学生，其意志行为障碍主要包括意志增强、意志减退和意志缺乏。意志增强表现为迷恋网络游戏的大学生追求游戏取胜过关的病态意志。意志减退表现为沉溺网络的大学生下线时意志消沉，对学习、生活提不起兴趣，并逐渐对学习、生活失去信

---

[1]　李仁武：《加强社会主义网络文化建设》，《光明日报》2001年1月23日。

心。意志缺乏表现为沉溺网络的大学生对除上网以外的任何事物都缺乏兴趣和动机，对学习和生活缺少自觉性，行为懒散、孤僻、退缩。

网络信息庞杂，一些色情、暴力的不健康信息对一些自制力较差的大学生来说，无疑会造成他们是非观念模糊，意志力弱化。加之网络行为的无约束性和自由性特点，往往会使大学生上网行为不顾及社会道德规范而自由放纵，久而久之，他们的自我控制能力就会变得越来越差。

二　大学生网络心理障碍产生的原因

大学生网络心理障碍产生的原因是多方面的，包括主观和客观两大因素，主观因素与大学生处于的生理和心理发展阶段是分不开的。客观因素则包括网络传播自身的特点以及大学生所处的社会生活环境。网络环境的特殊性、社会生活环境的复杂性以及大学生的身心特点都对其网络心理障碍的产生带来了重要影响。

（一）产生网络心理障碍的主观因素

1. 大学生身心发展特点容易导致网络心理障碍

大学生正处在情感强烈，渴望结交朋友、渴望被人理解的阶段，网络提供给他们一个自由开放的交往平台，对于易接受新生事物的大学生来说，上网聊天、交友、网恋无疑是他们获得友谊、爱情的最好方式。但是大学生的生理发展阶段特点也使得他们对待事物极易受情绪支配，缺乏理性思考，缺乏控制能力，沉溺网络交往极易产生现实交往障碍。

大学生又处在性意识觉醒的阶段，而我国目前性教育滞后，大学生性生理和性心理日渐成熟与社会性教育欠缺出现极大冲突。加上网上充斥着大量的虚假、黄色、暴力信息，在性冲动以及好奇心的驱使下，部分自控能力差的大学生很容易陷入不健康的网站和网络游戏中，成为网络色情心理障碍的患者。

2. 大学生各种心理状态诱发了网络心理障碍

从众心理：大学阶段的学习压力相比较中学阶段要小得多，学校管理和父母督促相比较中学阶段要松得多。"从心理学的角度看，这部分同学进入大学后缺少了学习压力，丧失了求学的目标与动力，出现暂时的目标真空，导致刚入校园时无所适从，在外界诱惑下极易产生从众心理和模仿心理，在其他同学的影响下很自然地加入了网民的行列，客观上加剧了网民的增长。"① 从开始偶尔上网到逐渐上瘾甚至不能自拔。

宣泄心理：有些大学生因为中学阶段被管得太严而产生逆反心理，进入大学后便在网上尽情释放自我，久而久之，就会沉溺网络而不能自拔。

好奇心理：大学生正处于精力旺盛、求知欲和好奇心强的阶段，而网络的信息快、内容新、覆盖面广等特点，正符合了他们的需求，但是网络空间充斥着形形色色的信息，其内容真假良莠难辨。大学生由于涉世不深，在信息选择和认知判断方面缺乏辨别能力，很容易受到虚假、黄色、暴力等不良文化的侵蚀，从而造成认知迷失、判断失误、道德行为失范等。

逃避心理：很多大学生是为了躲避现实生活的压力而到互联网上寻求精神寄托。有些大学生对所学课程难以掌握，有些大学生在现实生活中存在人际交往障碍与困惑，有些大学生为缓和"理想自我"与"现实自我"之间的矛盾，期望在网络中找到理想自我，还有一部分独立生活能力差的大学生入校后遇到诸多生活困难和烦恼，转而上网寻求帮助。无疑，互联网为大学生释放生活、学习、交往等诸多方面的压力提供了空间和途径，但是，由于大学生自制、自控能力较弱，长时间上网难免沉溺网络，继而诱发网络心理障碍。

自卑心理：从个性发展看，大学生的内心世界还不太稳定，自我肯定与自我否定常常发生冲突，性格内向的大学生很容易陷入自卑，他们会表现出性格孤僻，害怕与他人交往。这部分大学生通过上网倾诉心声，可以减轻自卑的程度，但是长期沉溺网络，则会进一步加重自卑程度。

---

① 林尔丹：《大学生网络心理分析与对策》，《佳木斯大学社会科学学报》2006年第9期。

（二）产生网络心理障碍的客观因素

1. 网络环境的特殊性

互联网带来了一个虚拟世界，这个世界与现实世界相比，具有实时性、隐匿性、开放性、交互性等特征，在这个虚拟世界，大学生可以即时满足各种需要，其网络行为匿名进行，可以放纵自己，不受现实社会道德规范的约束，也不必承担社会责任，可以根据自己的需要参与信息传播、热点话题讨论以及恋爱交友。但是，网络信息的庞杂性、共享性等特点又对大学生的学习、生活以及价值观念产生着巨大的影响。网络是人类有史以来最大的信息库，同时也是信息的垃圾场。尤其是互联网上的黄色网站大多伪装性很强，让人防不胜防，自制力较差的大学生出于好奇或者冲动进入这些网站，危害极大。除此，网上还有大量虚假反动、低级趣味、庸俗不堪的内容，严重侵蚀着大学生正确价值观的形成。同时，一些符合大学生个性及心理需求的网络暴力游戏，对他们也有着强大的吸引力。

网络垃圾文化最容易诱发网民的心理健康危机。网络的虚假信息易造成网民的道德信任危机。网络黄色文化的扩散易造成网民的性心理危机，很多沉迷网恋的大学生热衷于转换性别角色网上交友、谈情说爱，极易形成不健康的性观念和扭曲的性心理。网络暴力文化的肆虐易造成网民的精神性危机，暴力文化在网络上的表现特质主要是枪战、暗杀、绑架、有组织犯罪等，如果大学生长期沉迷于网络暴力游戏，渐渐就会形成暴戾凶残的个性。①

2. 社会生活环境的复杂性：包括家庭教育因素、高校教育因素以及社会环境因素

陶宏开教授认为："家庭教育不当是孩子上网成瘾的主要原因。"② 家庭环境是影响个体心理健康的一个极其重要的因素，主要体现在父母对子女的态度和教养方式上。中国的多数家庭，父母与孩子的关系是一种给予与索取的关系，而不是地位对等的关系。父

---

① 任晓东：《网络心理障碍之成因矫治》，《企业家天地》2011 年第 12 期中旬刊。
② 陶宏开：《孩子都有向上的心》，湖南人民出版社 2005 年版。

母对孩子的物质需求尽量满足，而心理需要、品德要求却很少问津。父母关注孩子的学习成绩，对孩子的生理心理发展却很少关心。这种不对等的关系处理以及父母偏离孩子真正需求的关注点使当代大学生在家庭教养中相对缺乏爱与关注，在这样的家庭环境下长大的孩子，大多都有很大的精神负担，在其成长过程中容易产生感情淡漠、空虚、孤独、抑郁、自卑等心理。除此，一些离异家庭、失和家庭以及暴力家庭也都会给孩子造成不健康的心理。在以上家庭环境中成长的孩子，其人格特征和人际关系等方面也都存在较多问题，当这些大学生独自面对各种社会问题时就会出现各种障碍，网络无疑成了他们最好的去处，在网络中，他们尽情释放情感，获得情感需求。但是，也正是这部分有心理问题和性格缺陷的大学生，更容易进入网络后便沉溺网络。

当前高校网络心理教育发展不完善是大学生网络心理障碍产生的又一重要原因。第一，网络心理教育理念出现了偏差。当前多数高校将网络心理教育从整个思想政治教育体系中分离出来，这就限制了其他各方共同承担网络心理教育的功能。除此，将网络心理教育简单理解为网络心理问题咨询或是网络心理问题指导，把网络心理教育仅仅当做是解决心理问题的方式，忽视了网络心理教育的人文性价值。第二，网络心理教育缺乏系统内容。当前高校网络心理教育内容主要侧重于网络心理指导、网络心理咨询，而对大学生网络心理过程的研究不够，网络心理教育内容的系统研究也较为欠缺，这导致了网络心理教育内容不同程度地存在着脱离学生阶段性心理以及实际心理需求的问题。第三，网络心理教育方式方法有待改进。当前很多高校的网络心理教育运用的依然是传统心理教育的方式方法，这将很难达到网络心理教育的目标。第四，网络心理教育网站内容不够完善。当前很多高校的网站已经开设心理健康教育版块，但是网站内容还存在很多问题，诸如，内容不够丰富、不够新颖、分析实际操作不够人性化等问题。尤其是对一些容易引起大学生思想浮动的社会热点问题没有及时更新与分析，总体看来，高校网络心理教育网站还没有充分发挥它应有的作用。第五，网络心理教育队伍建设相对滞后。当前多数高校对大学生进行网络心理教育的工作者主要是从事思想政治教育、心理学教育的教师，还缺乏一支既掌握网络教育内容又有较高思想政治理论水平和实践经验的教师队伍。①

社会环境对大学生网络心理的影响，当前主要涉及网络环境净化、网络监管力度加大、网络犯罪打击力度增强等。社会环境的优劣对大学生良好的思想品德、正确的价值观念的形成和发展具有极大影响。比如，网络游戏制作者素质不高、网吧经营又不规范，一些网吧为了经济利益不惜为网民提供含有赌博、反动、色情、暴力等内容的游戏。这将对沉溺网络游戏的大学生的精神世界产生极大危害。

三　大学生网络心理障碍疏导

在大学生网络心理障碍疏导这个问题上，大学生自身调试能力、高校教育及管理、社会网络环境三大方面将有更大作为。

（一）提高大学生的自我调适能力

学生在其自我意识不断发展完善的过程中，必然会面临各种各样的矛盾冲突，比如自我认知方面的"主体自我"与"客体自我"的矛盾、"理想自我"与"现实自我"的矛盾；自我体验方面的自尊心和自卑感的矛盾；自我调节方面的独立性与依附性的矛盾、交往需要与自我封闭的矛盾、追求上进与自我消沉的矛盾等。② 家庭、学校和社会三方通力合作才能引导学生顺利解决矛盾冲突、完成自我统一的任务，才能培养学生良好的心理素质和个性品质，为将来参与社会实践、实现人生价值做好准备。当前网络法规和网络道德尚不完备、社会网络环境还存在诸多问题的情况下，大学生加强自我调适能力无疑非常必要。

首先，大学生要有正确的网络认知。

网络是把双刃剑，它既是一个充满着自由、开放与平等的世界，也是一个充满着诱惑、陷阱与危险的世界。当代大学生应该认

---

① 王晶晶：《大学生网络心理教育研究》，硕士学位论文，重庆工商大学，2012 年。
② ［美］迈尔斯：《社会心理学》，人民邮电出版社 2006 年版。

识到网络只是一个媒介、一个工具，它延伸了人际传播的空间，但它并不能替代现实的人际传播；应该认清虚拟世界与真实世界的界限，虚拟世界中暂时的成功并不是真实的成功，虚拟的情感宣泄与满足也并不能得到真正的放松与快乐，大学生应立足于现实生活，努力消除自我对虚拟生活的过度依赖，使虚拟生活成为现实生活的真正有益补充。

大学生对网络只有正确的认知，才有可能正确地面对网络，合理地使用网络资源，进而跟随信息时代的脚步促进自己的学习生活。

其次，大学生要有清醒的自我意识，对自我要有正确的认识、把握和控制。

正确运用好互联网，从而更好地服务我们的学习生活，还需要大学生准确把握自我，认清自己的真实需要，根据自身的需要来选择网络的应用方向，避免受到不良网络信息的诱导；同时，加强网络自律，自觉遵守网络道德规范亦有极大意义。所谓自律，简单说就是能够自我约束、自我控制。尤其对上网者，在网络缺乏较强他律的环境下，自律的重要性与意义显得尤为突出。网络世界是一个自由开放的世界，在这个世界里，各种文化与价值理念交织纷纭，各种论断莫衷一是，各色诱惑比比皆是，这对缺乏自律的大学生来说，进入网络社会就进入了人生危险地带，很容易沉溺网络而不能自拔。很多大学生进入网络寻找自由、放纵自我，但是，一个缺乏自律的人是不可能获得真正自由的，很多大学生沉溺网络，迷失自我，进而产生各种网络心理障碍。大学生应该保持正常的学习、生活规律，控制上网时间，合理安排好自己的日常生活。同时，面对问题，要积极应对，勇于承担，力做网络和自己的主人。

（二）提高高校网络心理教育水平，引导大学生正确利用网络

提高高校网络心理教育水平，是消除网络对大学生心理健康消极影响的最重要任务。从心理过程的角度来分析，网络心理教育内容包括网络认知教育、网络情感教育和网络意志教育。在网络认知教育中，主要是帮助大学生正确认识网络的本质和它的工具性，了解网络传播信息的原理，帮助大学生学习如何获取、识别、应用信

息。善于识别信息的可靠性、有效性、准确性等，善于创造性地应用信息对于培养大学生敏锐的观察力和较强的判断力、拥有批判意识和创新精神具有重要意义。在网络情感教育中，主要是通过健康情绪教育，培养大学生热爱生活、热爱科学，成为情感丰富、朝气蓬勃的人，在大学生面对各种网络情感冲突时，帮助他们合理宣泄情感，解决情感矛盾，从而以良好的情绪、积极的心态面对生活和学习。在网络意志教育中，主要是引导大学生树立正确的政治方向以及远大的理想和坚定的信念。培养大学生拥有对科学研究的创新精神以及对知识无限追求的顽强意志。在具体的学习生活中，大学生要自觉控制上网时间，合理调节自己的学习生活。

高校建立起一支高素质的网络心理教育和管理队伍，是提高网络心理教育水平的应有内容，当前，这支队伍应该包括增强网络心理知识培训的思想政治理论课教师、具有较高网络技能和心理知识的专兼职辅导员，还包括校园网管人员。通过心理知识及网络技术的综合培训，使这支队伍紧跟网络信息时代发展的步伐，提高大学生网络心理教育的水平。

（三）加强校园文化建设，促进大学生追求高尚的精神生活

校园文化建设对丰富大学生精神文化生活，有意抵制沉溺网络寻找精神寄托意义重大。"高校的校园文化建设，应把娱乐学生的身心、陶冶其情操、潜移其品性、培养其性情、塑造其灵魂作为指导思想，使校园文化充满青春活力和时代气息。"① 建立符合学生兴趣和特长的各种社团，实现大学生特长展示、兴趣培养及交往能力的锻炼；组织开展满足大学生多样化需求的课外活动，既满足大学生娱乐和游戏的需求，还能起到锻炼身体、陶冶情操的作用。丰富多彩、健康向上的各类校园文化活动的开展，让大学生有机会展示自己的技能，培养自己的兴趣爱好，并从中体验到自身价值，让大学生在现实世界的实践中感受到现实生活比网络世界更有趣。

"校园文化建设要积极利用网络这种传播形式，拓宽文化活动的空间，以思想、政治、道德、法纪、心理等为支点，通过学习、

---

① 朱斌：《大学生网络心理障碍现状及对策》，《江苏高教》2006 年第 1 期。

就业、交友、心理咨询、法律援助等大学生喜闻乐见的形式不断开辟网络阵地，建设学校网络主流文化，用健康的思想文化占领高校网络阵地，抵御不良信息的侵蚀。"① 建设集思想性、知识性、趣味性、服务性于一体的校园网，开展丰富多彩的网络文化活动，展示大学生个人和群体风采。校园网在内容上要及时更新，要选取积极正面的教育内容，要体现大学生关注的热点问题，要针对大学生的思想问题真正为他们解疑释惑。以积极乐观的网络文化引导大学生的网络行为。同时，加强校园网络道德建设，加强对大学生遵守网络规则和网络道德的教育，约束他们的网络行为，增强他们的网络责任意识；加强校园网络管理和监管力度，对一些色情、淫秽、暴力、迷信的信息内容予以严肃查处并坚决剔除，不断净化网络环境，使大学生能安全上网。

（四）健全校园网络心理咨询辅导平台功能，多方位帮助大学生患者从网络心理障碍中走出来

健全校园网络心理咨询辅导平台的功能，尤其是利用好网络心理咨询辅导的交互式平台，能更快更好地解决大学生面临的网络心理问题。网络心理咨询辅导交互平台可以分为一对一交互的个别咨询辅导和一对多的团体咨询辅导。个别咨询辅导是当前高校大学生出现心理问题时较常用的一种咨询方式，它可以采用语音聊天、视频聊天等同步交互工具，也可以采用电子邮件、博客等异步交互工具。个别咨询辅导虽然能够解决一些求询者的网络心理问题，但对于求询者的人际关系改善、人格发展、健康自我意识的持久性等作用不高，在没有相应团体实践助力网络心理问题解决的辅导下，求询者很容易再次回到网络心理障碍的状态中。而团体咨询辅导则弥补了个别咨询辅导的这一缺陷。团体咨询辅导最有优势的方面就是为网络心理障碍者提供了一个行为实践场所，这有利于健康心理状态及行为的持久性。"团体心理辅导是由心理辅导者指导，借助团体的力量和各种个体心理辅导理论与技术，就团体成员面对的心理问题与他们共同商讨，提供行为训练的机会，为团体成员提供心理

---

① 朱斌：《大学生网络心理障碍现状及对策》，《江苏高教》2006年第1期。

帮助与指导，使每一位团体成员学会自助，以此解决团体成员共同的发展或共有的心理障碍，最终实现改善行为和发展人格的目的。""组成团体后个体的群体归属感增强，他感受到社会和心理的支持，服从群体的从众行为增加，群体的稳定性提高，这样咨询师可通过改变群体的认知、态度使个体的心态发生转变——群体对个体有群体感染、群体促进、群体动员、群体压力等心理作用。进入团体后，网络心理障碍者在讨论交流等相互咨询（互询）活动中意识到他们不论是在交流解决问题、探索个人价值、人格形成还是发现他们的共同的情绪体验上，同一团体的人都可以提供更多的观点，并分享团体中的共同资源。在团体咨询的环境中，求询者之间潜在的存在着情绪、态度和行为意向的互动、相互感染的群体氛围和群体压力，存在着成员之间的模仿与监督，这些有利于网络心理障碍者健康心理的获得与稳固，有利于障碍者坚持行为的改善。"[1] 团体咨询辅导可以采用 QQ 群聊、语音聊天室、网络视频广播等同步交互工具，也可采用 BBS 等异步交互工具。团体咨询辅导较个别咨询辅导效果更好，但由于操作程序复杂，以及需要咨询师具备较高的分析归纳问题的能力、程序设计能力、掌控团体能力等，在实践中还有很大难度。

（五）优化社会网络环境，提高大学生健康的心理水平

社会网络环境不仅给我们提供了崭新的学习和生活环境，而且它会改变我们的心理状态。良好的网络环境可以培育出健康的心理，而恶劣的网络环境会使我们产生心理障碍。为了保障大学生网络心理的健康发展，需要社会、政府、网络企业都有所作为，为大学生提供一个良好的社会网络环境。第一，加强网络信息监管，加快对网络信息分年龄、分层次管理，净化网络信息，使大学生避免网络非法、负面信息内容的侵害。第二，制定和网络发展同步的网络法律、法规和政策，实时向大学生普及网络知识、宣传网络规范和网络法律、法规。尤其需要完善有关保护青少年网络心理和行为的立法工作；除此，还要加大网络违规违法的处罚打击力度。努力

---

① 乐国林：《网络心理障碍的团体心理咨询》，《社会》2001 年第 12 期。

创造适合大学生成长、发展的"绿色网络环境"。第三，网络企业也应该依法经营、加强行业自律，为大学生健康心理的发展提供一个良好的社会网络环境。

　　要帮助大学生走出网络心理障碍的困扰，需要学校、社会甚至家庭的通力协作，大学生要通过自身调适能力的不断提高，努力把自己的时间和精力从网络的沉溺中转移出来，回到真实的现实世界中来，进入正常的学习生活轨道上来。

第六章

互联网效应——网络道德

　　随着信息技术的发展，网络已经成为人们生活和学习中的一个重要组成部分，它改变着人们的工作、学习、生活及思想观念，改变着人们的行为方式和思维方式。但"每一种技术或科学的馈赠都有其黑暗面"①，网络给人们带来巨大便利的同时，也带来了负面的影响，出现了很多网络道德问题，甚至导致了严重的网络道德失范，并引发了大量的失范行为。大学生是网民中最活跃的群体，网络道德失范问题也比较突出。因此，必须规范这一群体的网络道德行为，增强他们的网络道德意识，奠定网络文明的基础。

第一节　网络道德失范

一　网络道德的提出

　　"道德"一语，在汉语中最早可追溯到先秦思想家老子所著的《道德经》一书。老子说："道生之，德畜之，物形之，器成之。是以万物莫不尊道而贵德。道之尊，德之贵，夫莫之命而常自然。"其中"道"指自然运行与人世共通的真理，而"德"是指人世的德性、品行、王道。

　　孔子《论语》云："犯上者，鲜矣；不好犯上，而好作乱者，未之有也。君子务本，本立而道生。"钱穆先生的注解："本者，仁

---

① ［美］尼葛洛庞帝：《数字化生存》，胡泳、范海燕译，海南出版社1996年版。

也。道者，即人道，其本在心。"在当时，道与德是两个概念，并无道德一词，"道德"二字连用始于荀子《劝学》篇："故学至乎礼而止矣，夫是之谓道德之极。"

在西方古代文化中，"道德"（morality）一词起源于拉丁语的"mores"，意为风俗和习惯。

马克思主义伦理学认为，道德是一种社会意识，是调整人和人之间以及人和社会之间关系的一种特殊的行为规范的总和。它是以善恶为评价标准，依靠社会舆论、内心信念和传统习惯所维系，来调整人们之间以及个人与社会之间的关系。现实中的道德是伴随着人类社会的产生而产生的，是人类在社会实践的过程中处理人们之间社会关系的一系列的行为准则。所有参与社会生活的人都是道德的主体，现实道德具有一定的广泛性。

网络道德，是指以善恶为标准，通过社会舆论、内心信念和传统习惯来评价人们的上网行为，调节网络时空中人与人之间以及个人与社会之间关系的行为规范。网络道德是伴随着人类进入信息社会后，越来越多的人参与到网络中，处理网络行为中人们各种关系形成的行为准则。[①] 参与网络活动的网民们是网络道德的主体。随着网络的应用，网络中的一些社会关系刚刚出现，还不稳定，网络中的行为往往没有统一完善的准则来参照，网络行为的约束更多的是靠网民的自律，网络道德的约束力不足，这将导致一系列的网络道德失范问题。

二　网络道德失范的表现

（一）网络道德失范概念界定

失范是社会学中的一个概念，失范（anomie），亦称脱序，由于社会规范失调产生一种社会反常的状态，即在一个社会中缺乏人们可以共同遵守的行为准则之意。法国社会学家迪尔凯姆首次将这一概念引入社会学。杰克·D.道格拉斯艾、弗兰西斯·C.瓦克斯勒在《越轨社会学概论》将失范注释为："一种准规范缺乏、含混或

① 楚颖惠、刘京娟：《网络道德与现实道德之间的关系》，《大家》2011 年。

者社会规范变化多端，以致不能为社会成员提供指导的社会情境。"迪尔凯姆认为失范主要指一种对个人的欲望和行为的调节缺少规范，制度化程度差，因而丧失整合的混乱无序的社会状态。

法国社会学家涂尔干认为"失范"具有以下几个方面的内涵：首先，"失范"指的是社会运行过程中的一种病态和一种不正常的现象；其次，认为在社会运行过程中之所以出现这种病态和不正常的现象，是由于缺少一套具有凝聚力和调节力的规范体系；最后，认为失范现象严重的威胁到了社会的正常运行和发展。因此，为了遏制"失范"对社会的不健康影响，就要把精力集中在道德建设上，因为"人们的欲望只能靠他们所遵从的道德来遏制"。① 我国学者高兆明认为：所谓道德失范是指"在社会生活中，作为存在意义、生活规范的道德价值及其规范要求或者缺失，或者缺少有效性，不能对社会生活发挥正常的调节作用，从而表现为社会行为的混乱"。②

由于现实社会中原有的道德价值观念、行为模式和道德规范体系，在网络社会中逐渐地失去了对社会成员的影响力和约束力，从而使得人们要求建立新的道德规范体系以适应网络社会的要求，但由于这种新的道德规范体系尚未形成，并且已有的规范体系也尚未被普遍接受，从而导致网络道德的混乱或堕落。因此网络道德失范，是指网络社会生活中的基本道德规范的缺失与不健全所导致的社会道德调节作用的弱化以及失灵，个体的道德行为暂时出现某种程度失控的状况，并由此产生整个网络社会行为层面的混乱和失序。③

（二）网络道德失范表现

信息技术发展日新月异，与之伴随而来的网络道德失范问题层出不穷，给人类正常的生产、生活带来非常严重的影响。

---

① ［法］埃米尔·涂尔干：《社会分工论》，生活·读书·新知三联书店 2002 年版，第 15 页。

② 高兆明：《简论道德失范范畴》，《道德与文明》1999 年第 6 期。

③ 徐元红、尚丽：《网络社会道德失范现象的反思》，《政工研究动态》2008 年第 13 期。

第一，网络色情与暴力。

近几年网络色情以及经由网络散布的暴力文化已经成为世界各国面对的一大公害，美国将网络色情危害程度排在毒品之上，并给予前所未有的打击力度。从 2002 年下半年起中国的网络色情呈愈演愈烈之势，一些大的门户网站充斥低俗信息，有传播色情影片的视频类网站，有发布淫秽色情内容的图片类网站，有散布情色信息的医疗健康类网站，还有一些境内空壳类网站链接境外色情网站。另外，一些视频播放软件及手机客户端、网络硬盘、网络资源下载工具等成为淫秽色情及低俗信息滋生地。美国匹兹堡的卡内基—梅隆大学的一个研究小组对联机上的色情内容进行详细调查，考察了971410 种赤裸裸的性照片、描述、小说和影片，发现这些色情内容几乎遍及互联网的各个角落。一些色情淫秽网站只是象征性的提示"18 岁以下禁入"，实际上对浏览网页的网民没有任何限制。这对于身心处于发育阶段的青少年来说，危害更大。浙江省团委于 2013年 8—11 月对全省 14—35 周岁青少年手机网络使用环境进行了调查、访谈。调查发现，有 59% 的青少年偶尔或经常浏览色情、暴力等不良信息。同时，青少年通过手机网络浏览色情、暴力等不良信息呈现低龄化，在 14—17 周岁未成年人被调查者中有 52.4% 偶尔或经常浏览色情、暴力信息，在 18—22 周岁青少年群体被调查者中有 67% 偶尔或经常浏览色情、暴力信息。① 色情和暴力直接危害青少年的身心健康，危及中国的下一代。

第二，网络犯罪。

网络犯罪，是指违反国家法律规定，借助于网络进行的妨害计算机信息交流或者严重危害社会，依法应负刑事责任的行为。网络犯罪有多种类型，如利用计算机实施金融诈骗罪；利用计算机实施盗窃罪；利用计算机实施贪污、挪用公款罪；利用计算机窃取国家秘密罪；利用计算机实施其他犯罪：电子讹诈；网上走私；网上非法交易；网上洗钱；网上诈骗；电子盗窃；网上毁损商誉；网上侵犯商业秘密；网上组织邪教组织；在线间谍；网上刺探、提供国家

_____

① 《59% 青少年手机上网浏览不良信息》，《中国青年报》2014 年 1 月 4 日第 1 版。

机密的犯罪。网络犯罪造成了巨额经济损失，2014年6月9日美国战略与国际问题研究中心（CSIS）公布的数据显示，全球范围内的网络犯罪每年可造成约4450亿美元的经济损失，并且呈逐年上涨的态势。

第三，散布虚假信息。

网络主体利用网络的快捷、便利、隐蔽性特征，为了达到个人目的，以匿名身份或假冒他人身份肆意散布或传播一些无中生有的谣言、假信息，混淆是非。有人捏造损害他人名誉的事实并在网络上散布，诽谤他人；有人编造虚假信息，并在网络上散布，起哄闹事，扰乱公共秩序；有人以在网络上发布、删除等方式处理信息为由，对他人实施威胁、要挟，索取公私财物；还有一些所谓"网络公关公司"和"网络推手"，通过在信息网络上为编造的虚假信息提供发帖等服务，非法牟取经济利益，聚敛钱财。这些行为不仅严重侵害公民切身利益，也严重扰乱网络公共秩序，直接危害社会稳定。

案例

备受关注的网络推手"秦火火"（原名秦志晖）涉嫌诽谤罪、寻衅滋事罪一案今日上午9时将在北京市朝阳区人民法院开庭审理。据办案民警统计，从2010年注册微博开始，秦志晖造谣及传谣共计约3000余条信息。

2013年8月，北京警方通报，警方打掉一个在互联网蓄意制造传播谣言、恶意侵害他人名誉、非法攫取经济利益的网络推手公司——北京尔玛互动营销策划有限公司，抓获秦志晖（网名"秦火火"）、杨秀宇（网名"立二拆四"）及公司其他两名成员。

警方在调查中发现，秦、杨等人先后策划、制造了一系列网络热点事件，吸引粉丝，使自己迅速成为网络名人。如利用"郭美美个人炫富事件"蓄意炒作，编造了一些地方公务员被要求必须向红十字会捐款的谣言，恶意攻击中国的慈善救援制度，并将著名军事专家、资深媒体记者、社会名人和一些普通民众作为攻击对象，恶意造谣抹黑中伤。

警方查明，秦、杨二人曾公开宣称：网络炒作必须要"忽悠"网民，使他们觉得自己是"社会不公"的审判者，只有反社会、反体制，才能宣泄对现实不满情绪。他们公开表示："谣言并非止于智者，而是止于下一个谣言。"他们甚至使用淫秽手段对多位欲出名女孩进行色情包装，"中国第一无底限"暴露车模、"干爹为其砸重金炫富"的模特等均是他们"引以为豪"的"杰作"。他们的行为严重败坏社会风气，污染网络环境，造成恶劣影响，有网民称其为"水军首领"，并送其外号"谣翻中国"。

2011 年 7 月 23 日，甬温线铁路发生"动车追尾"重大交通事故后，秦志晖在自己的微博上发布一条信息，称中国政府花 2 亿元天价赔偿外籍旅客，短短的两小时后，该微博被转发 1.2 万多次，而秦的粉丝增加了 1500 多人。

秦志晖向办案民警供述，他的理念是：必须要煽动网民情绪与情感，才能把那些人一辈子赢得的荣誉、一辈子积累的财富一夜之间摧毁。秦志晖被抓获时，任一家公司社区部的副总监，负责网络推广、宣传。据秦志晖供述，秦已认为自己"初步出名"，许多网民也称其为"谣翻中国"，其微博粉丝上万，粉丝中甚至有个别"大V"。

据办案民警介绍，秦、杨等人组成网络推手团队，伙同少数所谓的"意见领袖"，组织网络"水军"长期在网上炮制虚假新闻、故意歪曲事实，制造事端，混淆是非、颠倒黑白，并以删除帖文替人消灾、联系查询 IP 地址等方式非法攫取利益，严重扰乱了网络秩序，其行为已涉嫌寻衅滋事罪、非法经营罪。

被指控诽谤罪、寻衅滋事罪两项罪名

检方指控，秦志晖于 2012 年 12 月至 2013 年 8 月，使用"淮上秦火火""炎黄秦火火""东土秦火火"等微博账户，捏造损害杨澜、张海迪、罗援等人名誉的事实，在网络上散布，引发大量网民转发和负面评论。

2011 年 8 月 20 日，为自我炒作、引起网络舆论关注、提升知名度，秦志晖使用名为"中国秦火火_ f92"的新浪微博账户编造、散布虚假信息攻击原铁道部，引发大量网民转发和负面评论。

检方认为，秦志晖捏造损害他人名誉的事实在网络上散布，造成恶劣社会影响，严重危害社会秩序；编造虚假信息在网络上散布，起哄闹事，造成公共秩序严重混乱。其行为已经触犯了刑法，应当以诽谤罪、寻衅滋事罪追究其刑事责任。

（资料来源：2014 年 4 月 11 日，中国新闻网）

2013 年 9 月，两高公布《关于办理利用信息网络实施诽谤等刑事案件的司法解释》，《解释》规定，利用信息网络诽谤他人，同一诽谤信息实际被点击、浏览次数达到 5000 次以上，或者被转发次数达到 500 次以上的，应当认定为刑法第二百四十六条第一款规定的"情节严重"，可构成诽谤罪。

《解释》还规定，利用信息网络实施辱骂、恐吓他人，情节恶劣，破坏社会秩序的犯罪行为；以及编造虚假信息，或者明知是编造的虚假信息，在信息网络上散布，或者组织、指使人员在信息网络上散布，起哄闹事，造成公共秩序严重混乱的，以寻衅滋事罪定罪处罚。

中国刑法规定，犯诽谤罪的，处三年以下有期徒刑、拘役、管制或者剥夺政治权利。关于寻衅滋事罪，中国政法大学教授阮齐林介绍，一般判处 5 年以下有期徒刑，严重者可能判 5 年以上有期徒刑。

第四，网络攻击。

网络攻击行为最典型的表现是计算机病毒的传播和网络黑客的骚扰。计算机病毒是指编制者在计算机程序中插入的破坏计算机功能或者破坏数据，影响计算机使用并且能够自我复制的一组计算机指令或者恶意的程序代码，具有多样性和传染性，可以繁殖，传播速度快、范围广，危害程度令人触目惊心。有关统计表明，每年出现的新病毒约 1.2 万种，并通过互联网向世界各地传播，造成的破坏日益严重。2007 年 1 月初，熊猫烧香病毒肆虐网络，据统计，全国有上百万台电脑遭受感染，数以千计的企业受到侵害，造成的经济损失达 76 亿元。中国互联网信息中心调查报告显示，2013 年我国网购用户规模已达到 3.02 亿人。然而这一年，360 互联网安全中心共截获各类新增恶意程序病毒样本 18.8 亿个，截获各类新增钓鱼网站 220.1 万个。

网络黑客的骚扰。黑客是英语"Hacker"的音译，"Hacker"一词，最初曾指热心于计算机技术、水平高超的电脑专家，尤其是程序设计人员。到了今天，黑客一词已被用于泛指那些专门利用计算机病毒搞破坏的家伙。黑客凭借高超的电脑技术，出于对计算机技术好奇、挑战等心理，他们往往非法进入他人计算机网络系统，破坏、扰乱、篡改、删除网络程序、读取或变更数据，窥视别人网络上的秘密，如政府和军队的核心机密、企业秘密、个人隐私甚至直接盗取银行账号，盗用巨额资金。据美国《金融时报》报道，全球平均每 20 秒就发生一起计算机入侵事件，互联网上的网络防火墙，超过 1/3 被突破过。根据中国国家互联网应急中心发表的报告，2012 年，7.3 万个境外 IP 地址作为木马或僵尸网络控制服务器参与控制中国境内 1400 余万台主机，3.2 万个 IP 通过植入后门程序对中国境内近 3.8 万个网站实施远程控制。黑客行为严重干扰了网络社会的正常秩序，对网络信息和安全构成巨大威胁，给人们带来物质的损失和精神、心理的影响。

上述行为污染了网络环境，亵渎了网络文明，诱发了许多社会问题。现在，我国已有 6 亿多网民，随着发展，网民队伍必将进一步壮大，面对这样一支庞大的队伍，网络道德失范问题必须引起高度重视，明确原因，采取有效措施予以解决。

三　网络道德失范的成因

（一）从网络主体来看，网络主体缺乏自律能力和责任意识

随着我国改革开放的深入发展，人们的思想观念和生活方式发生深刻变化，特别是随着我国经济、政治、文化等各项制度改革的不断深入，各种利益主体之间的矛盾也随之激烈碰撞，由此引发的

社会矛盾和问题趋向复杂，如收入分配差距拉大导致的两极分化问题，群众上学难、看病难、住房难、保障难问题等。当外部环境造成的心理压力在现实生活中得不到排解时，就容易到网络中去宣泄。而网络社会中的道德不像传统道德那样，可以依靠舆论来规范自己的个体行为，在网络空间里人是自由的，许多网民缺乏道德自律能力，对网络自由滥用而无节制，加上社会责任意识的缺乏，其网络行为往往会冲破道德的防线，表现为极端的自我。此时，自我控制能力下降，对社会评价的关注降低，通常的内疚、羞愧、恐惧和承诺等行为控制力量都被削弱，从而导致了网络道德失范和网络犯罪行为的频频发生。

（二）从网络自身来看，网络以其自身的自由性、开放性、全球性、隐蔽性和匿名性，为网民提供宽松自由环境的同时，也带来道德失范行为的频发

网络的自由性赋予了网民极大的自由权，网络对于网民来说是一片自由的精神家园，网络世界里，网民摆脱了现实社会关系的影响，可以自由高谈阔论，评点世事百态。"自由"是一把双刃剑，由于缺乏必要的约束，一些人受双重或多重价值标准的影响，而又缺乏统一的权威性的道德理想时，必然造成社会舆论监督的混乱和道德良知的淡化，使社会道德控制系统无法发挥其功能，在网络上肆意发布有害信息，发表不负责任的言论，甚至走向犯罪的深渊，给现实社会带来严重危害。

网络的开放性和全球性为不良信息的传播拓展了空间。互联网是开放的，为不同种族国家、不同风俗文化、不同宗教信仰以及不同语言的共存与发展提供了交流平台。网上信息可以不受限制地进行自由流通、跨国传播。它的出现为全球信息资源的共享提供了便利，但是网上信息无奇不有、良莠共存，它给人类带来一些有用信息的同时，也带来了一些与人类道德文明相悖的东西，出现大量的不良信息并呈泛滥之势，比如，淫秽、色情、凶杀、暴力、迷信、伪科学、邪教、反动、欺诈等，不仅严重败坏社会风气，污染社会环境，而且腐蚀了青少年的心灵，对未成年人的人生观、世界观和价值观产生巨大冲击，对未成年人的道德品质带来了不可忽视的负

面影响，引发了诸多违法犯罪等社会问题。

　　网络的隐蔽性和匿名性成为网络主体为所欲为的保护伞。网络是一个由图文所构成的虚拟世界，网络交往的最大特点在于人们不必以自己的真实面目出现，人们可以戴上各种各样的面具，也不用担心自己的面具被揭穿。因此，虚拟的社会为网民们提供展示"真我"的舞台，现实社会中真实的人进入网络这个虚拟的世界后便可以摘下现实社会中的"面具"，能够赤裸裸地尽显其人性的阴暗面，而网络的匿名性，则更使这种情况达到极端。因此，各种虚假信息、淫秽信息和网络病毒泛滥，使网络犯罪日益猖獗却不易被发现。

　　（三）利益的驱动为网络道德失范设置了平台

　　思想是行动的先导，思想决定行动，利益驱动行为。任何人的任何行为都有自己的目的和动机。为了达到个人目的，每个人都会采取一定的手段：有的网民要提高自己的点击率，就发布一些能够吸引人眼球的信息；有的演员要提高自己的知名度，就散布一些绯闻；有的人要获得经济利益，就发布虚假而具有诱惑力的信息。由于不正当的经济利益的驱动和商业利润驱使，使人们蔑视道德和法律而在网络这个"自由时空"中为所欲为，例如，制黄贩黄、网络诈骗、偷窃、侵犯知识产权、对资源的不正当的垄断等都直接或间接与经济利益有关。据瑞星公司统计，2008 年 1—10 月底，在该公司截获的新病毒 9306985 件中，90% 以上都与经济利益有关，主要手法是设法侵入用户电脑，窃取用户账号以最终获取暴利。①

　　（四）网络监管技术方面存在的漏洞使网络道德失范有了可乘之机

　　网络监管，主要负责对互联网网络的监督、监管和检查，主要是监管外部的网络状况。技术手段在监督、控制网上行为，确保网络信息安全方面有不可替代的独特优势与功能。虽然我国在网络监管技术方面已经取得了显著成就，但网络监控技术永远处于不断完

---

　　①　瑞星公司：《中国大陆地区 2008 年电脑病毒疫情和互联网安全报告》，2008 年 3 月 4 日。

善的境地，新技术有新的漏洞和自身固有的弱点。不怀好意的黑客们总能找出技术上的漏洞，突破网络安全的防线，实施各种侵入和进行破坏活动。由此可见，技术手段因其内在的脆弱性和外在的局限性，对网络的监控功能大打折扣，加上网络无边际，技术监控的范围毕竟有限。当前，我国没有一种可以自动地阻止不道德的言论和不道德的行为在网上自由传播的技术，没有一种能自动地堵截和封锁不良信息在网上传播的技术，没有一种能自动地过滤和删除网上各种有害信息的技术，为网上不道德行为提供了一定的生存空间。

（五）网络政策与法制还不健全是网络道德失范的重要原因

互联网的快速发展急需出台相关的法律法规，但是针对网络的部门性监管和指导性法律法规滞后。尽管我国先后颁布实施了几十项网络法律法规，但不少相关法规都是信息产业部门、公安部门、工商行政管理部门等部门结合自身需要制定的，存在着立法主体多、层次低，缺乏权威性、系统性和协调性的问题。目前，我国还没有一部完善的网络基本法，没有建立起结构功能明晰的法制体系，加上已有的一些法律法规位阶较低、法律效力不强，导致执法效果不好。另外，法律法规滞后于网络发展的实践，如有关法规规定："故意制作传播病毒危害计算机信息系统安全的，由公安机关处以警告或者对个人处以5000元以下的罚款、对单位处以15000元以下的罚款；有违法所得的，除予以没收外，可以处以违法所得1至3倍的罚款。"[①] 该条款对责任者处罚较轻，不足以对网络犯罪分子产生震慑作用。还有部分条款的相关规定比较模糊，缺乏可操作性，使公安机关在侦破相关案件时无法可依，从而给不法分子留下可乘之机。

四　网络道德失范的对策

十八大报告提出，加强和改进网络内容建设，唱响网上主旋律。加强网络社会管理，推进网络依法规范有序运行。面对网络社

---

① 中华人民共和国国务院：《中华人民共和国计算机信息系统安全保护条例》，1994年2月18日。

会如此严重的道德失范现象，必须加强网络建设和管理，营造良好的网络环境，构筑健康的网络道德。

（一）加大对网络主体的宣传教育力度，提高其自律能力

网络社会是现实社会在网络中的延伸，网络社会交往中的道德失范更多的是源自网络社会交往主体的自制力不足和现实社会中道德教育的不完善。不论人们在网络中的身份怎样，他们总是离不开真实的生活的。因此，必须在现实生活中加强网民的思想道德教育，正如《公民道德建设实施纲要》要求的，"要引导网络机构和广大网民增强网络道德意识，共同建设网络文明"①。第一，加强现实生活中的思想道德教育。要深入学习贯彻十八大和十八届二中、三中全会精神，紧紧抓住"富强、民主、文明、和谐，自由、平等、公正、法治，爱国、敬业、诚信、友善"24个字，利用报纸、电视、网络等各种宣传媒体，加强社会主义核心价值观的宣传教育，使社会主义核心价值观内化为人们的精神追求、外化为人们的自觉行动。引导网络主体在生活中互相尊重、互相关心、互相帮助，和睦友好，树立正确的世界观、人生观和价值观，加强爱国主义、集体主义和社会主义荣辱观的教育，强化他们的社会责任感，使之自觉抵制不道德行为，提高网络主体的自律能力。第二，借鉴传统道德中符合和谐社会建设的内容。在中国古代教育中，品德教育是放在第一位的，中国古代思想家很早就有关于道德建设的描述，产生了很多涉及道德规范、道德标准的有价值的思想。如孔子提倡"克己复礼""仁者爱人""子以四教：文、行、忠、信"；荀子也说过："圣也者，尽伦者也"，他们提倡将个体道德上升到社会道德的高度，将外部道德规范内化为个人品质。

（二）制定和完善网络道德规范

网络是人类开拓的另一个活动空间，在网络世界里，人与人之间的关系表现出间接性的特点，网络社会中的道德不像传统道德那样来约束自己，传统的道德规范在这里失去了应有的力量。然而，网络世界的行为同现实社会一样，需要道德规范和原则加以约束。

---

① 《公民道德建设实施纲要》，《人民日报》2001年10月25日第1版。

因此，许多国家非常重视规范网络道德建设，纷纷研究并制定了一系列的网络道德规范。如美国计算机伦理协会（Computer Ethics Institute）就曾制定了如下的"计算机伦理十诫"：（1）你不应当用计算机去伤害他人；（2）你不应当干扰他人的计算机工作；（3）你不应当偷窥他人文件；（4）你不应当用计算机进行偷盗；（5）你不应当用计算机作伪证；（6）你不应当使用或拷贝没有付过钱的软件；（7）你不应当未经许可而使用他人的计算机资源；（8）你不应当盗用他人的智力成果；（9）你应当考虑你所编制程序的社会后果；（10）你应当用深思熟虑和审慎的态度来使用计算机。美国的计算机协会（The Association of Computing Machinery）是一个全国性的组织，它希望它的成员支持下列一般的伦理道德和职业行为规范：（1）为社会和人类做出贡献；（2）避免伤害他人；（3）要诚实可靠；（4）要公正并且不采取歧视性行为；（5）尊重包括版权和专利在内的财产权；（6）尊重知识产权；（7）尊重他人的隐私；（8）保守秘密。南加利福尼亚大学也提出了网络不道德行为的类型，即：有意地造成网络交通混乱或擅自闯入网络及相连的系统；商业性地或欺骗地利用大学计算机资源；偷窃资料、设备和智力成果；未经许可而接触他人的文件；在公共用户场合做出引起混乱或造成破坏的行为；伪造电子邮件信息。只有制定和完善了网络道德的基本规范，人们才能对究竟什么是道德的或不道德的行为做出具体判断，才能提升人们在网络交往中的人格水平。我们应该借鉴发达国家的做法，根据我国实际，制定网络道德规范，规范网民网上行为。

（三）加强网络安全技术的研究开发，净化网络环境

网络时代是一个技术取胜的时代，无论是阻止网络道德失范，还是预防网络犯罪，都要有足够的技术手段才行。"人类依靠技术途径与仪器工具系统的支持超越自然物种的限制"[①]，人类依靠技术才能控制技术。只有以技术克技术，才能彻底地杜绝其发生的可能

---

① 刘大椿：《技术何以决定人之本质》，《东北大学学报》（社会科学版）2006 年第 1 期。

性。如果要在网络自身的安全建设中能够有效地阻止黑客、病毒和其他网络犯罪入侵，政府就要加大资金投入，加快网络安全技术和安全设备的研究开发，创新网络监管技术，或引进新技术、新产品，从而提高监管水平。

（四）健全和完善网络法律法规

网络社会的道德失范治理，离不开法律框架提供的根本支撑，网络社会的发展也必须建立在法制的基础上。网络法律的制定已得到了各国政府的密切关注，1986 年美国国会通过了《计算机诈骗和滥用条例以及电子通信隐私权法》。2000 年 6 月，印度政府颁布了《信息技术法》（印度人一般称作"网络法"）。该法专门针对网络犯罪而定，为打击网络犯罪、维护网络安全提供了一个基本的法律框架。该法规定，黑客将被处以罚款和监禁，监禁时间最高可判 3 年，网上传播淫秽色情信息者将面临最高为 5 年监禁的惩罚。近年来，我国全国人大及其常委会制定了涉及互联网问题的 3 部法律：《全国人大常委会关于维护互联网安全的决定》《中华人民共和国电子签名法》和《全国人大常委会关于加强网络信息保护的决定》。由国务院制定的行政法规共计 17 部；司法解释共计 52 部，其中，由最高人民法院制定的 41 部，最高人民检察院制定的 11 部；国务院各个机构制定的部门规章总计 142 部，涉及商务部、教育部、文化部和信息产业部等多个部委；各个地方制定的现行地方性法规多达 335 部，其中，省级地方法规 268 部，较大市地方性法规 55 部以及经济特区法规 12 部，各地方政府规章 274 部。除此之外，还有规模更为庞大的地方性规范文件。到目前为止，我国还没有一部由全国人大颁布的《网络法》，更没有相应的《网络安全法》《网络监管法》《网络舆论监督法》。必须要改变立法主体多、层次低，缺乏权威性、系统性和协调性的状况，要制定针对网络问题的基本法律法规，用以规范统一网络行为中出现的基本问题，要修改和完善原有的法律法规，对涉及网络的部门法应逐条排查，将不能适应网络社会发展要求的条款予以废止或修改，将规定模糊或相互矛盾的条款也予以明确化、具体化和统一化。这样可以发挥法律对于网络社会群体意识的威慑力、道德底线功能，促使网络使用者树立善恶、对错观念。

第二节　大学生网络道德行为规范

随着网络的日益普及、高校信息化进程的加快和智能手机的普及，大学生已经成为互联网的主力军。"上网"在大学生的日常生活里的频率已位居榜首，现代的大学生活和网络息息相关，网络已经成为大学生获取知识、信息和休闲娱乐的重要工具。网络为大学生提供丰富信息的同时，也带来一些消极影响，大学生网络道德失范行为也比较突出。

一　大学生网络道德失范的表现

（一）网络色情

色情行为是指网络主体浏览色情网页、制造和传播与色情有关的信息，比如文字、图片、视频等，或进行色情聊天等行为。大学生的网络色情行为一般表现为浏览色情网站。大学生的年龄一般都在 19—23 岁之间，他们正处于青春期性成熟阶段，对异性的一切充满好奇，有强烈的性冲动，网络色情对大学生极具诱惑力。现在的大学生生活条件很优越，基本上每人都有电脑和手机，打开网页，打开视频，涉黄页面随处可见。在缺乏家庭、社会和学校的监督下，大学生的网络色情行为就非常普通和常见。有研究显示，大学生男生中浏览色情网站和发布色情信息行为的比例高达 62.8%，是女生比例的两倍多，有近 40% 的被调查大学生偶尔或经常浏览色情网站、发布色情信息，有的甚至有过网络虚拟性行为，这种不良行为很容易引发他们性心理的畸形发展，受到色情信息侵蚀后的大学生，还很容易产生婚前性行为，对身体造成伤害。

（二）网络侵权，丧失诚信

由于网络的隐匿性，人们的网上行为较难追究责任。有的大学生在网络上隐藏自己的真实身份，用虚假个人信息注册网站用户，在网上说谎、欺骗他人和发表不真实的言论；有的在网上破解别人密码，盗窃他人资料，窥视别人信箱中的内容。对他人进行情感上的欺骗和钱财上诈取等行为。此外，存在利用网络进行学术造假行为。网上海量的信息和信息获取的容易性使一些大学生在写作业、做调查报告或写论文的时候，不愿去广泛阅读认真独立思考，也不愿去图书馆、资料室查阅资料，不愿走出校园实地考察，而是登录搜索网站，输入关键词获得海量资料，然后进行拼凑变为自己的论文，有的甚至将网上别人的文章整篇下载，将作者名字改为自己的名字直接上交，这种随心所欲地剽窃他人的学术成果进行学术造假已成为大学生学习的常态。

（三）网络语言暴力

网络语言暴力指运用恶意、侮辱、伤害性的文字语言直接或间接对他人进行谩骂、诋毁、蔑视、讥讽等歧视性语言行为，致使对方的人格尊严、精神和心理健康遭到侵犯和损害。网络语言暴力是一种社会软暴力，是语言暴力在网络上的延伸，网络语言暴力本身虽是语言的一部分，但要比传统的语言暴力拥有更大的影响力。①大学生网络语言暴力的具体表现形式之一是肆意谩骂以及使用人身攻击语言。生活在现实社会中的人迫于传统习俗和社会舆论的压力，彼此之间的交流会比较注意自己的言行举止，一般不会使用粗鲁的语言去激怒和伤害对方。而网络中每个人的存在都是以虚拟的、数字化的、符号形式出现的，这给大学生宣泄自己的不良情绪提供了机会和场所。目前，大学生的网络交往主要通过 BBS、腾讯QQ、MSN、聊天室、博客、论坛、贴吧等进行。在网络中缺乏应有的道德约束和道德惩戒，他们的网络交流就"随心所欲"，心有所想随即在论坛上发帖，或将状态更新在微博、人人网上，为了发泄自己的情绪，随意地用粗俗甚至暴力倾向的语言对他人谩骂或者人身攻击，对他人造成精神上的伤害。

大学生网络语言暴力表现之二是散播谣言。一些大学生对未证实的或不属实的网络事件进行传播和发布，不仅败坏个人名誉，给

---

① ［美］诺尔·纽曼：《民意——沉默的螺旋发现之旅》，翁秀琪等译，台北：远东出版社 2010 年版。

受害人造成极大的精神困扰，还损害国家形象，影响社会稳定。2011 年 10 月 20 日，重庆交通大学土木建筑学院 2006 级本科生皮某某在百度重交吧以"我热，针 ci 事件居然闹到重庆了"为题发帖，引起许多网友关注并回帖。"针 ci"信息很快在该校部分学生中传播，并引起了一定程度的不稳定情绪。

大学生网络语言暴力之三是网络恶搞。网络恶搞是指借助网络载体，对具有一定影响力的人物、事件、作品，以图像、声音、视频等方式进行夸张的重新定义并形成新的作品，表达与众不同的思想感情，用一种讥讽、幽默的全新视角来诠释所谓的传统和经典。①青年大学生以自己的较高情商、聪颖才智、澎湃激情、立异性格、广博学识，成为网络恶搞的主体和参与者。但是网络恶搞要有一定的法律和道德底线，一旦超越和突破了道德和法律的底线，就会对他人、对社会甚至国家造成伤害，事情就会走向反面。一些亵渎经典、否定历史、丑化英雄、混淆是非、颠倒黑白的恶搞，就要严厉制止，如刘胡兰英勇不屈被国民党戕杀，被恶搞成惨死在乡亲们的铡刀之下；《闪闪的红星之潘冬子参赛记》中的小英雄潘冬子成了一个整日做明星梦希望挣大钱的"富家子弟"，其父亲变成了"地产大鳄"潘石屹，而母亲则一心想参加《非常 6+1》，她的梦中情人是主持人李咏；人们心目中的英雄雷锋，"是因为帮人太多累死的""是由于驾驶技术不好死的"。诸如此类的网络恶搞使各种复杂的社会道德关系和道德行为真假难辨、是非不明，导致部分青年学生道德价值评价模糊。

（四）网络破坏行为

破坏行为是指网络主体蓄意制造和传播计算机病毒，来破坏计算机程序、数据和信息以及网络系统的行为。大学生是一个熟练掌握计算机知识的群体，其中有极少数人凭借精湛的技术，随意编制或散播网络病毒，侵入并破坏他人的电脑信息，危害网络公共安全，给全社会带来了极大的危害。例如，在 2006 年被列为十大病

---

① 马明辉：《网络恶搞对大学生思想道德教育的影响分析》，《高教论坛》2011 年第 3 期。

毒排行榜之首的"熊猫烧香"，就是由武汉某高校大学生雷磊和李俊所编制及散播，社会影响极其恶劣。

二　大学生网络道德失范的成因

唯物辩证法认为，事物发展变化是由内因和外因共同作用的结果，其中，外因是事物变化的条件，内因是事物变化的根据，外因通过内因起作用。大学生网络道德失范问题的出现，既有大学生自身的内因，也有网络、社会环境以及高校德育工作等缺失的外因。对大学生网络道德失范问题形成的原因进行科学的分析，是防治大学生道德失范的实践基础和根本前提。

（一）内在原因

从心理学的角度看，"个体行为主要是指由个人意识所支配的、具有内在动机的、有目的的行为。青年个体的行为特征是与青年其他特征如生理、性格、气质、社会角色相联系相制约的"。[1] 大学生网络道德失范行为属于大学生的个体行为。任何事情的结果都是在内因的主要作用下发生的，网络道德失范行为产生的原因，从大学生个体的内因方面来讲，主要体现在以下三点。

第一，大学生的身心特点是引发网络道德失范的重要根源。大学生群体一般在18—25岁年龄段。这个阶段是人成长过程中由不成熟逐渐走向成熟的关键时期，也是人成长过程中的一个特殊时期。大学生发展的特殊性有：首先，大学生虽具备较强的自我意识，但独立自主性较弱。自我意识从童年期就开始萌发并逐步发展，青少年时期是独立自主意识发展最快的时期，青年时期的大学生的自我意识明显增强。一方面有明确的自我存在感，从而以一个独立的个体来看待周围世界。他们离开父母，开始独立生活，在大学校园这个十分强调独立、注重自我确立的地方，他们按照自己的方式安排生活，注重自我表现和自我实现，希望自己的认识和观点能受到他人的重视，希望自己成为具有独特风格的人。另一方面大学生又渴望通过各种渠道进一步完善和发展自我，使社会视他们为

---

① 洪守义：《青年行为学》，中国青年出版社2004年版，第44页。

成熟的个体。但是，大学生在处理问题时又有较强的依赖性，独立自主能力较弱。开放而自由的网络世界强化了他们的依赖心理。很容易导致网络成瘾或不良行为。其次，非智力因素发展较慢。大学生思维敏捷，有强烈的求知欲，乐于追求新思想和新生活，容易接受新鲜事物，通过专业训练、系统学习，抽象逻辑思维能力得到进一步的发展，智力水平大大提高，分析问题、解决问题的能力增强。但是他们情感丰富但不稳定、情绪波动大、容易冲动、做事意志薄弱等。在现实生活中，紧张的生活节奏、学业和就业的压力等使他们感到精神压抑、身心疲惫，而又无法排解时，网络的出现正好迎合了他们的心理，他们找到了一个释放心理压力、舒缓情绪的空间，在网络中找到慰藉。一些在群体生活中得不到尊重的大学生，不被认可时，极易产生孤僻、自卑心理。为了寻找认同和满足，他们就借助网络媒介来宣泄压力、躲避现实、寻找价值，尤其是自制力弱，自律能力不强的大学生在网络空间流连忘返，放纵自己，在网络上的行为更容易偏激和出轨。最后，科技知识较为丰富，但人文价值取向比较模糊。在科学技术一日千里的今天，大学生更多的是享受高新技术带来的便捷，却没有看到因为忽视人文价值给自然和社会带来的危害。

第二，大学生道德认识水平低，道德价值观念模糊。社会主义市场经济有着多元化的经济成分和多样化的分配形式，必然会产生多元化的利益集团，产生多元化的利益，多元化的利益与多元化的主体交织在一起，必然会产生道德观念的多样性。由于大学生心理的不成熟，面对纷繁的社会生活和多元化的社会价值观时，不少学生会有道德困惑，表现为道德评价标准模糊或徘徊于道德底线之上或之下，道德观念日趋模糊。在现实生活中受到舆论的约束，一般能做到遵守道德规范，在网络社会中某些大学生因为道德价值标准模糊化或没有道德标准，经常发生违反道德的行为。

第三，大学生道德知行脱节。"知"指道德知识，"行"指道德行为。知行合一指有怎样的道德知识，就会有怎样的道德行为。知行合一原则是人生哲学和道德哲学的基本原则。大学生经过长期的家庭教育和学校教育，已经掌握了基本的道德规范与准则。对于是非、善恶问题，他们一般都能做出正确的判断，但在行为上却是说归说，如大学生虽然认同"克己奉公""重义轻利"的价值取向，但在行动上却表现为"见利忘义"。在网络社会中，由于主体身份的虚拟性，网络主体容易抛弃外部舆论和规则对其现实身份的约束，知行脱节的现象更为严重。如有的大学生明知使用脏话是不道德的，但还是明知故犯，明知查看他人隐私，侵犯知识产权行为是不道德的，但这种现象还是经常发生。

（二）外在原因

第一，由网络特点决定的。网络展示给大学生的是一个特殊的环境，由于它具有以下特征，它对处于这样一种新的客观环境中的主体的行为影响十分明显，主要表现在如下几个方面。

首先，网络的自由性。网络生活中有着很大的自由空间。理论上讲，"任何人不用通过政府机构批准、检查、修改，就可以在网络上制作他人能够阅读到的网页，或者通过电子邮件、网上论坛等各种方式向量多面广的网民传播信息"。[①] 网络的自由性使大学生有机会获得更多的信息，给大学生带来了一个与现实环境完全不同的境遇。现实环境中的道德和法律，对大学生的行为是一种约束，相比较而言，网络中则没有强有力的外在约束力，致使很多大学生都认为网络是"自由的天堂"，他们在网络境遇中很容易放弃一些已掌握的道德规则，正如《境遇伦理学》中所讲到的那样，"境遇论者在其所在社会及其传统的道德准则的全副武装下，进入每个道德决断的境遇。他尊重这些准则，视之为解决难题的探照灯。他也随时准备在任何境遇中放弃这些准则，或者在某一境遇下把它们搁到一边"。[②] 面对网络中大量的良莠不齐的信息时，只能依靠个人的道德信念来选择，由于大学生的道德意志的不坚定，责任意识不强，结果导致他们容易受到污染信息的侵蚀和不良行为的引导，最终引发出各种道德失范现象。如网络中的色情引诱，可能使大学生突破

---

① 刘文富：《网络政治——网络社会与国家治理》，商务印书馆 2002 年版，第 198 页。

② ［美］约瑟夫·弗莱彻：《境遇伦理学》，程立显译，中国社会科学出版社 1989 年版，第 17 页。

道德的约束而放纵自己的欲望；网络中的暴力，可能恶性助长大学生本能的攻击心；网络中的信息欺诈，会降低公众的心理安全感，导致社会普遍的信用危机。

其次，网络的开放性，使网络文化出现多元性。网络文化是指网络上的具有网络社会特征的文化活动及文化产品，是以网络物质的创造发展为基础的网络精神创造。它由网络技术文化、网络规则文化和网络观念文化组成，其核心是网络观念文化。网络文化主要表现为网络中一系列价值观念与社会思潮的碰撞。网络环境中，任何观点、任何思想、任何文化都被网络收容。在这里，雅文化与俗文化、民族文化与世界性文化、先进性文化与落后性文化、强势文化与弱势文化等相互交融，共处一室，形成了一种多元性的网络文化。网络文化的多元性有利于各种文化的相互交流。但是在多元性的网络文化中，缺乏正确的主流文化的引导，导致人们的价值观念的多样性，人们的思想在多种价值观之间徘徊，由于大学生还没有形成稳定的价值观，结果造成他们在多元文化和多种价值观之间的冲突面前形成错误的判断，从而在观念和行为上偏离了道德运行的正常轨道。

再次，网络虚拟性。"虚拟性是网络社会的独特表现，其基本特点是行为者所处的交往环境在真实世界中并不存在。一个行为者与他人的交往主要通过文本。"① 网络社会是由数字构成的，大学生在网络交往中不需要以自己真实的面目出现，绝大多数学生都是以虚拟的面目跟别人进行交往，大学生可以随意地虚拟构建各种身份，如上网聊天时，使用的姓名、性别、年龄、职业、籍贯、经历、性格、爱好等一般都是虚拟的。大学生可以借助符号代码在网上实行各种虚拟行为，这为大学生在网络中"自由翱翔"提供便利，他们可肆无忌惮地表达自己内心真实的想法，随心所欲地放纵自己的行为，做一些在现实社会中不能做的事。在现实社会中，当个体触及社会的规范及他人的利益时，就必须承担相应的社会压力

---

① 刘文富：《网络政治——网络社会与国家治理》，商务印书馆 2002 年版，第 8 页。

和自我良心的拷问，他在进行理性的道德判断后，才去做一些事。而网上的言行不会受到社会舆论和传统习惯的制约，使他们自觉或不自觉地放松了自我道德的约束，削弱了责任感，从而导致他们在这样的环境下，自律意识薄弱的大学生，很容易做出一些网络道德失范的行为。

最后，网络监管滞后。虽然我国已经制定了部分相应的网络法律法规，但是由于互联网毕竟是新生事物，在我国广泛应用的历史并不太长，再加上网络技术的限制，因而在监管方面某些措施还不到位，各项制度尚不够完善，网络法制也不太完备，在实际的实施和执行方面并没有做到对网络道德行为失范形成有效的监管，这样，就会让一些大学生产生可以逃避监管、逃避法律制裁的侥幸心理，由此导致网络道德失范的现象。

第二，高校德育工作的缺失。随着信息化的高速发展，高校普遍重视对信息技术的教育工作，把精力多放在学生就业、科研能力的培养上，而对大学生德育工作的重视程度不够，忽视了信息网络社会中会出现的道德问题。几乎没有学校开设网络道德这门课程，几乎没有学校对学生进行网络道德教育、网络法律法规教育，有的只是学校开设的大学生思想政治理论课，以思想政治理论课为依托进行网络道德教育。此外，还有很多高校缺乏专业的网络道德教师队伍，对大学生进行的网络道德教育主要由思想政治理论课教师来完成，受自身知识结构的限制，他们的计算机技术不高，这与熟悉计算机技术、网络操作、深受网络文化吸引的高校学生形成强烈反差，很难提高教学效果，也难以适应网络的发展。另外，高校在学生的日常管理上也存在着漏洞，对学生的网上行为缺乏有效的监督，学生逃课上网、通宵上网，听任学生在网上放纵自己的行为，这就使大学生更容易出现网络道德失范行为。

第三，家庭管理、监督的缺位。学生在中小学阶段学习压力较大，很多家长为了让子女专心学习不允许其上网，没有认真引导子女正确利用网络资源，养成良好的网络道德习惯。十年寒窗苦，一举成名天下知，进入大学后，很多家庭为学生配备电脑，但是真正用于学习、查询资料的学生却屈指可数，更多的学生用来玩游戏、上网聊天、听音乐、看电影等。其次，大多数大学生在外地读书，和父母相处的时间比较短，大学生在学校里进行哪些网络活动，是否有不良行为，家长并不知晓，家庭管理没能发挥出监督的作用。另外，家庭生活不和谐也是学生网络不道德行为发生的原因之一，如单亲家庭、困难家庭、流动人口家庭比重大，父亲或母亲角色长期缺位的大学生更容易迷恋网络和产生网络不道德行为。

第四，社会环境的影响。在市场经济条件下，很多人都是一切向"钱"看。在巨大的利益诱惑面前，有些人铤而走险。一些网站，为了赚钱，挖空心思，使用色情和暴力，迎合学生，赚个盆满钵满。社会上的一些网吧为了金钱，纵容学生的行为，对不良的网络行为不予制止。

三 大学生网络道德失范的对策

（一）从大学生自身来说，要提高其网络道德自律意识

大学生是网络行为的主体，因此提高大学生自身的网络道德的素养，提升大学生的网络自律意识是治理网络道德失范行为的必然选择。

第一，大学生要树立起正确的价值观和道德观，才能在复杂的网络世界中形成正确的价值判断和情感判断，才能面对网络良莠不齐的信息内容时，形成分析、辨别和评价的能力，自觉抵制网络不良信息，才能增强在网络世界中的自我控制能力，而不沉溺于网络，不迷失自我，才能合理利用网络提升自我，而不利用网络进行抄袭等不道德行为。

第二，大学生要增强道德自律意识。马克思主义认为，道德自律是指道德主体借助于对自然和社会规律的认识，借助于对现实生活条件的认识，自愿地认可社会道德规范，并结合个人的实际情况践行道德规范，从而把被动的服从变为主动的律己，把外部的道德要求变为自己内在良好的自主行动。一个人只有具备了健全的道德自律意识后，才能对自己的价值有所认识，才能进行自我控制，在做出一些行为决定时会首先考量自己的行为是否符合自己的价值观

念，才能在面对网络世界中善恶、是非时做出正确的判断，并用道德约束自己的行为，不受网络是非的影响。所以，道德自律意识的培养在规范大学生网络道德行为上是一种必然选择。在网络社会中，大学生要做到道德自律，关键在于"内省"和"慎独"。所谓内省（introspection），心理学上又称自我观察法，是指个体在内心省察自己的思想、言行有无过失。"慎独"是指修养主体做到无人监督、有做坏事的机会和条件，并且不会被别人发现的情况下，仍然自觉不苟的按照既定的道德原则和信念行为，不出现违规的念头和行为。"内省"和"慎独"都是我国古代儒家学者提出的具有民族特色的自我修身方法。内省可以帮助人重新认识自己，明白自己是什么样的人，自己到底需要什么，从而决定自己未来的走向。"内省"能让大学生看到自己的优势和不足，客观看待挫折与失意，同时在内心稳定信念的指引下，努力去克服消极情绪。"慎独"，能让大学生自觉谨慎对待自己的内心和行为，自觉谨慎遵守道德规范，自觉谨慎防止违背道德的观念出现，不做违背道德要求的行为，成为一个真正的道德高尚的人。

第三，大学生要合理安排和利用时间，让自己充实起来。大学，是自由的殿堂，可以让一个人充分自由的发展。在这个阶段，可以将大部分时间和精力用于学习，建立和完善自己的知识结构；可以参加社团活动、担任学生干部、参与社会实践活动提升自己的表达能力、动手能力、交际能力、管理能力、创新能力、决策能力等，提升自己的综合素质。大学生要合理的安排和利用时间，让自己"忙碌"起来，才不会运用网络做一些无关紧要的事，也更不会做出与道德要求相违背的行为。

（二）完善网络相关法律法规，加强对互联网的有效管理

由于网络的虚拟性与匿名性仍然不可避免地会诱发一些网络不道德行为，所以需要制定和完善网络法律法规，这不仅可以使大学生在进行网络活动中有章可循，明确自己应该担负的网络责任和义务，而且可以帮助他们牢固树立网络法律意识，提高他们的网络法律素质，这样即使在无人监督的网络环境中，他们也不会做出与道德要求相违背的行为。此外，不良的网络环境是大学生网络道德失

范行为产生的土壤，要培养大学生健康网络行为，必须要规范网络，净化网络环境，防止不健康的信息在网络上出现。为此，国家要加大对各大门户网站或商业网站的监管力度；相关部门要加大网络环境治理，安装过滤软件，自动过滤掉色情、暴力、封建迷信和反动言论等不良信息，使大学生不受垃圾文化的毒害，给学生一个绿色的网络环境；高校要加强网络环境治理和校园网建设，结合本校的实际情况，制定适合本校的网络管理制度和管理办法，开辟适合学生个性发展的栏目，加强各种知识信息资源库建设，探索各种增强校园网络资源吸引力和感染力的有效方法，通过网上讨论、网上聊天等形式，开拓教师与学生平等对话的渠道，全面地了解学生心理，掌握学生的真实情况与动态，进而对学生进行有效的引导和帮助，规范大学生网络道德失范行为。

（三）构建"三位一体"全方位的网络道德教育格局

第一，加强和改进高校德育工作，营造良好的校园文化环境。

首先，积极开展各种校园文化活动建设，有效提升大学生的人文素养。高校校园文化是社会主义先进文化的重要组成部分，加强校园文化建设对全面提高大学生综合素质，对大学生形成良好的上网习惯具有重要意义。大学生的兴趣爱好极为广泛，在学习之余渴望丰富多彩的精神生活，如果学校不能满足学生的这些正当要求，学生的课余生活单调、枯燥无味，那么各种错误的、低级腐朽的东西就会乘机而入，学生的理想信念发生动摇，误入歧途。因此，高校要组织丰富多彩的校园文化活动，如开展主题思想教育活动，以增强学生爱国主义、集体主义、社会主义意识，形成正确的世界观、人生观和价值观；开展科技创作活动，以提高学生的创新素质和实践能力；开展学术讲座、学术研讨和学术交流活动，为大学生们增长知识，拓宽视野，以提高大学生的人文素养和科学素质；开展丰富多彩的校园文化艺术活动，为广大青年学生提供施展才华的机会和舞台；以社团为载体，开展丰富多彩的活动，为大学生提供一个展示、锻炼、提高、发展自己的舞台；开展以扶困助残、慈善抚恤、感恩社会为主题的社会实践活动，涵养大学生的道德情感。总之，各高校应该积极探索能调动学生积极性的文化建设的方式方法，让大学生在多姿多彩、积极健康的校园文化中陶冶情操、启迪智慧、愉悦身心、满足精神需要，使学生在上课之余有事可干，让他们没有精力在网络中消磨时间，从而树立正确的网络道德观念，养成良好的网络道德习惯。

其次，高校要开设网络道德教育课程。为了让大学生更好地接受德育理论，帮助大学生树立网络道德意识，让其自觉维护网络秩序，遵守网络规则，高校可以借鉴国外的做法，在向大学生介绍网络科学技术知识的同时，要把网络道德教育引入课堂。例如，美国杜克大学开设了《伦理学和国际互联网络》，麻省理工学院开设了《电子前沿的伦理与法律》，普林斯顿大学开设了《计算机伦理与社会责任》。在我国高校思想政治理论课是高校德育的主渠道，所以思想政治理论课开课部门可以另外开设网络道德课程，开展网络道德和法制教育，提高广大学生的网络道德水平，增强自律、自重意识，提高对假、丑、恶的分辨能力，有效避免大学生网络道德失范现象。

最后，高校要建立高素质的网络德育工作队伍。百年大计，教育为本。教育成功的关键在优秀的教师。由于大学生身心还不成熟，需要教师的正确教育引导。为了切实做好大学生德育工作，高校要建立一支高素质的网络德育工作队伍。这支队伍不仅要包括高校思想政治理论课教师，还包括高校管理者即院校职能部门领导、班主任、辅导员、学生骨干、专家教授、青年教师。这支队伍要具有较高的政治理论水平、全面的知识结构，既要有自己专业领域的知识，又要有网络专业知识和操作技能以及教育学、心理学等全面的知识体系。通过这支队伍，解释有关政策制度，引导校园网络舆论，对校园网络文化进行全方位、多层次、多角度的建设和管理。这支队伍要经常和学生们接触，关心爱护学生，了解学生的所思所想，密切注意学生的思想道德和行为变化，对学生心理上的困惑要及时给予科学的指导，对学生出现的不良行为要及时疏导。

第二，重视家庭教育。家庭教育是基础教育，一个家庭的理念、生活方式等都对孩子产生重要的影响。父母作为孩子的教育者，对子女的影响是巨大的，父母首先要以身作则，规范自己的网络行为，提升自己的网络道德水平，引导孩子正确的上网行为。其次，尽管大学生不在父母身边，作为家长要多跟孩子电话联系，加强沟通和交流，关心孩子的学习生活及心理，让孩子感受到来自家庭的温暖和父母的爱，养成负责任的习惯，增强其在网络社会中的自律能力。家长要鼓励孩子参加各种校内活动以及社会活动，锻炼自己的能力，塑造自己的个性，增进自己的成长，减少他们沉迷于虚拟网络的行为。

第三，营造良好的社会网络环境。人是社会环境的创造者，同时又是社会环境的产物，个体道德的培育离不开社会环境的整治和优化。因此，纠正大学生网络道德失范，还必须充分发挥社会主体的积极作用。首先，社会应该加强正确的舆论引导。正确的社会舆论起着十分重要的推动作用，它可以引导大学生建构科学的价值观、人生观、世界观、道德观，为此，社会媒体要营造良好的社会舆论氛围，以生动的案例教育大学生，传导、褒扬善举、德行，谴责、鞭挞失范行为，使整个社会形成惩恶扬善、扶正驱邪的良好道德动力和压力，促进大学生网络道德从他律转为自律，从而形成良好的网络道德意识。使良好的网络道德意识逐渐深入人心。其次，强化网络从业者责任意识。不少网络从业人员为了牟取暴利，不惜借助色情、暴力游戏等违法网站，获取高额利润。所以，从业人员要以法律规范、文明经营的理念提高行业的自律道德，遵循应有的网络规范，加强对网络环境和信息的安全管理。另外政府部门要加强对网络从业者的管理监督，取缔非法经营行为。还要聘请专业技术人员监督网民的网络行为，严厉惩处网络道德犯罪，净化社会的网络环境，从而为大学生网络道德的培养营造良好的社会环境。

网络作为科技发展的产物，已经渗入当代大学生的学习和生活中，它在给我们带来便利的同时，也引发大学生网络道德失范行为，我们相信，在大学生的网络道德自律意识增强、网络法律法规完善以及高校、家庭和社会"三位一体"的道德教育格局下，大学生网络道德失范问题一定会得到有效的控制的。

第七章

互联网效应——网络人格

网络人格是现实人格在网络空间中的延伸，由于虚拟世界的某些特点，网络人格表现形式更加多样化、复杂化，并在与现实人格的互动中产生了一系列问题，尤其对青少年的成长产生了极大影响。

第一节 人格及网络人格

一 人格及基本特性

人格（personality），这个概念源于拉丁语 Persona，当时是指演员在舞台上戴的面具，与我们今天戏剧舞台上不同角色的脸谱类似。后来心理学借用这个术语，用来说明每个人在人生舞台上扮演的角色及其不同于他人的精神面貌。人格的定义有很多，美国心理学家澳尔波特·埃利斯说："人格乃是个人适应环境的独特的身心体系"；美国心理学家汉斯·艾森克说："人格乃是决定个人适应环境的个人性格、气质、能力和生理特征"；英国心理学家卡特尔说："人格乃是可以用来预测个人在一定情况下所作行为反应的特质"。在中国，《现代汉语词典》对"人格"定义为：一是指人的性格、气质、能力等特征的总和；二是指人的道德品质；三是指人能够作为权利、义务的主体资格。显然，中文的人格是从心理人格、道德人格、法律人格等意义来使用的，我们所说的人格是第一层面的含义。简单地说，人格就是一个人在个体生活与社会实践中形成的稳定的心理与行为特征的总和。

　　人格特征可表现为：孤独或合群；智慧的高与低；情绪的稳定性；顺从或好胜；严肃认真或随便放任；随和或挑剔；腼腆或胆大；严厉或体贴；信任或多疑；务实或喜空想；直率或精明；平静或焦虑；保守或激进；依赖集体或独立行动；马虎或严格；松弛或紧张，等等。

　　人格有健全及不健全之分。健全的人格具有较多良好的性格特征，有健康的气质及良好的行为能力，有健康的人生观及价值观，在社会生活中呈现的处世态度、情绪和行为反应较理性，不过分，不偏激。行为能力良好，对社会有良好的适应性和协调性，比如，好胜好强但不极端；羡慕但不嫉妒与敌意；自信但不自负；胆大又心细；对人宽容坦诚；在困难中乐观、坚强及独立等，这些处世态度都是人格健全的表现。人格不健全者则不良性格较多，有较多的非理性或幼稚的处世态度，缺乏健康的人生观及价值观。不健康的人格常使个体与社会环境相冲突，造成适应不良及自身痛苦，并妨碍与人建立良好的人际关系，妨碍自己人生的成功。比如有些人的处世态度总是悲观、胆小、多疑及固执；有的人遇到挫折总是脆弱、依赖及缺乏信心；有些人心胸狭隘、小气、易怒、唯我独尊、不宽容人、易生敌意及仇恨；有些人极端自私、霸道、贪婪、损人利己、宽己严人、忽视别人合理的要求等。以上这些不健康的处世态度，使个体在人际关系上常与人冲突，又不知省悟和改变。人格不健全有轻重之分，轻者一般称人格不良（个性不良、个性缺陷），重者称人格障碍（个性障碍、人格变态）。

　　奥尔波特指出，具有健康人格的人是成熟的人，成熟的人有七条标准：（1）专注于某些活动，在这些活动中是一个真正的参与者。（2）对父母、朋友等具有显示爱的能力。（3）有安全感。（4）能够客观地看待世界。（5）能够胜任自己所承担的工作。（6）客观地认识自己。（7）有坚定的价值观和道德心。美国心理学家罗杰斯指出，具有健康人格的人是充分起作用的人，充分起作用的人有五个具体的特征：（1）情感和态度上是无拘无束的、开放性的、没有任何东西需要防备。（2）对新的经验有很强的适应性，能够自由地分享这些经验。（3）信任自己的感觉。（4）有自由感。（5）具有高度的创造力。

人格的基本特性表现在以下四个方面。

第一，人格具有整体性，每个人都具有多种心理成分和特质，如才智、情绪、愿望、价值观和习惯等，它们不是孤立存在的，而是密切联系并整合成为一个有机组织。比如，精神分裂症，布洛伊勒（Bleuler）在提出这个术语时就指出，统一性的丧失、精神的内部分裂是此病的本质。精神分裂症患者的感觉、记忆、思维和习惯这类心理机能虽没有丧失，却是分裂的。

第二，人格具有稳定性，人格的稳定性是指个体的人格特征具有跨时间和跨空间的一致性。一是人格在时间上的持续性，人格一旦形成就比较稳定，在人生的不同时期，在幼儿期、青年期、中年期和老年期有相当的一致性；二是人格在空间上的一致性。从空间上看，一个人不管在家里、在学校，还是在公共场所，其人格也具有相当的一致性。人格的稳定性并不排除其发展和变化。比如，人格特征随着年龄增长，其表现方式有所不同，在少年时表现为对即将参加的考试或即将考入的新学校心神不定，忧心忡忡；成年时表现为对即将从事的新工作忧虑烦恼，缺乏信心；在老年时则表现为对死亡的极度恐惧。再比如，环境、机体的变化如移民、严重疾病等，也可能造成人格的某些特征，如自我观念、价值观、信仰等的改变。

第三，人格具有独特性，人格的独特性是指人与人的心理与行为是各不相同的。由于人格的各种要素组合结构的多样性，使每个人的人格都有自己的特点。每个人都有自己的需要、爱好、认知方式、情绪、意志和价值观，每个人的行动也都异于他人。人格的独特性，并不排除人们之间在心理与行为上的共同性，比如，同一民族、同一阶层、同一群体的人们具有相似的人格特征。

第四，人格具有社会性，人格的社会性是指人格是个体在社会化过程中形成的，是社会的人所特有的。不同社会的政治、经济、文化等对个体有不同的影响，使人格带有明显的社会性，可以说，每个人的人格都打上了他所处的社会的烙印。人格的社会性不排除人格的自然性，人格是在个体的遗传和生物基础上形成的，但是其本质还是它的社会性。马克思认为："人的本质并不是单个人所固有的抽象物，实际上，它是一切社会关系的总和。"人若脱离了社会，不与人们交往，也就谈不到个性，初生婴儿只能算是个体，还没有个性；所以，人的个性或人格是具有不同生物基础的人，在不尽相同的社会环境中所形成的意识倾向性和比较稳定的个性心理特征的总和。

二　人格形成的影响因素

人格的形成是先天的生物遗传因素和后天的环境、教育因素相互作用的结果。

先天的生物遗传因素，是指婴儿初生时所具有的解剖的和生理的特性，包括脑和神经系统类型、内分泌腺以及身体外表的特征等。比如，心理学家巴甫洛夫发现，神经过程平衡的人能有效地分配注意力，可以同时做好几件事情；不平衡的人如兴奋占优势的神经质型则在分配注意力上有一定困难。又如，荷尔蒙中的某种成分分泌过剩，容易产生兴奋，分泌不足，则容易产生疲劳，这都能引起孩子个性的变化。此外，人的身体外表也会引起人格问题，比如，如果觉得自己的体格、容貌、身体的姿态等特征不如他人，就往往引起对自己本身的期待或自卑感。北京师范大学心理学教授陈会昌指出，行为遗传学的最新研究证明，遗传对人格（总体上）的影响占50%。不过，人格发展也受个体的生活史以及社会历史条件的重要影响。埃里克森指出：人在生长过程中有一种注意外界的需要，并与外界相互作用，而个人的健全人格正是在与环境的相互作用中形成的。罗杰斯强调自我概念及其与现实的协调，他认为，人格很重要的方面是自我与现实之间的和谐，以及自我和理想的自我之间的和谐。

心理学上有很多理论说明了人格的形成。

精神分析论：精神分析学家弗洛伊德指出，人格可分成三个层次，即意识、前意识及潜意识，并提出人格结构中的超我、自我、本我来解释以上三个层次。

社会认知论：心理学家班都拉提出此理论，他指出人的行为不但受个人控制，还受环境和外在社会因素的影响，即"相互决定论"。他提出，个人自我效能的高低会影响他适应生活及克服障碍的能力，而根据社会学习理论，个人的观察学习能力亦对性格形成和发展有所影响。

人本主义论：以马斯洛为首的人本主义学家认为个人有五种天生的需求层次，由较低层次到较高层次排列依次是：生理需求（Physiological needs）、安全需求（Safety needs）、爱和归属感（Love and belonging，也称为社交需求）、尊重（Esteem）和自我实现（Self-actualization），而满足这些需求的行为就是从学习得来的。人格受先天、后天学习、遗传等各种因素互相影响。

人格特征论：人格特征可解释为特定的人格元素，用以描述一个人的感觉、思考及表现方式。人格特征可以从行为中推论出来，具有相当的统合性与持久性。心理学家对人格分类有着不同的见解，一些心理学家们组织了一套广泛使用的人格大五模型（"Big Five"model），这一模型列出了五种普遍的人格特征，包括外向性（extraversion）、神经质性（neuroticism）、和善性（agreeableness）、严谨自律性（conscientiousness）、开放性（openness to experience）。这五大特征都会受遗传影响，也受不同文化影响从而提高个人适应能力。

三 埃里克森的人格发展八阶段理论

埃里克森的人格发展八阶段理论是一个自我意识发生和发展的重要理论。他认为，人的自我意识发展持续一生，他把自我意识的形成和发展过程划分为八个阶段，这八个阶段的顺序是由遗传决定的，但是每一阶段能否顺利度过却是由环境决定的，每一个阶段都是不可忽视的。埃里克森的人格终生发展论，为不同年龄段的教育提供了理论依据和教育内容，任何年龄段的教育失误，都会给一个人的终生发展造成障碍。它也告诉每个人你为什么会成为现在这个样子，你的心理品质哪些是积极的，哪些是消极的，并给你以反思的依据。

　　第一阶段，婴儿期（0—2岁）：基本信任和不信任的冲突。

　　此时不要认为婴儿是一个不懂事的小动物，只要吃饱不哭就行。此时是基本信任和不信任的心理冲突期，因为这期间孩子开始认识人了，当孩子哭或饿时，父母是否出现则是建立信任感的重要问题。信任在人格中形成了"希望"这一品质，它起着增强自我的力量。拥有信任感的儿童敢于希望，富于理想，具有强烈的未来定向。反之则不敢希望，时时担忧自己的需要得不到满足。埃里克森把希望定义为："对自己愿望的可实现性的持久信念，反抗黑暗势力、标志生命诞生的怒吼。"

　　第二阶段，儿童期（2—4岁）：自主与害羞和怀疑的冲突。

　　这一时期，儿童掌握了大量的技能，如爬、走、说话等。更重要的是他们学会了怎样坚持或放弃，也就是说儿童开始"有意志"地决定做什么或不做什么。这时候父母与子女的冲突很激烈，也就是第一个反抗期的出现，一方面父母必须承担起控制儿童行为使之符合社会规范的任务，即养成良好的习惯，如训练儿童大小便，使他们对肮脏的随地大小便感到羞耻，训练他们按时吃饭，节约粮食等；另一方面儿童开始有了自主感，他们坚持自己的进食、排泄方式，所以训练良好的习惯不是一件容易的事。这时孩子会反复应用"我""我们""不"来反抗外界控制，而父母决不能听之任之、放任自流，这将不利于儿童的社会化。反之，若过分严厉，又会伤害儿童自主感和自我控制能力。如果父母对儿童的保护或惩罚不当，儿童就会产生怀疑，并感到害羞。因此，把握"度"的问题，才有利于在儿童人格内部形成意志品质。埃里克森把意志定义为："不顾不可避免的害羞和怀疑心理而坚定地自由选择或自我抑制的决心。"

　　第三阶段，学龄初期（4—7岁）：主动对内疚的冲突。

　　在这一时期如果幼儿表现出的主动探究行为受到鼓励，幼儿就会形成主动性，这为他将来成为一个有责任感、有创造力的人奠定了基础。如果成人讥笑幼儿的独创行为和想象力，那么幼儿就会逐渐失去自信心，这使他们更倾向于生活在别人为他们安排好的狭窄圈子里，缺乏自己开创幸福生活的主动性。当儿童的主动感超过内疚感时，他们就有了"目的"的品质。埃里克森把目的定义为："一种正视和追求有价值目标的勇气，这种勇气不为幼儿想象的失利、罪疚感和惩罚的恐惧所限制。"

第四阶段，学龄期（6—12岁）：勤奋对自卑的冲突。

这一阶段的儿童都应在学校接受教育。学校是训练儿童适应社会、掌握今后生活所必需的知识和技能的地方。如果他们能顺利地完成学习课程，他们就会获得勤奋感，这使他们在今后的独立生活和承担工作任务中充满信心。反之，就会产生自卑。另外，如果儿童养成了过分看重自己的工作的态度，而对其他方面漠然处之，这种人的生活是可悲的。埃里克森说："如果他把工作当成他惟一的任务，把做什么工作看成是惟一的价值标准，那他就可能成为自己工作技能和老板们最驯服和最无思想的奴隶。"当儿童的勤奋感大于自卑感时，他们就会获得有"能力"的品质。埃里克森说："能力是不受儿童自卑感削弱的，完成任务所需要的是自由操作的熟练技能和智慧。"

第五阶段，青春期（12—18岁）：自我同一性和角色混乱的冲突。

一方面青少年本能冲动的高涨会带来问题；另一方面更重要的是青少年面临新的社会要求和社会的冲突而感到困扰和混乱。所以，青少年时期的主要任务是建立一个新的同一感或自己在别人眼中的形象，以及他在社会集体中所占的情感位置。这一阶段的危机是角色混乱。埃里克森说："这种统一性的感觉也是一种不断增强的自信心，一种在过去的经历中形成的内在持续性和同一感（一个人心理上的自我）。如果这种自我感觉与一个人在他人心目中的感觉相称，很明显这将为一个人的生涯增添绚丽的色彩。"埃里克森把同一性危机理论用于解释青少年对社会不满和犯罪等社会问题上，他说："如果一个儿童感到他所处于的环境剥夺了他在未来发展中获得自我同一性的种种可能性，他就将以令人吃惊的力量抵抗社会环境。在人类社会的丛林中，没有同一性的感觉，就没有自身的存在，所以，他宁做一个坏人，或干脆死人般的活着，也不愿做不伦不类的人，他自由地选择这一切。"随着自我同一性形成了"忠诚"的品质。埃里克森把忠诚定义为："不顾价值系统的必然矛盾，而坚持自己确认的同一性的能力。"

第六阶段，成年早期（18—25 岁）：亲密对孤独的冲突。

只有具有牢固的自我同一性的青年人，才敢于冒与他人发生亲密关系的风险。因为与他人发生爱的关系，就是把自己的同一性与他人的同一性融合为一体。这里有自我牺牲或损失，只有这样才能在恋爱中建立真正亲密无间的关系，从而获得亲密感，否则将产生孤独感。埃里克森把爱定义为"压制异性间遗传的对立性而永远相互奉献"。

第七阶段，成年期（25—65 岁）：生育对自我专注的冲突。

当一个人顺利地度过了自我同一性时期，以后的岁月中将过上幸福充实的生活，他将生儿育女，关心后代的繁殖和养育。他认为，生育感有生和育两层含义，一个人即使没生孩子，只要能关心孩子、教育指导孩子也可以具有生育感。反之，没有生育感的人，其人格贫乏和停滞，是一个自我关注的人，他们只考虑自己的需要和利益，不关心他人（包括儿童）的需要和利益。在这一时期，人们不仅要生育孩子，同时要承担社会工作，这是一个人对下一代的关心和创造力最旺盛的时期，人们将获得关心和创造力的品质。

第八阶段，成熟期（65 岁以上）：自我调整与绝望期的冲突。

由于衰老过程，老人的体力和健康每况愈下，对此他们必须做出相应的调整和适应，所以被称为自我调整对绝望感的心理冲突。当老人们回顾过去时，可能怀着充实的感情与世告别，也可能怀着绝望走向死亡。自我调整是一种接受自我、承认现实的感受；一种超脱的智慧之感。如果一个人的自我调整大于绝望，他将获得智慧的品质，埃里克森把智慧定义为："以超然的态度对待生活和死亡。"老年人对死亡的态度直接影响下一代儿童时期信任感的形成。因此，第八阶段和第一阶段首尾相连，构成一个循环或生命的周期。

埃里克森认为，在每一个心理社会发展阶段中，解决了核心问题之后所产生的人格特质，都包括了积极与消极两方面的品质，如果各个阶段都保持向积极品质发展，才算完成了这阶段的任务，逐渐实现了健全的人格，否则就会产生心理社会危机，出现情绪障碍，形成不健全的人格。

四　网络人格及其特征

"网络人格就是在网络文化圈内塑造成的与普通社会人格相联系但又相区别的人格特征。它是随着网络技术的发展和人们网络交往的增加而逐渐形成的，是指人们在网络交往过程中表现出来的比较重要的和相当持久的心理特征的总和，是在网络交往过程中所形成的做人的资格和为人的品格。"① 网络人格是现实人格在网络虚拟空间的延伸。人本来具有多种面目，在网络化的虚拟世界中得以充分的发展。国内有学者认为网络人格是在现实世界中被压抑的人格和在现实世界中无法实现的人格，现代社会给人施加的各种压力及多重社会角色对人的束缚，使人们很难甚至不可能尽情地展现自我，而虚拟空间为其提供了可以存在与表现的条件。由于虚拟空间的特殊性，人格的某些方面被强化，某些方面被弱化。自由、独立、创新、宽容、自我实现成为虚拟世界中更重要的人格特征。

虚拟空间为自由权利的实现创造了前所未有的空间。赛博空间（cyberspace）的领军人物约翰·巴罗在"赛博空间的独立宣言"中宣称："我们正在创造一个任何人都可以进入的世界，而没有由种族、经济权利、军事力量和出生形成的特权和偏见。我们正在创造一个世界，在那里不管多么奇异，任何人在任何地点都可以表达他或她的信仰。"

在虚拟世界中，人们可以自由地表达自己的见解和观点，并且不会因为不被他人接受而"打棍子""扣帽子"。人们在虚拟世界中一起合作，没人在乎你来自哪个地区、属于什么民族、从事什么职业或者长相如何，只有你的能力和人格是凸显的东西。在虚拟世界中，宽容精神得到了进一步的发展。

追求个性和自由的人，往往具有很强的创新意识和创新能力。网络时代，对人的创新精神和创新能力的要求更加强烈。心理学家马斯洛早就提道："对于任何能生存的政治、社会经济体制还有一

---

① 王浩：《网络人格的异常心理及矫正》，《重庆建筑大学学报》（社会科学版）2001 年第 1 期。

项更直接的必需，那就是要有更多的创造性人物。""造就这种人的社会将生存下来，不能造就这种人的社会将灭亡。"虚拟世界中自由、宽容、和谐的特征，正是创新人格成长的独特环境。

第二节　多重人格及网络双重人格

一　多重人格的实质及成因

多重人格是一种由心因性心理因素引起的人格障碍。美国精神医学学会出版的《精神疾病诊断和统计手册》（1980 年版）把多重人格界定为"在个体内存在两个或两个以上独特的人格，每一个人格在一特定时间占统治地位。这些人格彼此之间是独立的、自主的，并作为一个完整的自我而存在"。它与常人在不同场合不同角色的不同行为不同。多重人格的各个亚人格都是各自独立、彼此分开的，每种人格都有自己的记忆、行为、偏好，可以与前人格完全对立。一种人格出现时，其他人格就自动退场，任何时候，都有一个主要人格占优势，其行为也就由占优势的人格控制，不会出现几个人格争夺控制权的混乱情况。究竟由哪种人格来支配，遵循的是"哪种人格最适应当时的环境和需要，就启动和出现哪种人格"的原则。

精神分析学派认为，多重人格实质是心理过程的分离，一部分行为和经验被单独保持，彼此之间没有交流，后继人格把它看作客体，而把自身看作主体，当分离不全面时，主体人格还有可能意识到另一种人格的存在，但通常把自身看作主体，而把另一种人格看作客体。当分离全面进行时，主体人格便会忘却自己的身份，并由后继人格取而代之。正如精神分析治疗家费登（Paul Federn）所说，在这种情况下，"主体的经验类似幻觉，从中产生的'思想'被体验为好像它是一种由外部刺激引起的'知觉'"。后继人格和主体人格在情感、态度、知觉和行为等方面是不同的，甚至是剧烈的对立，主体人格是积极的、友好的、顺应社会的和有规可循的，后继人格可能是消极的、攻击的、逆社会的和杂乱无章的。

多重人格的产生受生物遗传、社会环境的影响，尤其与儿童时期的创伤有密切关系。J. G. 沃特金斯和 R. J. 约翰逊的研究表明，如果个体在童年期的家庭环境是蛮横的和被忽视的，儿童的需要常常不能满足，从而引发愤怒或不满。如果儿童的愤怒或不满被拒绝接受，或者说在儿童的愤怒或不满出现时立即予以处罚，那么儿童就会被迫压抑真正的情感，仅仅展现社会认可的遵奉行为。于是，儿童处于矛盾或冲突之中：一方面为避免处罚而压抑真正的情感；另一方面被压抑的情感并未消失，而是想方设法表现出来。在这种情况下，儿童只有通过创造想象中的游戏伙伴，即把自我中的有些部分体验成客体，借此与孤独或寂寞作斗争。此后，凡是那些无法为父母或其他成人接受的行为，或者经常受到处罚后的冲动，便很有可能被分离出来，压抑进想象中的游戏伙伴之中：我是好人，他是坏人。这里，"我"是主体人格，"他"是另一种人格。此时，主体人格还能意识到另一种人格的存在，把自身看作主体，把另一种人格看作客体（即想象中游戏的伙伴）。但是，当挫折继续，当愤怒或不满因为不断的拒绝或惩罚而变得日益增强时，愤怒或不满就会越来越多地被压抑进分离的人格中。为了释放这些被压抑的愤怒或不满，后继人格和主体人格之间的"隔墙"就会加厚，逐渐变得不可渗透。随着年龄的增长，特别是在青春期，环境给个体带来的挫折和不满变得更多。于是，在"隔墙"的那一边，被压抑的东西就会越来越多，所占"空间"就会越来越大，从而削弱了主体人格。由于被隐匿和分离的人格强烈要求表现自己，它就会周期性地接管主体人格，成为后继人格。这种接管方式是以激烈的和交替的人格变化表现出来的，具有周期性的特征。当后继人格在一特定时间接管主体人格时，它的攻击和憎恨，会变得格外明显。极端的表现是：如果这种后继人格指向他人，会导致杀人；如果指向主体人格，便会导致自残或自杀。

美国作家 F. R. 施赖勃的纪实体心理分析小说《人格裂变的姑娘》中，以真人真事为题材，描写了鲜为人知的多重人格，将神秘的人格障碍问题表现得淋漓尽致，为我们揭示了神秘奇幻的变态心理。主人公西碧尔经常失去记忆，同时会常常发现一些不属于自己的无法解释和认同的东西，对一些认识她的人完全没有记忆。每当失去记忆时她就变成一个化身，前后多达十七个化身。每个化身都有不同的姓名、年龄、性格、爱好和处世态度，都在特定环境中随时出现。书中"西碧尔不同人格一览"中的部分内容是这样的："西碧尔·伊莎贝尔（1923 年）：一个性格干瘪的人；醒着的自我。""维多利亚（1926 年）：小名维基；一个自信的、世故的而又动人的金发女郎；西碧尔众多自我的记忆痕迹。""佩吉（1926年）：一位热心的、爱武断的、常常发脾气的小鬼，长着狮子鼻，留短发，一幅调皮的笑容。""马西娅（1927）：一位作家和画家；极易激动；脸呈盾形，长着灰色的眼睛和靠一边偏分的褐发。""迈克（1928）：西碧尔两个男性化身之一；一个木工和建筑工；长着深色皮肤、黑发、褐色的眼睛。""西碧尔·安（1928 年）：无精打采，到了神经衰弱的地步；苍白，胆怯，长着灰金色头发，椭圆脸和直直的鼻子。""鲁西（年份未明）：是一个婴儿，一个未充分发育的自我。""玛乔里（1928）：安详、富有活力、很易发笑；一个逗乐的人；身材娇小，皮肤白，鼻子扁平。"最后，是"新的西碧尔（1965 年）：第 17 个自我；其余 16 位自我的混合物"。西碧尔的多重人格起源于她童年时代遭受的精神创伤。西碧尔出生只有六个月的时候，就被母亲海蒂进行了非人的虐待，每一次的虐待方式都不完全一样，一直贯穿她的整个孩提时代。母亲海蒂是确诊的精神分裂者，西碧尔小时候被母亲虐待，被家人忽视，这种环境很容易造成人格分裂。1945 年西碧尔开始在威尔伯医生那里接受治疗，从而开始了西碧尔复杂的内心世界的揭示，也开始了威尔伯医生首次对多重人格的心理分析。在 1959 年，威尔伯医生利用药物和催眠术加快西碧尔的融合，最后在西碧尔慢慢打开心结、接受分身存在的情况下进行了融合，形成了一个新的西碧尔。

对多重人格患者的治疗方法有很多，也是一项综合性的复杂工作，进行催眠分析，事实证明比经典的精神分析更具疗效；鼓励各分离的人格之间的内部交流，因为这种内部交流有助于拆除置于主体人格和后继人格之间的"隔墙"；满足未能满足的正常需要；不要操纵或离间主体人格和后继人格，尤其不要去消除后继人格，要设法整合它们；通过宣泄，把主体人格诱导回来，即让其对原先无法接受的愤怒、不满、冲动等承担责任，诱导主体人格的过程也是发泄后继人格的过程，因此置于两者之间的"隔墙"便会自动消解，两者的交流得以实现。

纯粹的多重人格毕竟少见，更多见的是一种"亚多重人格状态"，或者"多重人格倾向"，这种心理障碍接近于多重人格，但是，每个亚人格的独立性不是很固定，各个亚人格之间不是彼此浑然不知、毫无联系。也就是说，多重人格倾向的分裂程度弱于纯粹的多重人格。

二　青少年网络双重人格的影响因素

在虚拟世界中，有些人显得很像"多重人格心理障碍"，不过这种多重人格其实是我们人格自身的多种适应性。这种人的性格或情感虽然波动较大，变化多端，不过基本可以保持在平稳和健康的范围内。

长期处于虚拟世界，很容易形成双重人格。我们可以把网络双重人格定义为：个体在网络中和现实中分别具有彼此独立、相对完整的人格，二者在情感、态度、知觉和行为等方面都有所不同，有时甚至是处在剧烈的对立面。

网络出现之前，人们一般采用语言和书面两种交流方式，这两种交流方式都具备确定性，即每个人都可以清楚地意识到交流的对象，能直接形成自己的情感倾向，通过交流给对方留下印象，并影响以后的交往。也就是说，每个人必须对自己的言行负责，因此人们不得不按照自己的本来面目与他人交往，尽管有时同一个人在不同的场合有不同的表现，但这些差异要么是在原有基础上的推论或演化，要么可以使他人通过这些差异调整自己的判断，用一种新的眼光来审视这个人，总的说来，它们都没有改变"自己负责任"这一前提。

相反，利用网络可以避免面对面交流中出现的顾虑和尴尬，却也带来了责任感的缺失——每个人都可以不计后果地展示自己内心的隐私和黑暗，久而久之，一些人在网络中"塑造"了一个虚拟的自己，这个虚拟的人物也许柔情万种，也许可怜之至，也许至刚至强，它满足了这些人猎奇或实现"理想"的愿望。甚至有人纯粹为了填补内心的空虚而骗取他人感情、财物，体现了人性中极不道德的一面，这就使现实中真实的人与网络中虚拟的人无法重合，不能相互印证，从而导致双重人格。

另外，虚拟世界的首要特点就是匿名性，网民可以隐去年龄、性别、地区等个人资料，因此很方便地利用电子文本的方式创造出一个与现实"我"存在某些差距的网络"我"，这个虚拟的个体可能是完全不存在的，所提供的资料都是现实中无法证实的；也可能既具有某些真实个体的特点，也具有某些个体理想化编造出来的因素。个体可能在现实中是积极、友好、顺应社会和有规可循的人格，但在网络中却可能是消极、攻击、反社会和杂乱无章的人格，同时它们又是相互独立，保持彼此的稳定性。

再加上虚拟世界中的交往拓展了交往空间以及交往内容，这对网民尤其是上网青少年产生了不可忽视的影响。现实中，人们注意到很多青少年在生活中循规蹈矩，但在网络中却是截然不同的"另类"。其实青少年更容易受网络双重人格的困扰，甚至表现出明显的攻击倾向和反社会行为。青少年的网络双重人格主要表现为凭空想象出自己所希望的、感兴趣的或者好奇的人格特质，并以此作为网络交往的基本个体特点，如同自己真的拥有这些人格一样。久而久之，这种虚拟人格固定下来，在心理上形成某种程度的分离。如同多重人格中的后继人格一样，它总会寻找机会展示作为"另一个主体"的"真实"存在，表现出让现实人格也觉得不可思议的行为特点，并强烈抵御企图消灭它的一切努力。

第一，青春期是自我意识发展的第二次飞跃期，在这一时期，青少年更加关注自我，但是，他们还没有建立起自我评价的客观指标，在自我认知上容易大起大落，时而自卑，时而自负；在自我体验上，容易走极端；在自我设计上，总是摇摆不定。总之，自我意识还不稳定，在多元价值冲突的时候最容易迷失自我，而网络又是多元价值体现最为明显的地方；在现实社会，一般的角色游戏要受到更多规则的束缚，加之父母、老师等人的干预，对于那些想反抗、想冒险的青少年而言，还不能完全按照自己的意愿进行，但出于对自我角色体验的需要，青少年总希望获得与自己有关的新异刺激。因此，青少年便在网络中捏造一个"我"来实现自己的想象，感受新的自我体验和自我设计。

第二，青少年的心理发展表现出种种心理冲突和矛盾，具有明显的不平衡性。由于身体的发育和自我意识的发展，青少年有一种强烈的独立意识，因此，经常对成人的意见进行抵触和反抗，同时青少年在心理上闭锁倾向加强，不愿意向别人倾诉，但此时他们对他人仍然有很多依赖，尤其是心理上的理解和支持；在现实中遇到困难时也希望有人来帮助和关心。但是对父母的逆反、对教师的反抗、对同学的不信任，使他们把目光投向了网络。青少年极度的敏感令他们不能完全相信他人，对自我的保护也令他们必须进行起码的防御。但是，如果态度上超出了寻求理解和进行防御的程度，长期下去就会增加出现网络双重人格的概率。

第三，社会环境包括升学、竞赛、职业等的压力使青少年紧迫意识、危机意识明显增强。而社会、家长和学校的高要求使他们平时不敢也没有机会有所表现，就只好借助网络把自我中有些部分体验成为客体。此后，凡是那些无法为父母或他人承认接受的行为或经常受到惩罚的冲动就分离出来，压抑进想象的网络"游戏"中，借此释放心理的压力。

第四，我国现在的青春期教育还比较落后，不能满足青少年的需求。他们极易通过别的途径来解开心中的疑团，满足自己的好奇心。大量的色情网站成为青少年光顾的场所，他们对非道德行为的压抑往往通过一些被自我认可的方式得以排解，有效的方式是在上网的时候通过塑造另一个"我"得以释放，为形成网络双重人格埋下了伏笔。

第三节　大学生网络人格障碍及矫正

一　人格障碍的类型、特点及成因

人格障碍是否属于精神疾病，在心理学界和精神病学界争论很多，当前还没有一个统一的认识，Schneider 认为 "人格障碍为健康精神生活的不正常变异"，[1] 人格障碍不是精神疾病。而 Millon 和 Davis 则认为人格障碍为一有效的精神疾病类目[2]。

（一）人格障碍的类型

根据世界卫生组织在 ICD—10 里的相关内容，人格障碍大概有以下类型：偏执型人格障碍、分裂型人格障碍、反社会型人格障碍、冲动型人格障碍、癔症型人格障碍、强迫型人格障碍、焦虑（回避）型人格障碍、依赖型人格障碍等。

偏执型人格障碍，其特点是对自己能力估计过高，习惯把失败归咎于别人。对批评或挫折过分敏感，对侮辱和伤害不能宽容。多疑、易将别人无意的或友好的行为误解为敌意或轻蔑而产生歪曲体验。好胜心强，有强烈的自尊心。看问题主观片面。此类人容易产生偏执观念。

分裂型人格障碍，其特点是情绪冷淡。缺乏亲切感，不能表达对他人的温暖、体贴以及愤怒。对赞扬或批评无动于衷。没有愉快的情感体验。缺乏亲密、信任的人际关系。过分沉湎于幻想，孤僻自处，行为怪异。

反社会型人格障碍，或称悖德型人格障碍，其行为与整个社会规范相背离而令人注目。对他人的感受漠不关心，缺乏同情心。忽视社会道德规范、行为准则和义务，长期地行为不负责任。认识完好，但行为未加深思熟虑，不考虑后果，常因微小刺激便引起攻击、冲动和暴行。从无内疚感，不能从经验中吸取教训，一犯再犯而不知悔改。不能与他人维持长久的关系，容易责怪他人，或为自己的粗暴行为进行辩解。

冲动型人格障碍，或称暴发性人格障碍，其特点是对事物往往作出暴发性反应，稍不如意就火冒三丈，易于暴发、愤怒、冲动或与此相反的激情。行为有不可预测和不考虑后果的倾向。不能在行

---

[1]　Kendell R. E., "The distinction between personality disorder and mental illness", *Brit J Pxychiatry*, Vol. 18, No. 2, 2002, p. 110.

[2]　Millon T., Davis R., *Personality disorders: DSM-IV and beyond*, New York: Wiley, 1995.

动之前事先计划，有不可预测和反复无常的心境，行为暴发时不可遏制。易与他人冲突和争吵，特别在行动受阻或被批评时。不能维持任何没有即刻奖励的行为。此类人经常变换职业和酗酒。

癔症型人格障碍，或称表演型人格障碍，特点是情感用事。过分夸张地自我表演，行为易受他人影响。情感表浅，容易变化。以自我为中心，自我放纵，不为他人着想。好炫耀自己，不断渴望别人赞赏。感情易受伤害，追求刺激，富于幻想，说谎欺骗。

强迫型人格障碍，特点是刻板固执，做事循规蹈矩、墨守成规，不会随机应变，优柔寡断，由于个人内心深处的不安全感导致怀疑和过分谨慎。要求十全十美，但又缺乏自信，导致过度的反复核对，过分注意细节，以致忽视全局，由于过分谨慎多虑，过分专注于工作成效而不顾消遣和人际关系，此类人易产生强迫症状和焦虑忧郁反应。

焦虑（回避）型人格障碍，特点是懦弱胆怯，自幼表现胆小，易惊恐。有持续和广泛的紧张、忧虑感觉。敏感羞涩，对任何事情都表现惴惴不安。有自卑感，常不断追求受人欢迎和被人接受，对排斥和批评过分敏感。日常生活中惯于夸大潜在的危险，达到回避某些活动的程度。此类人交往十分有限，对与他人建立关系缺乏勇气。

依赖型人格障碍，特点是缺乏独立性，感到自己无助、无能和缺乏精力，深怕被人遗弃。将自己的需求依附于别人，过分顺从于别人意志。要求和容忍他人安排自己的生活，当亲密关系终结时则有被毁灭和无助的体验。有一种将责任推给他人来对付逆境的倾向。

（二）人格障碍的特点

人格障碍泛指各种类型的不正常人格，一般被认为是明显偏离正常且根深蒂固的行为方式，具有适应不良的性质，其人格在内容上、质上或整个人格方面异常，由于这个原因，病人遭受痛苦和（或）使他人遭受痛苦，或给个人或社会带来不良影响。人格障碍是"行为的根深蒂固的适应不良类型"，在少年阶段或更早阶段即可发现，并贯穿整个生命过程。① 人格障碍有些共同特点，比如：

---

① 郝伟：《精神病学》第五版，人民卫生出版社2004年版，第249—254页。

有特殊的行为模式，通常表现在情感、警觉性、感知和思维方式等方面，有明显与众不同的态度和行为；具有特殊行为模式是长期的，持续的，不限于精神疾病发作期；特殊行为模式具有普遍性，使其社交适应不良或职业功能明显受损；智能正常，主观上感到痛苦，但不能吸取教训；特殊行为模式始于童年、青少年或成年早期。

（三）人格障碍的成因

人格障碍形成的原因比较复杂，大量的研究资料表明，生物遗传、神经系统发育及社会环境等因素都会对人格障碍的形成产生影响。

1. 生物遗传因素

医学上根据对人格障碍者的家谱调查、双生子调查以及染色体的调查，认为人格障碍与遗传有关，人格障碍患者亲属中人格障碍的发生率与血缘关系的远近成正比。即使被收养人很早与亲生父母分开，亲生父母有人格障碍的，被收养子女有病态人格的比率也较高。

2. 神经系统发育因素

神经系统疾病如脑炎、颞叶癫痫及脑外伤等是人格障碍的促发因素。人格障碍患者皮肤电反应活动程度比非人格障碍者低，对静态和紧张刺激的自主反应程度也比正常人低。

3. 社会环境因素

童年期精神创伤和不合理教养，婴幼儿时期母爱的剥夺、父母离婚、家庭感情破裂、长辈过分溺爱、不合理的教育常是人格障碍形成的重要原因。而有些家长酗酒、违法乱纪、道德败坏，常给孩子的心理产生严重的影响，对孩子的个性发展带来巨大危害。

人格障碍在西方国家或战乱国家和地区较为多见，可能与以下因素有关：家庭结构不稳定，离婚率高，弃婴及私生子多，犯罪案件比比皆是，社会风气恶劣，黄色书刊及色情影视充斥。社会的混乱影响社会规范的形成和稳定，使许多孩子无所适从。

对人格障碍的处理，一般来说药物治疗难以改变人格结构，但在出现异常应激和情绪反应时少量用药是有帮助的。应根据人格障碍者的不同特点进行心理治疗，应建立良好的"医患"关系，努力寻找激发异常行为的因素，还应给予足够的时间。良好的"医患"关系易于帮助其认识个性缺陷之所在，并鼓励他们改变自己的行为模式，对其出现的积极变化予以鼓励和强化。找到激发异常行为的场合或因素对于处理和预防有重要意义。直接改变"患者"的行为很困难，可以让他们尽可能避免暴露在诱发不良行为的处境中。如攻击性强的人并非在任何场合都出现攻击行为，羞涩忸怩的人并不是在任何地方都怕羞。如强迫性人格具有"完美主义"倾向，可以让其从事紧张程度不高、责任比较宽松的工作。除此，教育和训练尤其对反社会型人格障碍者具有重要作用，反社会型人格障碍往往有一些程度不同的危害社会的行为，收容于工读学校、劳动教养机构对其行为矫正有一定帮助。正常人格随年龄增长会有一定变化，有些人格障碍随年龄增长也可能逐步缓和，如反社会型人格障碍在中年以后尽管仍存在人际关系冲突，但攻击行为大大减少，通过积极引导可进一步朝好的方向转化。

二　网络人格障碍的表现形式

（一）网络依赖型人格障碍

网络依赖型人格障碍，主要表现为在网上的活动缺乏独立性和自信心，必须在网友的帮助、指导下进行活动，网友的情感和判断，决定着他们的喜怒哀乐。他们常常乞求网友为自己做决定，但是，又不愿意为自己的决定承担后果。所以，他们对于自己所依赖的人，抱着一种既感恩又不满的矛盾态度。由于依赖性人格障碍者的心理资源有限，所以只能一味地为自己着想，表现得特别自私，他们很难表现出对别人的感激和爱。

（二）网络偏执型人格障碍

网络偏执型人格障碍，主要表现为网上初次相识就疯狂询问对方情况，强认为好友，要对方的地址、电话号码等，持久的固执自傲，不愿意接受他人的意见。网络偏执型人格障碍者常常喜欢使用"投射心理机制"——自己是怎么想的，就认为别人是怎么想的；自己是怎样感觉的，就把感觉当作现实。所以，这些人缺少与别人和外界的"界限感",难以分清自己和别人的想法,难以区别想象和现实。所以,网络偏执型人格障碍者,是一种专心生活在"个人神话"中的人。

（三）网络癔病型人格障碍

网络癔病型人格障碍,主要表现为善变、做作,喜欢引起他人的注意和关心;具有强烈的情绪反应;不能控制自身行为,在欲望不能满足时,随意宣泄自己的情绪;在网上聊天谈话不由自主,颠三倒四,文不对题。

（四）网络强迫型人格障碍

网络强迫型人格障碍,主要表现为强迫自己进入网络社会,只有在网上才能兴奋起来,视网络生活为自己的整个生活,但网上所做的一切又表现出自信心不足,总有一种做事不完善的感觉。

（五）网络边缘型人格障碍

网络边缘型人格障碍,边缘型人格障碍是一种介于神经症和精神病之间的心理障碍。是一种十分严重的心理障碍,也可以说是一种最难治疗的心理障碍。边缘型人格障碍的表现是多样性的、跳跃性的和不稳定的,当表现为焦虑、抑郁时,常被诊断为"焦虑症""抑郁症"或者"恐惧症"等各种类型的神经症;当表现为"过敏性幻觉"和"过敏性关系妄想"时,常会被一些粗心的医生诊断为"精神病"。网络边缘型人格障碍患者的情绪极不稳定,极度缺乏安全感和恒定性,从而导致与别人的关系忽冷忽热,难以与别人形成持久、稳固的人际关系。对于世界缺乏安全感,总是在最好和最坏两个极端跳跃,无法将好与坏两极融合,无法对世界产生统一和综合的观念,这种绝对好和绝对坏的期待都是不现实的,只好在这两极间震荡,进而形成一种极其不稳定的人格。

（六）网络反社会型人格障碍

网络反社会型人格障碍,主要表现为对一切事情都报有仇恨态度,网上攻击性行为增加,将网友视为敌人,伤害对方,事后缺乏内疚感、负罪感,并且强词夺理,为自己的错误进行辩解。一些极端黑客和网络流氓具有这种人格,他们有意制造或传播恶性病毒,辱骂他人,窃取他人资料,传播色情内容,破坏正常的网络交往。

三　网络人格障碍的影响因素

（一）生物学因素

网络人格障碍患者首先表现在网络操作中时间失控，无论增加多少时间都不满足，据此特点是否可以假设，这类人的大脑犒赏中枢区域特别敏感，一经激活就很难控制。很久以前，麦克吉尔大学的两位心理学家在研究利用电极刺激使正在学习一种操作条件的大鼠脑内的强化物增加的实验时，误将电极插入到了大脑的膈区（本该插入脑干的网状区），术后，这一大鼠疯狂地操作以对自己施加刺激，而且，大鼠似乎对无论多少次刺激都不满足。很多科学家均对这一实验进行重复，得出相似结论，并把这一中枢称为犒赏愉快中枢，运用到对成瘾物质的研究，按照心理学家魏斯的说法，这些内部的犒赏机制比任何外部环境刺激能更有力地影响和控制着成瘾。网络人格障碍的情形之一"上网成瘾综合症"形成的生物学因素归于犒赏中枢的高度敏感性，也有待进一步研究以证实。

由于上网时间不断延长，尤其是单位时间内的持续上网增加，使大脑高级神经中枢持续处于高度兴奋状态，引起肾上腺素水平异常增加，交感神经过度兴奋，血压升高，心跳加快，情绪亢奋，网络人格障碍者在努力追求维持或恢复愉快情感时，必须靠不断增加上网时间，去体验快乐的高峰情感。

（二）社会环境因素

首先，人格是在一定的社会环境中形成的，网络是一种人机对话的互动媒介，它所内蕴的文化与传统人文思想有着巨大的差异，一方面，传统人文思想无法在计算机的运算程式中证明自己的权威性；另一方面，网络则可能将文化分解得七零八落，文化的统一性和一致性因此受到冲击。网络成瘾者在其中难以接触到完整而健全的人格模式，因而，形成的网络人格就很难具有稳定性，人格变异在所难免。

其次，网络人格的不稳定性，也相应地影响到网络痴迷者的思维模式。网络的多向传播方式所形成的逻辑，呈现出与人脑思维大相径庭的方式，这种方式很自然地影响到网瘾的行为模式和情绪反应。同时，人类没有能力战胜自己的私欲，尤其是不能战胜自己征服别人的权力欲和比别人强的优越感。比如，一个高级程序员编程时，编制出一些病毒文件，有时纯粹是为满足自己破坏电脑程序的心理要求，并不一定是为了从中获得什么直接的实际利益，这就是网络人格变形扭曲的情形之一，在破坏行为中得到快乐和满足。

最后，现实生活中的压力太大，也迫使一些人躲到网络这个虚拟的世界中。从网上所得到的快乐和满足，使他们仿佛感到自己能驾驭世界，暂时回避了现实社会中的忧愁和烦恼。渐渐地，人就像巴甫洛夫的狗记住铃声会带来食物一样，一听到调制解调器的声音，就会兴奋不已。这样的结果在心理上出现两种效应：一是使处于征服欲望支配下的个体的自尊、自信感得到虚幻的满足；二是由于这种自我给付的虚幻满足，导致心理适应能力的降低，自我调整功能失衡，强化了人格变异。

（三）个性心理因素

辛辛那提大学的精神病学家内森·夏皮拉发现他的网络成瘾症患者中，大多数人在成瘾前患有躁狂抑郁症和社交恐惧症。卡内基梅隆大学对过度使用互联网者的研究，以及匹兹堡大学的研究都显示，网络人格变异者在现实社会中变异之前具有下列人格特点：喜欢独处、敏感、倾向于抽象思维、警觉、不服从社会规范。按照弗洛伊德精神分析学理论，网络人格变异者，存在口唇期满足的创伤。婴儿通过哺乳得到精神上的满足，并保留了对代表母爱的温暖、关怀、安全等美好感觉的回忆和思念。网络成瘾者，通过上网，重新获得了这种从口唇期结束后，就似乎消失而其实隐藏在潜意识中的满足感。成年后，受到挫折，如工作上失利、社交恐惧、失恋等，为了寻求解脱，沉溺于网络之中，可依赖的网上刺激得以弥补口唇期未满足的创伤，网络成了精神激动剂，成了继发性获益的促进剂，成了唯乐原则的实现地。

总之，网络人格障碍的形成有多方面的原因，它们可能综合地起着作用。个体人格一旦形成，往往具有一定的稳定性，要改变并非易事，必须经过很大努力，首先，要提高这些人的认知领悟能力，让他们把导致自己上网入迷的苦恼事件和行为引导到意识之中，抓住问题的关键一件一件的讨论和领悟，帮助他们生活在"此时此地"的现实之中，通过体验而获益是促进改变的一种有效方法。其次，要"对症下药"，比如，对网络边缘性人格障碍患者的治疗，幻觉妄想明显的，需要少量药物配合治疗；自我功能较差的，可以进行支持性的心理治疗；一部分自我功能比较强、承受力较好的，可以考虑进行长期精神分析治疗。而对于网络偏执型人格障碍患者，药物治疗无效，可以进行精神分析治疗，要避免在时机不成熟的时候触及他的"个人神话"。最后，具体指导他们在现实生活中扩大交友面，把对网络的依赖转移到新的兴趣上来，多参加集体活动，会有助于重塑人格。

四　大学生健全网络人格的培养及矫正

美国不列颠心理学会的调查表明，年龄在 20 岁到 30 岁之间性格内向的年轻人最容易对网络产生依赖；相对而言，大学生更容易依赖网络。北京大学心理系钱怡铭教授对北京 12 所高校的 500 名大学生进行抽样调查发现，大学生中有 6.4% 的网络成瘾者。[①] 成瘾的大学生一般使用聊天室、新闻组、网络游戏等进行网络双向沟通，他们借助网络逃避现实生活中的问题，这种吸引力往往会导致大学生对网络的极度迷恋，从而产生"网络上瘾症"，这是网络人格障碍产生的前提。

互联网给当代大学生带来了巨大便利，并提供了前所未有的发展机遇，网络为当代大学生获取最新信息、查阅学术资料提供了最为便捷的工具，网络空间为当代大学生提供了新的发展平台，有利于大学生强化竞争意识、创新意识；有利于大学生缓解心理压力、增强自我归属感；也有利于大学生人格独立性、平等性、开放性的形成和发展。

但是，网络也给当代大学生带来了严重的负面影响。许多关于网络成瘾大学生的人格特质方面的研究显示：这类大学生一般具有

---

① 崔丽娟、刘玉林：《互联网对大学生社会性发展的影响》，《心理科学》2003 年第 1 期。

以下人格特征：他们的推理能力和抽象思维能力低于整体学生的水平，其责任心不强、意志力较弱。个性更倾向于兴奋、忧虑和紧张；他们更喜欢追求新奇的事物，敢于冒险、富于幻想，更具备怀疑、攻击和挑战性；他们的组织性、原则性较弱，自制力差。① 尤其是网络双重人格的大学生其人格的裂变将直接导致心理的偏差，如社交恐惧、否定和逃避现实等，同时也严重影响了学校的秩序和社会的稳定。

（一）大学生健全网络人格的影响因素

第一，大学阶段是人生观和价值观走向成熟的关键时期，这一时期的大学生鉴别能力还不强，自制能力欠缺，而网络信息又复杂多样，大学生很容易受到不健康信息的腐蚀，进而造成价值取向紊乱，道德判断力下降，进而导致大学生道德人格的异化。艾里克森的人格发展理论认为，青少年期正处于自我同一性的形成阶段。在这一时期，如果不能获得自我同一性，就会产生"角色混乱"。虚拟世界与现实社会存在巨大差异，大学生心理尚未完全成熟，沉迷于网络的大学生很难在现实世界和虚拟世界中灵活的转换角色，从而使人格逐渐走向异化。

第二，当代大学生在学习、经济、就业、恋爱、人际交往等多方面面临巨大压力，虚拟世界可以缓释这些压力。并且在虚拟世界中，对于类似现实社会中应该承担的责任和义务，他们可以不必承担，网络责任感缺失，促使大学生个体责任感走向异化。虚拟世界对于大学生来说无疑具有极大的吸引力。大学生一旦上网成瘾，就会造成对现实事物的冷漠和人际关系的淡化，使人趋向孤立、冷漠和非社会化，久而久之，必然引起个体人际交往的异化。

第三，家庭教育对人格的形成与发展有着重要的影响。李涛和张兰君在其《大学生网络成瘾倾向与父母教养方式关系研究》一文中提到，他们对1500名大学生的调查发现，网络成瘾的大学生，其父母的教养方式显现出更少的情感、关心、理解，更多的拒绝否

---

① 周波、廖峻：《大学生网络成瘾问题探析》，《教育与职业》2010年第73卷第3期。

认和严厉惩罚。谢晶等在其《父母教养方式、自我概念与大学生网络成瘾的关系》中提到，他们对某工科院校 1317 名大学本科生调查表明，父母教养方式是大学生网络成瘾行为的影响因素。显然，大学生网络成瘾行为的心理动因来自早期的家庭教育。

（二）大学生健全网络人格的培养及矫正

大学生网络人格异化对其健全人格的形成和发展极为不利，学校应积极研究，在分析大学生网络人格特点的基础上，转变教育观念，充分利用各种资源，努力培养大学生健全的网络人格，对大学生网络人格障碍应积极采取矫正措施。当然，大学生自身及社会的努力在大学生网络健全人格的形成发展上也是很重要的。

第一，就大学生自身来说，为了预防网络双重人格、多重人格的出现，需要做出以下努力：首先，无论是在日常学习生活中还是在虚拟世界中都要注重良好的自我意识的培养，注重培养自信、自尊和自制的人格品质。其次，要养成良好的上网习惯、良好的网德，要进行上网自律。最后，要正确把握虚拟与现实的关系，努力促进"网络我"与"现实我"的内在统一，预防网络双重人格、多重人格的出现。

第二，就学校来说，学校网络环境对大学生网络健全人格的培养和矫正无疑是最直接、最重要的外部因素。学校可以从以下三点进行，首先，学校要注重提高大学生的网络素质教育，所谓的网络素质教育就是培养学生具有健康的网络批评能力，正确理解、建设性享用网络资源的教育。使大学生在虚拟世界也能保持清醒头脑，能够辨别优劣，科学地运用网络。这就需要学校通过建立健全网络伦理道德规范、制定网络管理制度，对大学生进行网络道德教育，规范大学生的各种网络行为；通过开设网络心理课程，开设网络心理咨询栏目等对大学生进行网络心理教育，分析和解决大学生的网络心理问题，矫正他们的网络心理偏差。其次，学校要进行积极引导，通过引导使大学生形成自我学习和自我品格塑造的内在动力，达到自我反思、提高自我修养、完善自我人格的目的。这就需要学校强化马克思主义的世界观、人生观和价值观教育，在网络上积极构筑社会主义核心价值观，引领网络文明新风和谐的虚拟世界；通过利用网络的优势，比如通过利用校园局域网、教育网站、BBS 等对大学生进行健康人格的引导教育，还要重视发挥大学生在网站建设和网站宣传上的积极作用，注意调动他们的积极性，发挥他们参与管理网站工作的主动性。最后，学校要加强网站建设、网络的信息建设以及制度规范建设。这就需要学校制定诸如"校园计算机网络管理条例""宿舍计算机网络管理条例""大学上网用户守则""BBS 的监察和管理办法"等制度对大学生的网络行为进行规范管理。鉴于当前移动通信的普及，大学生手机上网普遍，学校很有必要制定"教室手机上网管理条例"，既可以对大学生网络人格异化起到一定预防作用，还能加强大学生在教室里的学习实效。

第三，就社会来说，健全网络法规体系，强化网络监管功能是配合学校规范大学生网络行为、培养大学生网络健全人格的重要环节。大学生的自我控制力还较弱，自我表现欲又较强，加上法制观念淡薄，在虚拟世界很容易在不知不觉中陷入网络犯罪。为了预防大学生网络犯罪，培育大学生网络健康人格，应尽快建立健全网络法规体系，积极引导大学生在虚拟世界里遵纪守法，健康发展。首先，提高网络技术，强化网络管理，科学"过滤"有害网络信息。其次，建立网站分级监控和管理系统，从制度上保证大学生网络健全人格的形成和发展。最后，健全网络法规体系建设，采取有力措施，对违反相关法规的单位和个人追究相应的法律责任，严厉打击网络犯罪。

第八章

互联网效应——网络交往

互联网的产生和发展使网络空间成为一种新的交往空间，网络为人们的传统交往提供了一种全新的交往方式，它是一种比现实人际交往更复杂、更广泛、更高效的人际交往方式。它使人们在虚拟世界中形成了网络亚文化族群，网络群体行为对现实社会生活产生了极大影响。

第一节　网络交往的概念界定、特点及动因

一　交往及网络交往的概念界定

（一）交往的含义

马克思主义理论对"交往"界定为，"它包括个人、社会团体、许多国家的物质交往和精神交往"。它泛指在一定历史条件下现实的个人、阶级、社会集团、国家之间在物质与精神上互相交流、彼此联系的活动。依照马克思主义理论，"交往"具有以下几个特点：第一，交往是人类特有的存在方式和活动方式，它属于人与人之间的社会关系。第二，交往是以物质交往为基础的全部经济、政治、思想文化交往的总和。第三，交往是一种以主客体关系为中介的主体之间的关系。

哈贝马斯在他的《交往行动理论》一书中对"交往行动"界定为，"交往行动首先是指，使参与者能毫无保留地在交往后意见一

致的基础上，使个人行动计划合作化的一切内在活动"。① "参与交往必须具备的前提是，他们交往的结构，如果按照纯粹从形式上加以描述的特征来看，必须排除一切不管是从外部强加于理解过程的，还是从理解过程本身内部产生的强制力（不包括特殊交往的强制力），从而也必须摈弃真实寻求合作以外的一切动机。"② 可见，哈贝马斯的交往行动就是一种基于信任、达到相互理解和意见一致的合作化的内在活动。哈贝马斯在《对交往行为概念的阐释》一文中，对交往行动概念作了进一步说明，"从相互理解的角度来看，交往行为是用来传播和更新文化知识的；从协调行动的角度来看，交往行为起着社会整体化和创造团结互助的功能；最后，从社会化的角度来看，交往行为是为了造成个人的独有的特征和本质"。

（二）网络交往的概念界定

"交往是人类社会特有的活动与存在方式，它是人们个体、群体以及社会在一定的历史条件下进行的实践活动（包括交流、沟通、支配、服从与变革等多种形式）。通过理解交往活动的内涵可以推断出网络交往是人们依托网络平台，在数字化空间中，以信息与数据流为载体构建新的社会关系进行相互沟通、理解、影响的实践活动。"③

网络交往是现实交往的延伸，国内学者一般将网络交往分为广义和狭义两个方面。闫金山认为："广义的网络交往是指一些与互联网使用行为有关的并且是以信息交换为基础的行为，而狭义的网络交往则是指网络人际交往，即在网络空间中进行的人与人之间的相互关心的信息交流，从而实现人与人之间信息、情感等方面的交流，达到相互影响、相互理解，并建立一定的人际关系的目的。"韩红艳将广义的网络人际交往定义为："以计算机网络为媒介的人际交往"，而"狭义的网络交往就是人们基于网络通信技术条件下，

---

① ［德］哈贝马斯：《交往行动理论》（第 1 卷），洪佩郁等译，重庆出版社 1994年版，第 410 页。

② 同上书，第 43 页。

③ 魏臻、韩沛伦：《网络交往的动力研究》，《福建论坛》（人文社会科学版）2013年第 5 期。

通过数字信息进行各种信息交流，从而实现人与人之间信息、情感、物质的交流活动"①。应该指出的是，互联网技术发展到现在，网络交往已经由最初的狭义内容发展到现在的广义内容。

二　网络交往的特点

虚拟世界具有的虚拟、交互以及匿名性等特点使网络交往也具有了不同于现实交往的诸多特点。

第一，网络交往是一种"身体不在场"的交往，它是经由互联网这一媒体中介形成的交往关系。它与传统现实交往的直接"面对面"的特点完全不同，从而拓宽了交往对象。

第二，网络交往是一种允许匿名性的交往。每个人都可以使用一个或多个网名在线或线下发表个人观点、表达情感等，并且由于网络空间的匿名性保护，人们完全可以根据自己的兴趣、爱好或动机，在网络空间中完成自我认同与自我塑造。

第三，网络交往是一种突破时空限制的交往，互联网使交往突破了传统的物理时空范围，拓宽了基于血缘、地缘、业缘关系的传统交往形式；使人们可以在任何时间、任何地点进行网络交往。并且互联网采用即时的文字、声音、影像等多维信息并行传播，是真正意义上的突破时空限制。

第四，网络交往是一种交往对象和交往内容极度广泛的交往。互联网把处于不同国家、不同民族、不同社会制度、不同文化背景、不同职业、不同年龄等的人们连在一起，他们可以就任何共同关心的问题进行交流。并且，网络信息的广泛性及多样性，使网络空间的人们在保持平等交往心态的基础上进行着多维度的交往。

三　网络交往的动因

人的行为都有其相对应的动因，人们通过交往行为是为了表达自己的意愿，寻求认同与帮助，进而实现人的社会价值。由于网络空间的虚拟性、开放性等特点，网络交往具有区别于现实交往的特

---

① 李臣：《网路交往研究综述》，《和田师范专科学校学报》2012 年第 3 期。

点，其动因也与现实交往有很大不同。

第一，因为网络交往中"身体不在场"，因此不用担心现实交往中那种"惩诫性权力"（disciplinary power）对身体造成的伤害；不用担心现实交往中因为身体在场而产生的羞涩心理，尤其对于那些因为外在因素欠缺而在交往中有自卑感的人来说，网络交往可以使他们重获交往信心。比如，美国心理学家（Patricia Wallance）在《互联网心理学》中谈到了一个典型案例：一名学生过去因为自己相貌平平，在面对面的课堂讨论时总不爱回答问题，即使对某一问题做出评论，也总是被老师和其他同学忽略，于是他就干脆不再发表意见。互联网是一个不以貌取人的地方。当他第一次参加网上讨论，就表现出深刻的思想且不乏幽默，一两天的时间内就有好几个人回信表示同意他的观点，在辩论中站在他那一边。这是在教室里从来没有发生过的。互联网为他提供了一个使他充分发挥自己潜力的公平竞技场，使他拥有足够的自信心证明自己的资质，甚至改变了他对待实际生活的态度。也正因为"身体不在场"，因此网络交往是一种更注重内涵的交往，现实交往中的第一印象（比如外貌、气质、表达能力等）很重要，然后才是交往对象的内涵、人格魅力，直至对交往对象人生观、价值观的认知。而网络交往因为"身体不在场"就使得人们在交往中跨过第一印象，直接去寻找具有共同话题、共同兴趣、共同行动目标的交往对象。这样，那些智力相当、专业相近、爱好相通、兴趣相似、行动目标相同的人更容易成为交往对象。

第二，因为网络交往允许匿名交往，因此人们在网络交往中能够获得较现实交往更大的自由。首先，网络交往可以使人们从现实的羁绊（比如身份、信仰、职业、才能、外貌等影响现实交往的因素）中挣脱出来，充分展示和实现自我。网络交往中"他在社会中的地位，他的阶级立场或社会身份，也没有任何一个人知道他在天赋和才能——他的智慧、力量等——的分配中的命运"，① 因此"他"完全拥有充分展示和实现自我的主动权。其次，网络交往可

---

① 石毓彬、杨远：《二十世纪西方伦理学》，湖北人民出版社 1986 年版，第 527 页。

以满足人们的各种情感欲望。比如心理学家 Wallance 指出：心理分析表明，网上交往的心理动力机制是个人力图控制环境和竭力表现自我的权力欲望。[①] 这种现实中普遍难以实现的权力欲望，在网络交往中可以实现；再比如，对那些性格内向、行为孤僻的人来说，网络交往可以实现他们的交往愿望，对那些现实生活中受挫的人来说，网络交往可以满足他们情感宣泄的需求。最后，网络交往可以使人们获得较现实交往更大的塑造自我的自由，人们可以根据自己的兴趣、爱好或动机，来进行自我认同与自我塑造。在网络交往中，人们可以隐瞒部分或者是全部真实身份，可以随时更换自己的性别、年龄、职业、身份，可以虚构一个甚至几个虚拟身份。网络交往中的自由给虚拟身份以多样性，使它更带有不确定性的本质，同时，即使网络交往不愉快，人们也可以全身而退，这使更多的人勇于在网络交往中进行尝试，雪莉·特克说："对于后现代生活中特有的自我建构与再建构，网际网路已成为一座重要的社会实验室。我们透过网路的虚拟实境可以进行自我塑造与自我创造。"[②] 网络交往中的自我塑造如同舞台上演员的角色扮演，人们在网络交往中可以任意扮演自己想要扮演的角色，可以把真实的自己隐藏起来，也可以借助"角色"把真心示人。在网络交往中这种虚拟的角色使交往双方都没有任何心理负担。网络交往行为正像哈贝马斯的社会交往行为理论中的戏剧行为，他通过研究发现：戈夫曼在《我们大家都在演戏：日常生活中的自我表演》著作中，对戏剧行为作了比较清楚的论述，并将之首次引入社会科学领域。戈夫曼指出："在这里，我们一方面，看到了完全沉浸于自己表演中的表演者，这种表演者会认真地相信，他所演出的印象是真实的，是'真正的'实在。如果他的观众相信他的表演——这种情况似乎是规范的情况——那么，至少，只有那些社会学家，或者某个社会的反幻想者，在这个时候还会对所表演的'真实性'表示怀疑。……另一方面，可能表演者只是间接地，或者另有目的地注意影响观众，使观众终

---

① ［美］雪利·特克：《虚拟化身：网络世代的身份认同》，台湾：远流出版公司1998 年版，第 360 页。

② 同上书，第 245 页。

于对他的表演和他的状况抱无所谓的态度。如果表演者对自己扮演的角色没有信心，或者说并不认真注意自己观众的信念，我们就可以对他进行'讽刺'，而我们对十分确信自己表演所造成的印象的表演者的表演，却保持'真正的'评价。"

第三，因为网络交往是一种突破时空限制的交往，并且交往对象和交往内容极度广泛，因此，网络交往比现实交往更便捷、更容易、收获更多。网络社会学家 Barry Wellman 和 Milena Gulia 指出，电子邮件、BBS、MUDs、新闻组和聊天室（IRC）以各异的形式构筑了一系列计算机支持的社会网络（CSSN）。它们为人们提供了伙伴关系、社会支持、信息以及意义归属等社会化资源，吸引了许多人参与到网际交往之中。通过网络交往，人们可以依据自己的意愿直接建构新的社会网络。在虚拟社群中，我们可以直接进入我们感兴趣的话题所在之处，和那些与我们分享情感或那些以文字打动我们的人成为熟人。众多的主题将分散在各个终端的人群联系在一起，技术、政治、社会、休闲等各异的话题导向的讨论组，各种网上互助群体（如酗酒、吸毒者的互助治疗），对突发事件的关注等使人们获得了来自他人和群体的精神甚至物质支持。"网络世界展示的新生活质态，对传统的人际交往产生的实质影响，不仅体现在使人际交往成本减低，交往效率提高，联系速度加快，而且体现在创造了人际交往的全新空间，使人际交往从原来'点对点''点对面'的熟悉的强联系人群拓展到了遥远、陌生的弱联系人群，呈现出'面对面'人际交往所没有的新形态。"① 在网络空间，只要你有意愿进行交往，只需要一个 ID，只需要遵守最基本的网络规则、了解最基本的运行程序，就可以进入这个虚拟世界，自由地跟他人共享网上无尽的信息资源。对于网络信息，你既是发布者，也是接受者，你完全可以根据自己的需要进行信息搜寻，有价值的留下，无价值的摒弃。在信息共享的基础上，网络功能性交往发展迅速，比如电商跟消费者之间的交往，网络销售为电商提供了实现利润最大化的最便捷的通道，同时，消费者也能在最短的时间内以更便宜

---

① 黄少华：《论网络空间的人际交往》，《社会科学研究》2002 年第 4 期。

的价格购得最需要的产品，从而实现了网络交往中的"双赢"。再比如网络办公、网络问政与参与、远程培训等，随着网络技术的发展革新，网络交往已经不仅仅是人们通过数字媒介进行的简单"交友"，更多的时候它已经成为保护利益与追寻利益的新途径。

第四，因为网络交往是一种更注重内涵的交往，因此网络交往中更容易形成网络亚文化族群，这是网络交往应该值得重视的一个动因。在网络交往中，交往者更容易形成区位化的网络亚文化族群，"区位化"来自区位营销概念，即现代消费社会中的消费者已经分化为诸多泾渭分明的小群体。① 网络空间的虚拟性、开放性等特点使网络交往中"物以类聚，人以群分"的成本大大降低，在网络中迅速出现了众多旨趣不同的亚文化族群。这些群体具有共同的价值判断标准与追求目标。当前值得注意的是，一方面，一部分建设性的网络亚文化族群，如生态主义者、和平主义者、摄影者联盟、徒步旅行者联盟等并没有得到重视，其积极影响并没有很好地发挥出来。另一方面，一部分非建设性的网络亚文化族群，如黑客、邪教组织、各类瘾君子等，他们建立了自己的网站，只要打开搜索引擎，输入关键词很容易就能找到无数相关的内容和网页。他们网上交换信息，网下聚会、交易或协作行动。这些群体的价值取向与社会主流价值标准完全背离，其行为也对正常的社会秩序造成了严重威胁和危害。电子领域的开拓者戴森（Ester Dyson）曾说："（与其他有力工具一样）网络的好坏两种用途都值得大书特书，它对无力的资助是不对称的。它不分青红皂白地破坏了中央的权威，统一了分散的力量。换言之，互联网对宣传来说是一种微不足道的工具，却是同谋犯罪的理想国。"

网络交往是一把双刃剑，它在给人们带来诸多好处的同时，也产生了很多消极的负面影响，各种网络失范行为和网络社会问题不断出现：诸如网络犯罪、网络信息污染、网络诚信问题等，严重影响着社会稳定和国家安全。

---

① 段伟文：《网络空间的伦理反思》，江苏人民出版社 2002 年版。

第二节　网络交往中的群体行为

一　群体及网络群体的概念界定

对群体的需要是人类生存和发展的本性，人属于社会，属于群体。荀子说："人之生，不能无群"，[1] "人力不若牛，走不若马，而牛马为用，何也？曰：人能群，彼不能群也"[2]。美国心理学家马斯洛的需求层次理论也强调了在人的基本需求中，群体的归属需求占有重要的地位，他把需求分成生理需求（属于最低层次的需求，如食物、水、空气、性欲、健康）、安全需求（属于低层次的需求，包括人身安全、生活稳定以及免遭痛苦、威胁或疾病等）、爱和归属感（也称为社交需求，属于较高层次的需求，如对友谊、爱情以及隶属关系的需求）、尊重（属于较高层次的需求，如成就、名声、地位和晋升机会等）、自我实现（是最高层次的需求，如自我实现，发挥潜能）五类，一般来说，某一层次的需求相对满足了，就会向高一层次发展，追求更高层次的需求就成为驱使行为的动力。或者说，人加入群体是为了满足以上五类需求。

（一）群体的含义

"群体"在词典中一般解释为"本质上有共同点的个体组成的整体"。通常认为，群体是介于组织和个人之间的人群集合体，是其成员在心理上存在联系，在共同活动中发生相互作用与影响，在相互依存的基础上建立起来的人群集合体。[3] 群体成员具有共同的需要和目标；具有共同的规范和行为模式；具有共同的归属感。

（二）网络群体的概念界定及其特点

网络群体是指那些通过网络活动而聚合在一起，"并因各类共

---

[1] 《荀子·富国》。

[2] 《荀子·王制篇》。

[3] 刘彦成：《论群体性暴力事件的概念与特征》，《湖北警察学院学报》2003 年第 2 期。

同或相似的触网目的而构成的形成了一定的集体心理的网民集合体"①。网络群体具有区别于现实群体的明显特点：比如，网络群体组织具有更强的变动性和松散性，人们可以自由自主地加入或退出某一网络群体。再比如，网络群体更安全，这是很多人选择加入网络群体的一个重要原因。美国有报道说，在家上网最吸引中产阶级之处在于它无异于一种安全的天堂。在网上，中产阶级——网络的主要使用者，坐在他们安全的家里与和他们相似的人打着交道。②尤其对于那些不能融入主流文化的网络亚文化族群来说，网络群体可以使他们逃避现实社会的歧视与约束，群体成员相互支持，进而使所属群体具有较强的凝聚力，如网络同性恋群体就是同性恋者通过网络结识同道而形成的。

二　网络群体行为及网络群体事件

（一）网络群体行为及其动因

冯国栋在其硕士毕业论文《基于群体心理的大学生网络群聚行为研究》中将网络群体行为界定为：一定社会背景下形成的网络群体就共同关注的社会现象和社会问题通过网络集中参与讨论，发布、传播信息，制造网络舆论，并力图使社会事件的发展符合自身愿望的集体行为。网络群体心理是网络群体行为的重要动因，第一，集体无意识，集体无意识是网络群体最突出的心理特征，集体行为发生时，大部分的网民不能基于自己的思维、价值观做出相应的理性选择，而是受集体无意识的影响和控制，作出与自己个性和常规表现不同的选择。第二，暗示与传染，网络群体成员无法面对面交流，在网络信息刺激下，网友及自我暗示的作用很大，并且在网络事件中，情绪及行为感染的速度和程度都更高。第三，群体压力与从众，群体压力是指群体成员基于遵守群体规范，以及为了同其他成员在观点、行为上保持一致而产生的心理压力。从众是指由

---

① 毕宏音：《网络舆情形成与变动中的群体影响分析》，《天津大学学报》2007年第3期。

② Andrew Calcutt, White Noise, *An A–Z of the Contradiction in Cyberculture*, New York: ST1MARTIN. S PRESS, INC. 1999, p. 25.

于群体压力而引起的个体行为或信念的改变。迫于群体压力，大多数个体会选择改变自己的观点或行为。从众是减少群体压力的一种有效方法。第四，责任感弱化，网络群体成员的流动性强、联系性弱，法不责众，造成社会责任感的丧失，很容易出现人身攻击的言论。第五，群体归属感，群体归属感是指群体成员从群体活动中得到某种程度的需要满足而对群体产生的认同感。尤其对那些在现实群体中难以展现自己能力和实现愿望的成员，网络群体给予他们很大的满足感和成就感。

除此，网络空间的虚拟性和开放性特点、我国社会转型期带来的社会环境变化以及当前针对网络方面的法律法规不健全等也是网络群体行为的重要成因。

（二）网络群体事件及其案例分析

当前我国社会已经进入转型期，社会利益关系、社会矛盾问题更加复杂化，加上互联网的虚拟性、开放性等特点，使得网络群体事件频发。网络群体事件引起了中央及相关部门的极大关注，如何防范及处置网络群体事件成为政府相关部门必须面对的问题，有待进一步深入研究。

1. 群体性事件的界定

对于群体性事件的界定，理论界有争议。群体性事件的概念在我国经历了一个演进过程，从"聚众闹事""治安事件""突发事件""紧急治安事件""群体性治安事件"，到 2004 年中共中央办公厅、国务院办公厅转发中央处理信访问题及群体性事件联席会议《关于积极预防和妥善处置群体性事件的工作意见》的通知中提到的群体性事件，《通知》中对处理群体性事件的处理原则、组织领导、职责分工、现场处理和宣传教育等项工作都做出明确的规定。党的十六届六中全会把积极预防和妥善处置群体性事件首次写进党的重要文献，《决定》强调："坚持依法办事、按政策办事，发挥思想政治工作优势，积极预防和妥善处置人民内部矛盾引发的群体性事件，维护群众利益和社会稳定。"2009 年中国社科院发布的 2010 年《社会蓝皮书》指出，2009 年群体性事件发生仍然保持着多发的态势。这是因为在加速发展和转型的过程当中，积累了很多历史上的矛盾和问题。比如企业改制、房屋拆迁、土地征用、集资等，这些事情当中都向群众欠了很多债，这些问题得不到及时解决，造成的民怨太深。

对于群体性事件的界定，一般认为是指具有某些共同利益的群体，为了实现某一目的，采取静坐、冲击、游行、集会等方式向党政机关施加压力，出现破坏公私财物、危害人身安全，扰乱社会秩序的事件，可分为群体性暴力事件和群体性非暴力事件。显然，群体性事件对个人及社会产生的是一种消极影响。

2. 网络群体事件的界定及表现形式

互联网时代，群体性事件在网络空间中也呈频发态势，但是网络群体事件又不是简单地以网络媒介为载体的群体性事件，因为有些网络群体事件对社会的影响是消极的，有些网络群体事件对社会的影响是积极的。比如汶川地震中，网民对参与救援干部的好评；中国向索马里派出护航舰队等事件中，就在网上引起了"百万级的点击"。因此，对于网络群体事件的界定就不能是网络与群体性事件的简单结合。唐逢久在《对网络群体性事件的新解读》中将网络群体事件界定为："在一定社会背景下形成的网民群体为了共同的利益或共同诉求或共同关心的社会现实问题而通过网络集中参与，利用网络大规模发布、传播信息，以制造舆论并力图使社会事件的发展符合自身意愿的行为。这种行为因其目的、发展过程的不同具有不同的社会影响，既有消极的恶性网络群体行为，又有产生积极效应的网络群体行为。"王娟在《疏导理念下的网络群体性事件治理研究》中将网络群体事件界定为"在互联网上发生的引发较多网民参与讨论的事件，但也有一部分是从网上串联发展到网下集聚的群体性事件"。应该说，实践的发展使对网络群体事件的定义更多倾向于从正反两个方面的影响以及网上网下行为联动来界定的。

有学者认为，网络群体事件有三种表现形式：第一，现实与虚拟并存型，如2008年11月的重庆、三亚等地发生的出租车司机罢运，先是出租车司机小规模群体性抗议，同时有些人把相关情况散布到网上，这样，网下全城出租车司机罢运和网上相关群体性讨论这两个群体性事件遥相呼应，从而增加了事件的复杂性。第二，现实诱发型，如"天价香烟局长周久耕事件"，直接诱因是南京江宁区房产局原局长周久耕在开会时抽着名贵香烟反对房地产商降价。他的言行引发网上持续热议，并把矛头指向官员的职务消费上。网下没有发生群体性对抗，只在网上有强大的"表达对抗"。第三，现实诱发网内网外变异型，如2008年北京奥运火炬海外传递中，一位青岛籍留学生高举藏独旗帜遭到网民强烈谴责，并引起了网上大规模的群体性抗议，然后逐步升级到"人肉搜索"，得知这名留学生的身份信息后，在青岛的一些网民聚集到这位学生父母的住处进行抗议，在各方劝阻下事件才逐步得以平息。①

3. 案例分析

消极的网络群体事件："瓮安事件"

2008年6月28日16时至29日凌晨3时左右，贵州省黔南布依族苗族自治州瓮安县部分群众和中小学生，因对一名叫李树芬的女中学生死因的鉴定结果从怀疑到对公安机关的不满，聚集到瓮安县公安局和县人民政府请愿，围观群众骤然聚集达2万多人，极少数不法分子趁机鼓噪，甚至在光天化日之下，肆无忌惮地打砸抢烧，县公安局、县政府多间房屋被烧，县委办公木楼被烧毁，46台机动车被烧毁、9台机动车被砸坏，数10台办公电脑被抢走，党委、政府和公安机关大量公文、档案、办公用具被毁。这场突如其来的大规模群体性事件，人们称为瓮安"6·28"事件，也称"瓮安事件"。这起事件经网络迅速传播，中国和世界的目光瞬间聚焦贵州瓮安。瓮安"6·28"事件震惊中外。成为"典型群体性事件"的标本。

李树芬之死及公安机关对死因的鉴定处理意见，是引发"6·28"事件的导火索。从6月22日起，死者的尸体停放点既是人群聚集地，又是谣言散播地，每天都有上千人前往围观。人们口口相传、短信相传和互联网上的谣言迅速扩散。

---

① 代群等：《应对"网上群体性事件"新题》，《瞭望新闻周刊》2009年第22期，第10—12页。

　　直到 6 月 28 日事件爆发，瓮安县委、县政府、县公安局一直没有将事实真相及时向广大人民群众和媒体公布。在群众和网民的质疑没有得到有关部门的正面回应，政府没有辟谣和做通死者亲属工作的情况下，瓮安县公安局于 6 月 28 日上午再次下达《尸体处理催办通知书》，限定死者亲属在当日 17 时前必须把尸体抬走、处理，这就进一步激化了矛盾，导致百姓聚众上访，使死者亲属与事发现场三人的矛盾，转化为死者亲属与公安机关的矛盾。特别是"6·28"事件中瓮安县党委、政府和公安大楼被烧毁的照片、视频和危言耸听的文字在网上传播后，不仅瓮安当地群众，全中国乃至国外关注"6·28"事件的人们，仍然无法从官方获得权威信息，网上传言在政府没有正面回应的情况下，在人们心目中也就成了"事实"。一起非正常死亡案件，最终逐渐演变成为新中国成立以来罕见的打砸抢烧县委、县政府、县公安局的重大恶性群体性事件。

　　瓮安县没有正常的、开放的、权威的信息发布渠道来满足老百姓了解事情原委的愿望，没有具备公信力的信息发布可以疏导民意，老百姓伴着谣言过了一天又一天，口口相传、短信相传、电话相传、网络相传，接收的真假混杂、谣言甚至谎言等负面消息，比党委和政府掌管的新闻舆论主渠道发布的正面消息快得多、早得多、信息量大得多。新闻"先入为主"的特性，使干部群众更加怀疑李树芬的死因，激起广大人民群众对死者的同情和对政府及公安机关的强烈不满。社会不良情绪传播感染的速度，远远超过传染性疾病传播感染的速度，"6·28"事件一呼百应，万众聚集。

　　瓮安县各级干部在反思"6·28"事件教训时，普遍感到党委、政府和公安部门，对社会政治状况信息收集渠道不畅，表现出迟报、不报、甚至失真，政治敏锐性不强，麻痹大意，甚至麻木不仁。对重要信息的发布，党委、政府和宣传部门、公安机关等主渠道，不仅发布慢、声音弱、信息少，甚至在相当一段时间内被动地封堵虚假信息，广大人民群众对李树芬的真正死因，一时间听不到党委、政府和相关部门发布的权威信息，只好打听小道消息，一时间谣言、谎言四起，在民间甚至在互联网上泛滥成灾，党委、政府、公安机关陷入十分被动的地位，舆论误导对"6·28"事件起到推波助澜的作用。

瓮安县委宣传部副部长胡乾飞说："李树芬6月22号溺水死亡，处理的信息没有及时向群众公开，也没有向媒体发布，县里办有《瓮安时讯》周刊，每期印发3000份，有电视台、有政府网站，要是信息及时公开了，谣言就没有市场。《贵州都市报》等媒体是有关当事人请来的，连民间也知道重视媒体，我们自己却忽视了。"

胡乾飞说，现在是网络时代，群众家里只要有台电脑就可以上网，写帖子，仁者见仁，智者见智，谈他个人的看法。网络传播速度快，覆盖面大，普及率高。"谎言只需重复三遍就成了真理"。网上谣言、谎言一时间铺天盖地，已经传遍全球。

胡乾飞说："直到6月28日晚上才临时抱佛脚，组织一班人马被动地封堵网上有害信息。县委宣传部办公室被烧了，就在县文广局借了3台电脑，找来网络高手，以博客形式展开辟谣，对'6·28'事件的谣言、谎言，有针对性地贴了3000多条帖子。反思这件事，如果我们及时把权威信息公开，就不会如此被动了。"

共产党从红军长征、抗日战争、解放战争到和平建设时期，一直非常重视宣传舆论工作，瓮安县委、县政府却忽视了。事件刚发生时，官方的声音基本没有，信息主要靠人与人之间传播，谣言、谎言混杂其间，一些媒体听民众的多一点，宣传就存在片面性，随即帖子上网了，网民24小时都可以在网上，网络自由度很高，政府事后才去澄清恶意信息、虚假信息，显得十分被动。

胡乾飞说："网络是柄双刃剑，既有有利的一面，也有不利的一面。就像一把菜刀，拿在优秀厨师手里，能做出丰盛的菜肴；拿在凶手手里，就成了凶器。我们党管报纸、广播、电视很有经验，对网络管理跟不上，加强网络管理显得尤其重要。"

瓮安县文联副主席周应祥说："我们正面宣传跟不上，美国、日本、新加坡、中国香港等国家和地区的媒体都涌来瓮安了，我们的宣传仍然迟迟不发话。社会上、网络上谣言、传闻炒得沸沸扬扬，我们的电视台迟迟没有画面、没有声音，直到29号下午五六点钟才有声音，显得何等被动。"

"战争年代一个是军事，一个是宣传，宣传以攻心为上。历史上楚汉相争中，汉军用'四面楚歌'的计策，瓦解了项王及其军心，致使项王溃不成军，兵败自杀，可见宣传威力之大。宣传要形成大宣传的格局，民间传播方式不可小看，比方长途客车上，一个笑话可以把一车人笑抬起来。"

宣传舆论工作用于统一认识，凝聚人心，鼓舞斗志，让人民群众知道党委和政府在想什么、做什么、怎么做，信息公开透明，推动精神文明建设。也可以揭露、批评党委、政府工作中存在的问题和不足，将党委和政府的工作置于人民群众的监督之下，可以让人民群众了解事实真相，避免谣言蛊惑人心。

党委和政府对掌握的信息资源要进行必要的控制，以维护社会政治稳定，但过度控制信息，就会导致真实政治信息缺乏，就会为虚假信息提供传播空间，影响民众对政府的信任。如果下级政府对上级政府迟报、漏报、瞒报甚至搞信息封锁，势必导致上级政府判断失误，甚至陷入局面失控。

有报道说参与瓮安事件的群众"不明真相"。群众"不明真相"是实，但群众不明真相事出有因，当政府失去公信力，主流新闻媒体单一乃至失声，社会缺乏具备公信力的权威信用机构，群众必然"不明真相"。不明真相的群众最容易被高度情绪化的传言所鼓动，当情绪激愤的群众聚合起来时，采取的行动势必过激，"6·28"群体性事件就这样爆发了。

反思"6·28"群体性事件"信息控制"与"信息发布"的教训，当指出群众"不明真相"的同时，必须指出导致群众"不明真相"的主要责任在掌握信息和掌握信息发布权的政府相关部门，而不是"少数别有用心的人"，更不可能是民众深恶痛绝的黑恶势力。否则，既低估了人民群众的政治判断力，又夸大了黑恶势力的能量，也掩盖了政府权威信息发布的缺位。

瓮安县社会管理存在的一大弊端，就是没有社会安全阀机制，没有健全社会政治信息收集和传递网络，乃至党委和政府掌握的信息与民间传递的信息不对称。没有预警机制，也没有社会危机应急预案和处置机制，大规模群体性事件爆发了，党支部、村委会、居委会、社区办事处、妇女、青年、治保、民兵等基层组织一盘散沙，没有组织指挥，没有整合力，没有吸纳力，实际上近乎瓦解。

资料来源：摘自刘子富，《新群体事件观：贵州瓮安"6·28"事件的启示》，新华出版社 2009 年版。

在现代信息社会，如何建立健全具备公信力的信息收集机构和网络，如何建立健全科学的、权威的信息发布制度，让公共信息真正成为社会政治发展的战略资源，具有非常重要的现实意义。

除此，网络群体犯罪事件也使相关部门面临极大挑战，比如新疆乌鲁木齐"7·5 打砸抢烧"事件，就是以热比娅为首的"世维会"利用网络进行联络、集结民族分裂分子、网上网下煽动不明真相的群众，进行的有组织、有计划、有预谋的暴力犯罪行为，给人民的人身生命财产安全、国家和社会的安全稳定造成了极其严重的影响。应该说，当前像"藏独""维独"这样的民族分裂组织、法轮功等邪教组织和其他一些犯罪组织也越来越多地利用网络媒体实施各种危害国家、社会安全的违法犯罪行为。

由于缺乏有效的网络管理机制，网络监控技术也不充分，相关部门很难进行直接的有效监管，对类似网络群体犯罪事件缺乏预见和控制，这也是近几年网络群体犯罪事件频发的主要原因。政府在应对此类事件上，第一，应在相关领域建立预判预警制度，派专业人员实时掌握网络热点议题，实时监控，及早预防。第二，"要通过掌控网民的 ID 和 IP 来了解网络群体成员的分布，并通过网络行为了解其在群体中的作用，针对其行动特征采取应对办法。一是改进网络生活方式，实行网络隐实名制，即网民以实名注册网络身份，上传有效证件影像或人体信息，由公安部门加密保存，既不影响网络生活，又能有效威慑查控肆意编发转载谣言或虚假信息等行为；二是通过网络言论分析网民政治态度、目的诉求与行动倾向，以便有针对性地采取措施"①。

　　近年来还频频发生网络群体失范事件，比如 2011 年的"抢盐事件"就是网上散布的谣言造成现实相关领域秩序的混乱；再比如网上诸多事件中的"人肉搜索"，虽然通过对事件当事人的各项信息甚至是隐私的挖掘和分析符合正义感和道德感，但是这一行为实际上侵犯了当事人的隐私权和名誉权，并且对当事人的身心健康造成了严重影响。对网络群体失范事件，在网络法律法规建立健全的基础上，网络宣教疏导很重要，尤其是相关领域的专家学者的观点，对网民的理性思考有很重要的激发作用。

积极的网络群体事件：厦门 PX 项目事件

　　厦门市海沧 PX 项目，是 2006 年厦门市引进的一项总投资额 108 亿元人民币的对二甲苯化工项目，该项目号称厦门"有史以来最大工业项目"，选址于厦门市海沧台商投资区，投产后每年的工业产值可达 800 亿元人民币。该项目于 2006 年 11 月开工，原计划 2008 年投产。2007 年 3 月，由全国政协委员、中国科学院院士、厦门大学教授赵玉芬发起，有 105 名全国政协委员联合签名的"关于厦门海沧 PX 项目迁址建议的提案"在两会期间公布，提案认为 PX 项目区域位于人口稠密的海沧区，如果发生泄漏或爆炸，厦门百万人口将面临危险。但遗憾的是，国家相关部门和厦门市政府没有采纳他们的建议，而且加快了 PX 项目的建设速度。12 月 8 日，在厦门市委主办的厦门网上，开通了"环评报告网络公众参与活动"的投票平台，9 日，投票突然被中止，10 日投票平台被撤销。投票结束之时的结果显示，有 5.5 万张票反对 PX 项目建设，支持的有 3000

---

　　① 刘长龙：《网络群体行为与现实群体行为的比较分析》，《长白学刊》2012 年第 6 期。

票。12月13日，厦门市政府开启公众参与的最重要环节——市民座谈会。驻厦媒体包括新华社、《人民日报》《光明日报》等，以及厦门本地媒体，获准入内旁听。整场座谈会持续4个小时。最终结果显示，49名与会市民代表中，超过40位表示坚决反对上马PX项目，随后发言的8位政协委员和人大代表中，也仅一人支持复建项目。12月14日，第二场市民座谈会继续举行。第二场座谈会有市民代表、人大代表和政协委员等97人参加，62人发言。在座谈中，除了约10名发言者表示支持PX项目建设外，其他发言者都表示反对。座谈会上，曾对海沧区做过独立环境测评的厦门大学袁东星教授，用数据及专业知识对PX项目表示反对。12月16日，福建省政府针对厦门PX项目问题召开专项会议，会议决定迁建PX项目。事件的结果是，PX项目暂停，后迁址漳州。

　　资料来源：百度百科。

　　从以上案例可以看出，厦门PX项目事件中厦门地方政府与公民百姓进行了成功互动，这也显示了互联网时代公共治理领域的转变。厦门政府把民意纳入地方治理，厦门市民最大限度地参与，媒体最大限度地讨论，专家学者在自己的专业领域提供专业意见，从二次环评、公众投票，到最后迁址，应该说，厦门PX项目事件是政府应对网络群体事件的成功案例。

　　改革开放的深化带来了公民权利意识的增强，网络公共领域成为网民权利诉求的重要空间，尤其是公权力大、公益性强、公众关注度高的"三公部门"和其中的公职人员，很容易成为网络焦点。如"干部出国旅游清单"事件、"贫困县县委书记戴52万元名表事件""云南'躲猫猫'事件"等。应该说，网上对"三公部门"及公职人员的负面新闻进行热议，有利于督促政府部门对事件的调查及处理，也只有在相关部门对事件涉及干部作出免职等处分后，这一网络群体性事件才算结束。曾任上海市政府新闻办网络新闻管理处处长的张晓宇说，涉及"三公部门"的网络事件，溯其本源其实就是公共部门和公职人员"涉腐""涉富""涉权"三类事件。当前社会处于转型期，人们对于公权力如何参与社会利益调整非常敏感，因此才会对这些网络事件如此关注。从孙志刚事件到唐慧案，从"天价香烟局长"周久耕到"表哥"杨达才，从公务员出国"考察门"到闵行公务员"艳照门"，公民的网络参与及网络监督一次又一次展现出巨大能量。

网络中的公共参与又被称为电子民主，20世纪90年代初期，对电子民主的宣传就是力图使人们相信，信息高速公路将赋予公民更大的权利，使公民能够参与公共决策的全过程。1992年，美国人鲁特·佩罗（Rout Perot）提出了"电子市政厅"的设想，认为网络基础设施可以实现直接民主。软件专家兼空想政治家蒂姆·斯特里克（Tim Stryker）也提出了"超级民"计划：美国政府的司法和立法两个分支应该由一系列永不停息的公民投票制度来代替，在此制度下，对每一款法律提案和每一个案件的判决，每个公民都有投票权。虽然中外网络公民公共参与有很多成功的案例，但不可否认的是，公民在拥有计算机等上网设备的基础上，公民的上网比例、上网能力及受教育程度深深地影响着公共参与的水平。也就是说，比公民参与所需要的网络设备和公民参与意愿更重要的是公民的知识和能力，社会的知识—权力结构是网络公共参与的主要影响因素。

互联网技术是公共参与的新渠道，但并不能直接带来公共参与和民主权利，相反却出现了互联网时代的"数字鸿沟"。世界经济合作组织将数字鸿沟定义为：数字鸿沟是指不同社会经济水平的个人、家庭、企业和地区在接触信息通信技术和利用互联网络进行各种活动的机会差距。美国商务部的"数字鸿沟网"进一步解释说，在所有的国家，总有一些人拥有社会提供的最好的信息技术。他们有最强大的计算机、最好的电话服务、最快的网络服务，也受到了这方面最好的教育。另一部分人，他们由于各种原因不能接入最新的或最好的计算机、最可靠的电话服务或最快最方便的网络服务。这两部分人之间的差别，就是所谓的数字鸿沟。美国哈佛大学教授Pippa Norris从以下三个方面定义"数字鸿沟"的：一是全球鸿沟，指发达社会和发展中社会之间在接入网络方面的差距；二是社会鸿沟，涉及每个国家中信息富足者和信息贫困者之间的差距；三是民主鸿沟，指那些适用和不适用数字资源从事、动员或参与公共生活的人们之间的差别。

有些国家为解决国内"数字化鸿沟"的问题做了很多探索，比如韩国，第一，韩国政府构建了缩小数字鸿沟的管理体制，设立国家信息振兴局、成立缩小数字鸿沟委员会，保证缩小数字鸿沟的各项政策、措施、规划、法律法规的起草、制定及其他部门的实施监督。第二，韩国政府出台了一系列政策、措施、规划、法律法规，比如，政府规定，从 1988 年起每年的 6 月定为韩国"信息月"，信息月中开展提高信息技术意识的项目；1996 年制定了《信息化促进基本法》；1999 年推出了《21 世纪计算机韩国》；2001 年制定、2002 年修订了《数字鸿沟法》；2001 年制定了"缩小数字鸿沟总计划"；2004 年和 2005 年制订了"缩小数字鸿沟行动计划"，等等。韩国在缩小国内数字化鸿沟方面的努力和成果给我国在这方面有很大的借鉴意义。

在我国，互联网的发展使其已经成为中国公民行使知情权、参与权、表达权和监督权的重要渠道。2008 年 6 月 20 日，胡锦涛在人民网强国论坛与网友在线交流，开启了中国公民的"网络问政"。这几年，各级政府不断完善电子政务建设，通过发布讯息、公布统计数据、网上干部政绩评估等搭建与网民良性互动的平台，让网民参与到政策制定中来。这种互动一方面保障了公民权利的实现；另一方面提高了政府决策的科学性和合理性。人们可以通过人民网、新华网等及时了解政策信息及发展动向，通过留言、讨论等方式进行政治参与，还可以通过网络论坛，博客等形式进行政治参与。比如，"两会"前夕，人民网、新华网、搜狐网、腾讯网等各大网站相继推出的"我有问题问总理""为省部委建言""人大代表、政协委员意见征集"等互动平台，吸引了数以亿计的网民积极参与。可见，互联网已经成为中国公民参政议政、表达诉求的重要平台，同时也为"两会"代表、委员以及各级政府开辟了一个了解社情民意的新渠道。当前，互联网不仅深刻影响着普通民众的生活，也在逐渐完善着中国的政治生态环境。

第三节 对大学生网络群体行为的正确引导

大学生网络群体行为是指网民群体将共同关心的问题发布到网上，大学生通过回帖转发、点击网页等形式大规模发布信息、传播信息，希望事件朝自身期望的方向发展的网络群体行为。[①] 大学生网络群体是一个特殊的网民群体，其交往意愿强、思维敏捷开放、个性鲜明、文化技术水平高，但是好奇从众心理强、易情绪化、极端化、实践阅历浅。大学生网络群体一般通过校园 BBS、校园网、社区、微信、博客、同学录、QQ 群、专题网页、论坛、聊天室、交友网站、网络游戏等对热门事件、焦点问题、感兴趣的话题发表自己的意见和主张。大学生网络群体交往已经成为校园现实群体之外的重要交往形式。大学生网络群体交往对大学生成长发展起到了一定的积极作用，比如，在网络群体交往中，大学生能够扩大交往范围，提高交往能力，能够获取更多的信息，提高文化水平，丰富娱乐生活等。积极健康的大学生网络群体交往甚至可以推动公益事业发展，如声援救助型的群体交往。但是过激的、非理性的大学生网络群体交往给自身也给社会稳定造成了很多消极影响；比如，学习时间的浪费、网络言行的不检点，现实交往以及人际关系的淡漠，甚至是双重人格障碍等。

一 大学生网络群体行为的表现

(一) 大学生网络集会

网络集会是指围绕特定现实主题、以意见的强化与汇聚为特征的、具有一定组织性和影响力的网络群体的聚集。大学生拥有强烈的爱国热情，尤其在国际关系中涉及中国的利益，比如领土、安全、主权、人权等问题时，容易引发大学生在博客、QQ 群、论坛等区域展开热烈讨论，网络群体集会进而转向现实群体集会，在网

---

① 冯国栋：《基于群体心理的大学生网络群聚行为研究》。

上网下的集会中大学生的民族主义倾向极易显现，尤其是"一些'网络愤青'满怀对民族命运的忧虑和使命感，以言辞激烈表达偏激观点，他们发表情绪化的言论，所有极端的行为都打着爱国的口号，表现出强烈的民族主义和政治化倾向。这种行为虽然有一定的正面作用，但情绪化、粗俗化、偏激化、极端化等非理性行为也极易引发暴力活动，造成不良社会影响"[①]。

2008年4月抵制家乐福事件：4月7日，北京奥林匹克运动会火炬在法国巴黎站传递时，遇到较多的抗议人士，有抗议者试图抢夺火炬，包括中国前残疾运动员金晶也遭遇暴力抢夺，火炬传递途中数次熄灭。4月10日，一名叫"水婴"的网民在社区网站"猫扑"上发布了一条题为《抵制法国货，从家乐福开始》的帖子。4月13日，中国网民呼吁抵制家乐福。4月17日，网络传出武汉一张家乐福店前的五星红旗降半旗的照片，加剧了抵制浪潮。4月18日，合肥大专院校数千名学生在一家乐福店前示威，该店被迫提前关门。抵制期间，北京、武汉、青岛、合肥、哈尔滨、西安、济南、天津等城市的家乐福店都遭遇示威。

2010年9月7日中日撞船事件，日方非法扣押我国渔船和船长，引起我国人民的强烈不满。9月20日，长沙市部分学生进行了大规模的游行示威活动。学生高呼"还我钓鱼岛"，并拉起"天下兴亡，匹夫有责"横幅，人数在3000人左右。10月16日，西安市大雁塔北广场出现200余名学生聚集，沿途不少群众陆续参与到游行队伍中，至钟楼附近时，人数已达近万人，并且出现了民众砸毁日产轿车和日本商店的过激行为。

2012年9月11日，日本"购岛"事件发生后，中国又全面爆发大规模反日游行示威，大批市民包括部分高校学生响应网上号召上街游行，其中重庆、长沙等地人数达到数千人，北京猛增至两万人以上。部分地方传出民众闯入、破坏日资商店的事件，长沙日资商场平和堂遭打砸，部分商品遭哄抢；青岛部分示威者闯入吉之岛商店，破坏设备和抢掠；成都有几家便利店遭破坏；东莞有几家日

---

① 冯国栋：《基于群体心理的大学生网络群聚行为研究》。

本料理店也遭破坏。还有部分城市出现打砸焚烧公民的日系车辆。从法律上来说，打砸抢国人的日系车、日系商店，损害了被打砸抢人的合法财产，应负法律责任。

大学生正常集会游行示威合情合理，也展现出了他们强大的爱国主义热情。但是在集会中大学生极易情绪化，也极易被诱导，从而对他人、社会及自身带来损害。在网络群体事件的处理上，官方媒体的引导很重要，比如抵制家乐福事件中，新华社和《人民日报》相继发表题为《爱国热情必须纳入理性的轨道》《把爱国之情化为报国之志》《爱国主义如何才更有力量？》等评论文章，呼吁民众要冷静、理性，把愤怒转化为力量，投入到国家经济发展中。4月22日，政府出面介入，赞扬家乐福经营中国业务的方式，也为其支持北京奥运表示感谢。"五一"期间虽然在少数城市还有抵制家乐福的示威，但规模已经很小。

除此，大学生网络集会对校园的影响也广泛存在，比如，大学生针对教学、管理、生活等问题通过校园 BBS、论坛等发动罢餐、罢课事件、高校毕业生离校群体性事件等都对高校的管理和稳定产生了很大影响。

2010 年江西九江学院 361 度事件：2010 年 5 月 15 日 361 度公司与学院签订了共建协议，由于 361 度公司的进驻，学院方面要求女生从所住的 10 栋搬往男生所住的 16 栋，而 16 栋的男生则被要求搬往 31 栋和 13 栋，13 栋被学生称为"鬼楼"无人居住，10 栋的住房条件在全校是最好的，5 月 30 日凌晨遭遇 10 栋女生的抵制，凌晨 1 点钟，该学院女生在宿舍楼大声吼叫，并将饮水机等物品扔到楼下，对学院行为表示抗议。学院领导发出口头通知，查出带头女生，举报者奖励 500 元。这样，事情越闹越大，九江学院论坛上满是关于 361 度的这起事件，跟帖、灌水不绝如缕，各种激烈言论更是迅速传播，为此，九江学院论坛曾一度关闭。

大学校园里类似事件频发，校方应有深刻的反思，首先，学校在涉及与学生切身利益有关的任何问题上，应该以学生的利益为重。除此，校园群体性事件大多是由校方和学生沟通不力造成的，沟通渠道畅通对解决事件尤为重要。学校保卫部门应该在校方和学

生之间的交流中起到很好的协调作用，使双方信息、愿望得到充分
表达，通过双方的沟通消除误会。

（二）大学生人肉搜索和网络围观

网络围观是网民利用网络技术对公布在互联网上的社会事件进
行集中评议的行为活动。大学生关注国家发展、关心社会安定，对
公共领域、政治领域中发生的热点问题在网络上表现出了极大的参
与意愿和行为，诸如在公民维权、公民监督、贪污腐败、贫富差
距、社会道德、法律平等问题上极易形成聚焦进而对现实社会有极
大影响。

2010 年 10 月"李刚事件"：2010 年 10 月 16 日晚，在河北大
学新区超市前，一辆牌照为"冀 FWE420"的黑色轿车，将两名女
生撞出数米远。被撞女生陈晓凤 17 日傍晚经抢救无效死亡，另一
名女生重伤。司机不但没有停车，反而继续去校内宿舍楼送女友。
返回途中被学生和保安拦下，该肇事者口出狂言："有本事你们告
去，我爸是李刚！"后经证实了解，该男子名为李启铭，父亲李刚
是保定市某公安分局副局长。此事一出迅速成为网友和媒体热议的
焦点，"我爸是李刚"也迅速成为网友们嘲讽跋扈"官二代"的流
行语。由于犯了众怒，肇事者及其父亲"李刚"迅速遭到了"人肉
搜索"。搜索结果显示，肇事者李启铭是河北传媒学院 2008 届播音
主持专业的学生；而李启铭所说的父亲"李刚"则是保定市公安局
北市区分局主管刑侦的副局长。

声琴相拥上传了自己的新歌《我爸是李刚》，这首歌改编自小
沈阳的《我叫小沈阳》：横行路中央，轿车轻飞扬，黄土地养育着
咱那霸道的爹娘……我爸叫李刚，大名鼎鼎的李刚，李是李世民的
李啊，刚是金刚的刚……这首歌刚一挂到土豆网，点击率迅速上
万，被无数网友转载。10 月 21 日上午，声琴相拥表示，这首歌从
创作到视频剪辑一共花了 8 个小时，当日凌晨 2 时才发到网上，目
的是为了代表广大网友唱出心中的愤怒。对于"我爸是李刚"的流
行，北京师范大学传播学教授张洪忠认为，"造句行动"看似幽默
搞笑的背后，其实是人们自发形成的对权力阶层的一种声讨。他们
的行为表现出对权力阶层的痛恨。

2010 年 10 月 24 日，犯罪嫌疑人李启铭因涉嫌交通肇事犯罪被望都县人民检察院依法批准逮捕。2011 年 1 月 30 日，河北保定李启铭交通肇事案一审宣判，李启铭被判 6 年。

"我爸是李刚"一词成为 2010 年网络十大流行语之一，在引起众多中国人的关注、讨论之后，国外也有很大关注，2010 年 11 月 18 日，《国际先驱报》发表头版头条《中国隐晦笑话：我爸是李刚》。《纽约时报》网站发表评论说："李刚事件在某种意义上说明了中国一些政府的强权意识，但另一方面媒体、舆论最终还是使得李启铭被审查，最终产生了相对公正的审判。"

人肉搜索和网络围观都带有很大的情绪性，虽然能够缓释自己的愤怒和不满，但参与其中的大学生很容易受到不良信息的影响，也很容易被诱导到对对方的恶意攻击上来。

（三）大学生网络水军

"网络水军"是指通过雇用大批人手在互联网上集体炒作某个话题或人物，以达到宣传、推销或攻击某些人或产品的目的。这些受雇人员在"网络推手"的带领下，以各种手法和名目在各大互联网论坛上发帖。大学生是"网络水军"的重要力量，由于大学生群体上网时间多、文化程度高、兴趣广泛、有一定的独立意识和写作功底，他们受经济利益驱动，进而形成了一个庞大的大学生"水军"群体。"网络水军"某种程度上左右了社会舆论，使人们无法辨别真假、无法知道真相，造成严重的社会影响，也引起政府的高度关注。

从"贾君鹏，你妈喊你回家吃饭"，到蒙牛"诽谤门"事件暴露，从"3Q"大战，再到魅族手机被曝上市炒作等，事后调查证明，背后都有一支操纵网络舆论的推手——网络水军。

蒙牛"诽谤门"事件：2010 年 7 月，部分媒体刊发了《深海鱼油大多有问题，专家称造假现象严重》《专家："深海鱼油"危害超过地沟油》等文章，随即网上相继出现大量宣传"深海鱼油不如地沟油"的恶意攻击性文章。这些文章主要出现在大型门户网站论坛、个人博客和百度等主流网站的问答栏目中。之后，网络攻击深海鱼油的行动有组织地向深层次发展，宣传添加深海鱼油的产品不能食用。同时，攻击方向又直指伊利集团生产的"QQ 星儿童奶"，煽动消费者抵制"伊利 QQ 星儿童奶"。经调查发现，这是乳业巨头蒙牛集团高管和一些"网络推手"通过雇用"网络水军"损害另一乳业巨头伊利集团商业信誉的恶意宣传行动，《经济参考报》称，是"有组织、有预谋、有目的、有计划实施攻击伊利和圣元乳业产品的行动"。内蒙古呼和浩特警方已对有关涉案人员采取了司法措施。蒙牛高管策动的这次"陷害门"，也让公众看到了网络水军的威力。新华网发表文章说，"网络水军"其实就是"网络黑社会"，呼吁官方通过完善法律，打击这种"网络黑社会"。

国务院新闻办主任王晨 2010 年 12 月底回应"网络水军"问题时说：中央领导人很关注网络水军问题。网络水军危害社会、影响正常的网络秩序，需要治理。这是我国官方首次对"网络水军"问题进行公开回应。在国新办新闻发布会后回答记者提问时王晨说，互联网管理由工信部、国新办各自承担不同的职责。网络水军在社会各界引起了强烈反响，中央领导人也很关注这个问题，并指示他们要认真研究。国新办非常关注该问题，目前正在研究依法加强"网络水军"管理的措施。

网络水军的负面影响是显而易见的。它可以帮助幕后的商业企业，迅速地炒作恶意信息并打击竞争对手，也可以为新开发、新成立的网络产品（如网站、论坛、网络游戏等）恶意提高人气、吸引网民关注和参与。更有甚者，不少无良的网络水军被国外别有用心的机构和资本支持，不断在国内各大论坛发布和张贴攻击信息、造谣言论或挑拨性语言，制造网民间的矛盾、进行不可告人的网络文化渗透。互联网是西方国家推行文化霸权的新战场，奥尔布赖特就曾经说过："中国不会拒绝互联网技术，因为它要现代化，这是我们的可乘之机，我们要利用互联网把美国的价值观送到中国去。"因此，西方的文化渗透在有些大学生网络群体事件的发生中也应得到极大重视。

二　对大学生网络群体行为的引导和管理

类型各异的网络群体行为带来了丰富多彩的网络群体生活，充实了大学生的文化生活，也满足了大学生的精神需要。但是大学生处在人生观、价值观形成的关键时期，极易受到不良网络群体行为的误导，进而形成不良的网络群体事件，给大学生、学校、社会甚至国家带来消极影响。因此，学校对大学生的网络群体行为的引导和管理极为重要。

第一，从大学生网络群体事件整个过程来说，包括前期预警、处理事件中跟大学生的沟通、对恶性事件的"领头者"的适当处分到后期的总结，学校在每个环节中采取的方法是否合适直接影响着对大学生网络群体事件的处理是否得当，进而影响着大学生的身心健康发展以及校园的和谐安定。

第二，学校要多组织开展丰富多彩的校园文化活动，比如，指导学校的社团、班级等现实群体延伸到网络空间，赋予大学生现实群体更大的吸引力，抑或组织大学生的现实群体与网络群体进行互动，通过一些比赛活动，诸如网络知识、网页设计、网络创意等的比赛，使网络文化与校园文化很好的衔接和结合，把大学生的网上活动吸引到健康有益的内容上来。

第三，学校可以安排学生骨干担任网络论坛的版主，积极发挥他们的正面影响力，以便引导普通网络群体成员保持清醒头脑，理性行为。

第四，学校相关教育对大学生网络群体行为的正确引导尤为重要，学校对大学生在网络运用中的素质应提出明确要求，要做文明网民。网络教育队伍对大学生网络群体关注的热点问题、焦点问题要适时把握、及时分析、及时评判，努力澄清事实真相，提高大学生鉴别社会问题的能力。

第五，学校出台的大学生网络行为规范及处理条例、奖惩条例等，应严格执行，不断提高大学生网络群体的网络素养，充分发挥大学生网络群体行为的积极影响。政府相关部门也要不断完善相关法律法规，使网络群体行为有法可依、违法必究。

第九章

互联网效应——网络安全

1994 年 4 月 20 日，中国首次接入国际互联网，成为国际互联网大家庭中的第 77 个成员，至今已走过 20 个年头。据统计，我国网民超过 6 亿，网站近 400 万家，互联网企业总市值超过 3000 亿美元，中国有 3 家网络企业进入世界前 10 强，我国俨然已成为世界互联网大国。信息网络发展得如此迅速，深刻改变了人们的生产和生活方式，给人们的工作、生活带来巨大便利，同时也带来了许多安全隐患，网络攻击事件层出不穷、屡见不鲜，且有愈演愈烈之势，一方面给个人或机构带来信息损害、经济利益损失；另一方面也影响到国家政治、经济和文化安全。因此，网络安全问题引起了国家的高度重视，习近平主席在 2014 年 2 月 27 日主持召开中央网络安全和信息化领导小组第一次会议时说："网络安全和信息化是事关国家安全和国家发展、事关广大人民群众工作生活的重大战略问题，要从国际国内大势出发，总体布局，统筹各方，创新发展，努力把我国建设成为网络强国。"

第一节 我国网络安全的现状及应对措施

一 网络安全的重要性

网络安全是指网络系统的硬件、软件及其系统中的数据受到保护，不因偶然的或者恶意的原因而遭受到破坏、更改、泄露，系统连续可靠正常地运行，网络服务不中断。网络安全包含网络设备安全、网络信息安全、网络软件安全。狭义上，网络安全是指计算机及其网络系统资源和信息资源不受有害因素的威胁和危害。从广义来说，凡是涉及网络上信息的保密性、完整性、可用性、真实性和可控性的相关技术和理论都是网络安全的研究领域。网络安全是一门涉及计算机科学、网络技术、通信技术、密码技术、信息安全技术、应用数学、数论、信息论等多种学科的综合性学科。网络安全问题包括两方面的内容：一是网络的系统安全，二是网络的信息安全，而网络安全的最终目标和关键是保护网络的信息安全。

网络安全根据其本质的界定，应具有以下基本特征：（1）机密性。是指信息不泄露给非授权的个人、实体和过程，或供其使用的特性。在网络系统的各个层次上都有不同的机密性及相应的防范措施。在物理层，要保证系统实体不以电磁的方式向外泄露信息，在运行层面，要保障系统依据授权提供服务，使系统任何时候都不被非授权人使用，对黑客入侵、口令攻击、用户权限非法提升、资源非法使用等进行防御；（2）完整性。是指信息未经授权不能被修改、不被破坏、不被插入、不延迟、不乱序和不丢失的特性；（3）可用性。是指合法用户访问并能按要求顺序使用信息的特性，即保证合法用户在需要时可以访问到信息及相关资料。在物理层，要保证信息系统在恶劣的工作环境下能正常运行。在运行层面，要保证系统时刻能为授权人提供服务，保证系统的可用性，使得发布者无法否认所发布的信息内容。接受者无法否认所接收的信息内容，对数据抵赖采取数字签名。

从本质上说，网络安全就是网络上的信息安全。凡是涉及网络上信息的保密性、完整性、可用性、真实性和可控性的相关技术和理论都与网络安全相关。它的具体含义根据不同的情况也会有不同的解释。对于个人用户或者企业方面，他们希望涉及个人隐私或商业利益的信息在网络上传输时受到机密性、完整性和真实性的保护，避免被人利用窃听、冒充、篡改、抵赖等手段侵犯到他们的利益和隐私。对于网络运行和管理者，他们希望对本地网络信息的访问、读写等操作受到保护和控制，避免出现"陷门"、病毒、非法存取、拒绝服务和网络资源非法占用和非法控制等威胁，制止和防御网络黑客的攻击。另外，还有安全保密部门希望对非法的、有害的或涉及国家机密的信息进行过滤和防堵，避免机要信息泄露，避免对社会产生危害，对国家造成巨大损失。还有，还需要对一些影响社会稳定、阻碍人类发展的内容进行控制。

网络是虚拟的，但网络上的风险和隐患却实实在在存在着，从个人信息被泄露到互联网金融风生水起背后的安全隐患到"棱镜门"事件，网络安全事件时有发生，必须要"维护网络安全"。

首先，没有网络安全，就没有国家安全。随着国民经济的信息化程度的提高，大量情报和商务信息都高度集中地存放在计算机中，内容涉及国家安全的政治、经济、军事、国防及一些部门、机构、组织的机密信息或是个人的敏感信息、隐私，因此成为敌对势力、不法分子的攻击目标，网络的安全性问题已成为国家面临的"新的综合性挑战"。西方敌对势力利用信息技术优势，竭力窃取和刺探他国军政、经济情报，严重威胁我国社会稳定和国家安全，广为人知的"棱镜门"事件震惊世界，证明了网络安全对一个国家的重要性，同时暴露了我国网络安全防护方面存在的问题，引起中央的高度重视，2014 年 2 月 27 日，中央网络安全和信息化领导小组宣告成立，习近平担任组长，在中央网信领导小组第一次会议上，习近平提出"没有网络安全就没有国家安全，没有信息化就没有现代化，要努力把我国建设成为网络强国。网络安全已经成为关系国家安全和国家发展、事关广大人民群众工作生活的重大战略问题"，这标志着网络安全上升至国家战略高度。

案例：棱镜事件

2013 年 6 月 5 日，美国中情局（CIA）前职员爱德华·斯诺登披露给媒体两份绝密资料，一份资料称：美国国家安全局有一项代号为"棱镜"的秘密项目，要求电信巨头威瑞森公司必须每天上交数百万用户的通话记录。另一份资料更加惊人，美国国家安全局和联邦调查局通过进入微软、谷歌、苹果等九大网络巨头的服务器，监控美国公民的电子邮件、聊天记录等秘密资料。据斯诺登披露，美国国家安全局自 2009 年以来持续入侵和监视中国内地和香港的电脑网络。香港《南华早报》发布消息称，美国国家安全局曾入侵中国电讯公司以获取手机短信信息，并持续攻击清华大学的主干网络以及电讯公司 Pacnet 香港总部的计算机，该公司拥有区内最庞大的海底光纤电缆网络。此后斯诺登现身香港，声称自己良心感悟，无法允许美国政府利用"棱镜"项目侵犯全球民众隐私以及互联网自由。他表示，美国政府早在数年前就入侵中国一些个人和机构的电脑网络，其中包括政府官员，商界人士甚至学校。斯诺登后来前往俄罗斯申请避难，获得俄罗斯政府批准。

"棱镜"事件是经济全球化条件下各国在经济、政治、文化乃至军事、外交领域博弈冲突的重大标志性事件。其本质是以美国为首的发达国家在经济、科技、军事超强占优的条件下，借用反恐的名义，运用网络技术窃取其他国家核心机密及重要信息，试图巩固其"硬实力"，提升其"软实力"，持久保持国际霸主地位的一种超常态的、非军事化的不当手段。其不仅使发展中国家深受其害，就连有的发达国家也未能幸免。"棱镜"事件引起全球舆论惶恐和哗然，不仅在于普通公民的个人隐私、商业秘密遭泄露，更在于网络空间风险给一个国家利益安全带来实质性挑战。"棱镜事件"之后，世界各国都在大力加强网络安全建设和顶层设计，切实加强本国网络空间安全。据了解，截至目前，已有40多个国家颁布了网络空间国家安全战略，仅美国就颁布了40多份与网络安全有关的文件。美国还在白宫设立"网络办公室"，并任命首席网络官，直接对总统负责。2014年2月，总统奥巴马又宣布启动美国《网络安全框架》。德国总理默克尔2月19日与法国总统奥朗德探讨建立欧洲独立互联网，拟从战略层面绕开美国以强化数据安全。欧盟三大领导机构明确，计划在2014年底通过欧洲数据保护改革方案。我国早在2001年成立了"国家信息化领导小组"，而2014年成立的是"中央网络安全与信息化领导小组"，该名称不但新增了"网络安全"的内容，而且还放到"信息化"之前，机构的层级提到最高，可见对网络安全的重视程度。

　　资料来源：《三记重拳开启中国网络安全元年》，《新华网—经济参考报》2014 年 6 月 3 日。

　　其次，网络安全是人类当今遭遇的最大安全问题。目前计算机网络进入千家万户，广泛应用于各种领域，人们建立了各种各样完备的信息系统，使得人类社会的一些机密和财富高度集中于计算机中，网络上电子商务、电子现金、数字货币、网络银行等兴起后，各种新业务随之兴起，很多交易均可在网上完成。在科技发展迅猛的今天，世界各国对网络的利用和依赖将会越来越多，也因此越来越多地受到来自世界各地的攻击，因而网络安全问题显得越来越重要，网络一旦受到攻击，个人及企业的损失是巨大的。据美国《基督教科学箴言报》2014 年 6 月 9 日报道，近期一项调查显示，受网络黑客攻击，全球每年损失 4000 多亿美元，仅美国的损失就超过 1000 亿美元。调查结果表明，每个地区受黑客攻击的程度不同。波斯湾的两家银行在几小时内损失 4500 万美元、一家英国公司因网络攻击损失 13 亿美元。据印度计算机紧急小组统计，在 2011 年到 2013 年期间，全球有 308371 家网站被黑客攻击过。调查还显示，网络经济每年可以收益 2 万亿美元到 3 万亿美元，是全球经济增长最快的领域。然而，网络犯罪导致了 15% 至 20% 的收益损失。网络犯罪主要分为三类：侵犯知识产权、盗取资金和窃取商业机密，这三类犯罪造成的损失每年达 3750 亿美元到 5750 亿美元。[①] 中国国新办主任蔡名照 2013 年 11 月在一次国际会议上说，2013 年 1 月至 8 月，超过 2 万中国网站遭到黑客攻击，800 多万服务器受到境外的僵尸和木马程序控制，僵尸和木马病毒攻击比 2012 年同期增长了 14%。他估计，网络攻击让中国经济每年损失数百亿美元。

二　我国网络安全的现状及影响因素
（一）我国网络安全的现状
　　首先，我国网络核心技术受制于人是我国网络安全最大的风险

　　[①] 《全球网络经济因黑客攻击损失巨大　占总收益的 15%》，《环球网》2014 年 6 月 10 日。

所在。中国虽已迈入网络大国，却不是网络强国，自主创新动力不足，核心技术不在国人手里，网络安全水平不高，在计算、存储、网络、操作系统、数据库等领域，高端技术与设备主要靠进口，主要的通信网络、信息系统和工控等系统的基础设备大多使用国外的技术和产品，涉及的芯片、操作系统、通用协议和标准90%以上依赖进口。在基础设施方面，关键芯片、路由器较大比例来自国外，如果在芯片、路由器上暗藏"后门"（"后门"，就是软件设计人员在设计之初故意设定了一定的权限，造成了隐患的存在），并从"后门"进入，那对于用户来说后果是极其严重的。在操作系统方面，中国大量使用美国操作系统，由于操作系统掌握最底层、最核心的权限，如果美国意图利用在操作系统上的优势窃取中国信息，犹如探囊取物。此外，用来管理互联网主目录的根服务器，全世界只有13台，1个为主根服务器，放置在美国，其余12个均为辅根服务器，其中9个放置在美国，欧洲2个，位于英国和瑞典，亚洲1个，位于日本。所有根服务器均由美国政府授权的互联网域名与号码分配机构 ICANN 统一管理，负责全球互联网域名根服务器、域名体系和 IP 地址等的管理，美国可以轻松掌握我国的网络信息资料。由于网络技术自主创新能力不足，使我国自我保护能力有限，无法抵御重大网络攻击。监测数据显示，2013年，中国遭受境外网络攻击情况触目惊心，大量主机被国外木马或僵尸网络控制，主要控制源都来自于美国。据国家互联网应急中心统计，到2013年9月底，监测发现共近52万个木马控制端 IP，其中有24.7万个位于境外，前三位分别是美国、印度和土耳其。共发现境外64万台主机曾对中国大陆发起过攻击。其中，对中国大陆地区网站进行攻击最频。中国互联网协会、国家互联网应急中心2014年3月21日在京发布的《中国互联网站发展状况及其安全报告（2014年）》指出，中国网站安全问题形势严峻，受境外攻击、控制明显增多，是网络安全问题的受害者。在篡改问题上，2013年被篡改的中国网站数量为24034个，较2012年的16388个大幅增长了46.7%；其中被篡改的政府网站数量为2430个，较2012年的1802个大幅增长了34.9%。在植入后门问题上，2013年76160个中国网站被植入网站后门，其中政府网站有 2425 个。在网络钓鱼问题上，2013 年发现仿冒中国网站的仿冒页面 URL 地址 30199 个，其中美国境内的 IP 地址承载了 12573 个针对中国网站的钓鱼页面，占比近 42%。

其次，互联网犯罪行为严重。在国内，互联网违法犯罪呈现高速增长趋势，据中国人民公安大学警务改革与发展研究中心发布的《2012 年中国互联网违法犯罪问题年度报告》称，2012 年，网络违法犯罪数量依然延续自 2008 年以来年均 30% 的增长速度，中国近 3 亿人成为网络违法犯罪的受害者。网络违法犯罪十大类型依次为：网络诈骗、网络色情、网络传销、网络贩卖公民个人信息、网络"钓鱼"、网络赌博、网络黑客攻击、网络贩卖假冒伪劣产品、网络贩毒和网络非法集资。其中网络黑客攻击目前来说是对网络安全威胁最大的一种行为，攻击通常分为两种，一种为主动攻击；另一种为被动攻击。主动攻击方式多种多样，主要有篡改报文、发送恶意程序和拒绝服务，其中恶意程序更是种类繁多，对网络安全威胁较大的有计算机病毒、计算机蠕虫、特洛伊木马以及逻辑炸弹。被动攻击主要是收集信息而不是进行访问，数据的合法用户对这种活动一点也觉察不到，一般采取截获和窃取两种手段，对于网络的正常工作不会造成影响。多数攻击事件来看，这两种攻击手段往往都是同时应用，联合用于攻击一个站点，由于被动攻击大多数比较隐蔽，因此被发现的概率很小。

最后，日新月异的互联网在深刻影响和改变人们生活的同时，也带来了问题，危害到了国家安全、社会稳定和人民的幸福，必须深入分析影响网络安全的因素，有效地建设好、利用好、管理好网络，增强把控和抵御风险的能力。

（二）影响我国网络安全的因素

首先，多头管理，部门之间协调不畅。我国网络管理体制由于历史原因，存在"九龙治水"的管理格局，面对互联网技术和应用飞速发展，现行管理体制存在明显弊端，多头管理、职能交叉、权责不一、效率不高，不能做到统筹规划。这种条块分割式的行政管理和按部门利益划分的治理模式与互联网开放、互联互通的本质相违背，"分而治之"的管理模式，不仅对互联网的发展产生不利影响，甚至影响社会的健康发展。其次，网络管理的法律法规体系仍不健全。我国还没有形成使用新的网络社会的法理原则，网络法律还仍然沿用或套用物理世界的法理逻辑。① 在信息安全立法上，缺乏统一的立法规划，现有法律层次不高，主要是通过行政法规和部门规章进行管理，各部门协调性和相通性不够，缺乏系统性和全面性。尽管我国已经出台了不少指导性或规范性文件，如 2006 年实施的《互联网安全保护技术措施规定》《信息安全技术　公共及商用服务信息系统个人信息保护指南》，2013 年的《关于加强移动智能终端管理的通知》，但由于在立法层面缺乏支持，导致执行力比较差。更重要的是，目前中国仍然没有一部独立的网络犯罪法律，刑法中有两条是针对计算机犯罪的，但是远远不能应对日益复杂的网络犯罪。再次，网民网络安全防范意识薄弱也是影响网络安全的重要原因。生活在网络时代，我们已经离不开强大的网络，可以说到了没有网络寸步难行的地步，大家随时随地都在用微信、发微博、刷网页、逛论坛，网络跟人们的生活息息相关，网民们应该具备一定的网络安全知识。可是根据 CNNIC 发布的《2013 年中国网民信息安全状况研究报告》显示，尽管当前安全软件的拦截和杀毒功能不断完善，互联网门户企业也加大信息安全的审查和过滤力度，但过去半年仍有 13.3%的网民因网上下载软件而发生过安全事件，因使用即时通信、搜索引擎、网络游戏、网上购物而发生安全事件的网民比例也分别达 11.5%、6.0%、4.2%和 4.0%，表明网民还没能将网络安全知识有效转化为安全防范意识。网民对电脑系统、运行体验、经济损失等实实在在可以感受体验的可见安全危害更加关注，而对网络信息隐私等不可见或危害具有潜伏期危险的感知度更低。而且，大部分人只有在涉及金钱等重要信息时，才会将安全意识转化为实实在在的防范行为。② 最后，我国网络安全建设还缺乏技术和产业的有效支撑和专业人才。在我国，网络信息安全建设缺少自主技术的支持，操作系统、数据库、CPU 芯片与软件大

---

① 程琳：《从美国"棱镜门"事件谈加强我国信息网络安全问题》，《公安研究》2014 年第 3 期。

② 同上。

部分依赖进口。在密码破译、战略预警、态势感知、舆情掌控等信息网络安全核心技术产品上与欧美还有很大的差距。[①] 技术问题归根到底还是人的问题，在网络安全领域人才至关重要，但目前网络信息安全人才还存在着很大缺口，国内目前对信息安全专业人才的需求量高达 50 余万，而每年我国信息安全专业毕业生不足 1 万人，社会培训学员数量也不足 1 万人，难以应对日益复杂的网络安全局势。

网络安全问题实实在在存在着，必须要从网络发展实际出发，围绕网络安全存在的问题，制定具体的应对策略，保证网络安全问题得到有效解决，提高网络的安全性和可靠性，促进网络的快速健康发展，为网络用户提供一个安全的网络环境。

三　我国网络安全的应对措施

（一）大力发展技术手段以保证网络和数据的安全

网络社会的形成是人类创造能力增强的一个表现，技术的发展在网络社会的形成和发展中扮演着重要的角色。适用于网络空间的技术在带来威胁的同时，也使消除这种威胁成为可能。因此，必须尽快掌握网络安全核心尖端技术，提升国防、外交、通信、金融、交通、能源等敏感领域网络系统抵御大规模网络攻击能力，增强网络安全的防范能力。首先，进行合理的网络系统结构设计，全面分析网络系统设计的每个环节，应用网络分段技术来从源头上杜绝网络的安全隐患。其次，运用加密技术对网络数据、文件以及其他信息进行加密处理，从而保护网络数据传输的安全。密码技术是网络安全最有效的技术之一，一个加密的网络，不但可以防止非授权用户的搭线窃听和入网，而且也是一种对付恶意软件的有效方法。再次，加强计算机网络访问控制，防止网络资源被非法盗用和破坏。访问控制主要有网络的权限控制、属性安全控制、入网访问控制、网络监测和锁定控制、网络服务器安全控制、网络端口和节点的安

---

① 程琳：《从美国"棱镜门"事件谈加强我国信息网络安全问题》，《公安研究》2014 年第 3 期。

全控制等。① 最后，安装高版本的防火墙。恶意用户或软件通过网络对计算机系统的入侵或攻击，有的用加密技术并不能阻止，如病毒、木马等，因此需要用到防火墙。防火墙是一种保护计算机网络安全的技术性措施，它是内部网与公用网之间的第一道屏障，它通过建立相应网络通信监控系统在网络边界上隔离内部和外部网络，以阻挡外部网络的入侵，防止恶意攻击。还应该加强设施管理，确保计算机网络系统实体安全。加强对计算机环境安全、灾害防护、静电和电磁防护，存储介质保护，软件和数据文件保护以及网络系统安全的日常管理，并不定期地对运行环境条件（温度、湿度、清洁度、三防措施、供电接头、志线及设备）进行检查、测试和维护，确保计算机系统有一个良好的电磁兼容的工作环境。通过以上技术手段把网络置于一个坚强的盾牌保护之下，使之固若金汤，易守难攻。

除了网络防范技术要大力发展之外，在操作系统、芯片、软件、云计算、大数据等互联网核心技术方面必须自主创新，有了自主创新的核心技术、过硬技术，才能打破技术壁垒，才能不必受制于外国，才能真正建起国家网络安全"防火墙"。技术创新的关键在于人才，习近平强调，建设网络强国，要把人才资源会聚起来，建设一支政治强、业务精、作风好的强大队伍，"千军易得，一将难求"，要培养造就世界水平的科学家、网络科技领军人才、卓越工程师、高水平创新团队。为培养造就这样一批网络领军人才，国家应进一步加大对人才教育方面的投入，加强网络安全教育培训工作，加快培养懂技术、会管理的复合型人才，通过多种形式发现和选拔网络安全人才，建设一支高水平的网络安全人才队伍，组织研究机构、高校、企业等力量，开展面向未来的前瞻性理论研究和技术攻关，这样才能提升网络安全发展的软实力，真正实现"网络强国"的目标。

---

① 崔健双、李铁克：《网络信息系统安全研究现状及热点分析》，《计算机工程与应用》2007 年第 7 期。

（二）加快完善互联网管理领导体制

虽然网络世界与现实世界的差异是巨大的，但仍然是一个可以感知的存在，仍然可以置于党和国家的规范之下。党的十八届三中全会通过的《中共中央关于全面深化改革若干重大问题的决定》指出，坚持积极利用、科学发展、依法管理、确保安全的方针，加大依法管理网络力度，加快完善互联网管理领导体制，确保国家网络和信息安全。国家和各级政府部门要强化对网络安全的领导和协调职责，整合相关机构职能，明确权责分工和监管边界，形成党委统一领导、政府加强管理、企业依法运营、全社会共同参与的互联网管理工作新格局，构筑从技术到内容、从日常安全到打击犯罪的互联网管理合力，确保网络正确运用和安全。同时提高各级党委、政府的互联网管理能力，切实把网络运用和管理纳入党委、政府重要议事日程，加强对各级领导干部的互联网知识和技能培训，不断提高其媒介素养和对网络新媒体的驾驭能力。①

（三）积极推进信息网络立法

依法管理互联网是世界各国的通行做法，很多国家都重视互联网管理的法律法规的制定，尤其是一些发达国家，如美国、欧盟、日本、韩国、新加坡等已经形成了独具特色的网络立法体系，并取得了很好的成效。如 1978 年以来，美国政府各部门先后出台了 130 多项法律法规，其中有《计算机犯罪法》《计算机欺诈和滥用法》《互联网免税法》《国家信息基础设施保护法》《儿童在线隐私保护法》《数字千年版权法》《反域名抢注消费者保护法》《未成年人互联网保护法》《反垃圾邮件法》《公共网络安全法》等。这些立法既有联邦立法，也有各州立法，涵盖了互联网管理的方方面面，美国也因此成为世界上拥有互联网法律最多的国家。这些法律法规构成了美国的信息安全体系，美国对互联网的管控主要通过执行有关互联网管理的各种法律法规来实现，为美国的网络安全与发展提供了保障。韩国在 2001 年以后先后颁布"不健康网站鉴定标准"和《互联网内容过滤法令》《促进信息化基本法》《信息通信基本保护

---

① 彭祝斌：《加快完善互联网管理领导体制》，《湖南日报》2013 年 12 月 12 日。

法》《促进信息通信网络使用及保护信息法》等法律，为韩国网络环境的净化发挥了重要作用。德国于 1997 年颁布了《为信息与通讯服务确立基本规范的联邦法》（又称"多媒体法"）。该法是世界上第一部网络参政议政专门法，许多国家针对网络方面的立法是专项立法，也有的是制定了统一的综合性法律。我国可以在立足我国国情的基础上，借鉴国外的先进经验，取长补短，制定具有中国特色的网络法律，明确相关主体应当承担的法律责任和义务，有效的规范约束人们的行为，为涉及国家利益安全的跨境数据流动提供强大的法律支撑，为网络空间构筑一道抵御外部信息入侵的坚固屏障，保障国家利益安全和人民财产安全，有效应对网络安全面临的严峻挑战。为此，必须改变我国网络规制方面法律不统一，缺少系统性和协调性，法规之间存在相互冲突，基本立法缺乏，网络立法层次偏低，权威性不够，立法机关过多，对一些特定问题的专门立法少的情况，制定针对网络问题的基本法律法规，并以该法为核心，建立起由法律、法规、规章及行业自律规范共同组成的网络法律法规体系，修改和完善原有的法律法规，网络立法的规范要有可操作性，为维护网络安全提供健全的法律保障。

（四）积极开展与西方主要大国网络安全合作交流，努力参与构建崭新的国际互联网治理体系

由于对信息的掌握、拥有、控制和使用能力存在差别，不同国家之间存在巨大的"数字鸿沟"。部分发达国家借助资源优势、技术优势和创新能力，打压他国，对发展中国家进行另一种形式的控制。各国由于国情、政情、社情的不同，各国之间难免产生国际性的网络行为矛盾。但是网络的开放性和国际化，决定了网络安全是全球性问题，依靠一国之力无法有效应对，需要借助国际合作破解难题，通过国际合作，构建新的国际互联网治理体系。正如国家主席习近平于 2014 年 7 月 16 日在巴西国会发表《弘扬传统友好共谱合作新篇》的演讲中所说："当今世界，互联网发展对国家主权、安全、发展利益提出了新的挑战，必须认真应对。虽然互联网具有高度全球化的特征，但每一个国家在信息领域的主权权益都不应受到侵犯，互联网技术再发展也不能侵犯他国的信息主权。在信息领

域没有双重标准，各国都有权维护自己的信息安全，不能一个国家安全而其他国家不安全，一部分国家安全而另一部分国家不安全，更不能牺牲别国安全谋求自身所谓绝对安全。国际社会要本着相互尊重和相互信任的原则，通过积极有效的国际合作，共同构建和平、安全、开放、合作的网络空间，建立多边、民主、透明的国际互联网治理体系。"

第二节　大学生网络安全教育

随着网络的普及和应用，大学生成了网络使用者中的巨大群体。大学生在享受网络带来的方便快捷的同时，由于自己网络安全知识的匮乏，导致网络安全意识不强，带来了不少使用上的问题。必须加强大学生的网络安全教育，培养他们的网络安全意识，避免大学生受到与网络有关的侵害事件。

一　大学生网络安全现状

（一）网络信息识别能力有待提高

在信息化时代的今天，只要打开网络，各种各样的信息扑面而来，让人目不暇接，眼花缭乱，如何在众多的信息中进行正确的取舍，要靠自己的信息识别能力。大学生正处于求知欲强，接受新鲜事物快的关键阶段，但是由于大学生生活阅历有限，政治敏锐性不高，尚未形成系统和缜密的逻辑思维和独立判断能力，尚未形成成熟的人生观、价值观和世界观，很容易在网络上不良信息的蒙蔽下迷失方向。大学生在接受到网络信息后，不经过认真严谨的核实，不经过取舍和过滤，对一些信息就信以为真，出现言论过于偏激现象，甚至随意传播错误虚假信息，容易造成以讹传讹，甚至影响到社会的稳定和谐。另外，开放的网络环境带来了西方多元化的文化、道德和价值观，与中国传统的价值观念产生极大的反差，还有国内外敌对势力利用网络的开放性，在互联网上刊载大量反动性、煽动性和低级庸俗的内容，对价值观正在形成的大学生来说，如果没有坚定的信念和强大的辨识能力，很容易受到网络上错误思潮的引导，导致爱国主义和民族观念淡薄，极大削弱大学生的价值判断能力。

（二）网络安全防范意识有待加强

首先，个人隐私保护意识不强。大学生对涉及个人信息的保密工作做不到位，表现为邮箱密码、即时通信工具（QQ、MSN、微信、易信）密码设置安全系数过低，过于简单，常把自己的生日、电话号码、学号等作为密码；个人信息发布不慎重，表现为在网上会不小心把自己的个人信息如电话、身份证号码、家庭住址等公布出去，尤其在跟陌生人聊天时，常常会泄露大量的个人信息，为不法分子所利用，以致上当受骗。另外，在网吧等公共场所，对自己的浏览痕迹不清除或清除不彻底。有调查显示，有8%的大学生对网络安全不太关注；在公共场所使用计算机时，有16%的大学生没有意识到要好好保护自己的计算机系统、各种用户名和密码信息、存储介质；当收到垃圾邮件时11%的大学生随意处理；有62%的大学生不了解自己使用的聊天工具的工作模式，不知道聊天信息的传递方式以及聊天记录保存的位置；有23%的大学生表示曾经将自己的照片或其他真实资料发布在网上，39%的大学生表示可能通过网络发送自己的银行账号和密码。

其次，电脑防护意识不强。大部分学生只会用电脑，而不会保护电脑，电脑主机内的防护措施不全面，在网络使用中不能及时升级杀毒软件、不及时修补系统漏洞，使用U盘时不注意进行病毒查杀，使用电脑时常常感染病毒程序，系统崩溃或文件丢失、破坏，造成不可估量的损失。

最后，网络购物维权意识不强。现在网络购物发展势头正猛，网上购物这一新兴购物模式因其方便快捷，节省时间，商品种类齐全，款式新颖，深受大学生的喜欢。但是网络购物不同于传统的实体店购物，网店只有图片宣传，消费者不能亲自体验商品的优劣，导致实际商品与网上宣传不符。因此，容易带来网购商品跟预期不符，质量缺陷等问题；商品配送过程中产生的配送慢、货物损坏的问题；商品退换难的问题；一些不良商家为了扩大销售额，不惜将消费者的信息建立数据库，根据其经济状况、上网习惯等不停轰炸消费者的邮箱以推销自己的产品，或者把消费者的信息卖给他人，大学生隐私权被侵犯的问题层出不穷。大学生在校园环境中，与社会接触较少，缺乏必要的法律维权手段与意识，因此在网购过程中遇到的以上问题，往往得不到有效的解决。

（三）网络自控能力有待提升

学生们参加完高考，终于摆脱了"暗无天日"的紧张学习环境，多数人会有"船到桥头车到站"的感觉，彻底放松下来，会产生好好休息一下的想法。进入大学后面临的是一个宽松、自由的大学环境，有很大的不适应，产生了迷茫，没有了目标，有些不知所措，大量的时间不知道如何支配，加上进入大学后对自己所学专业课程设置、就业前景不甚了解，大学课程数量突然增多，课程难度增大，大学生产生了诸多的不适应。这种情况下，精神上寂寞的大学生热衷于网上交友和玩网络游戏。网络交友的广阔平台，为大学生提供了社交的渠道，他们可以随心所欲，在网络里和人沟通，如鱼得水，这满足了他们的社交需求，排解了心里的空虚，缓解了压力。然而大学生缺乏人生阅历，对外界警惕性不高，容易上当受骗，比如，大学生网恋被骗，造成自己人身伤害的例子屡见不鲜。网络游戏也越来越严重地影响着大学生的学业、生活、交际甚至身心健康。网络游戏种类繁多，很多网络游戏都需要团队合作完成，而大学的集体生活正好适应这种需要，惟妙惟肖的游戏场景和丰富多彩的游戏界面，对于大学生相对宽松的校园生活具有极大的诱惑和吸引，并且这种游戏大多会设置许多关卡，让人欲罢不能，最后一发不可收拾，沉溺其中无法自拔，因此网络游戏被称为"电子海洛因"。网络游戏成为自制力差的大学生荒废学业的罪魁祸首，很多学生经常旷课，最后考试挂科，甚至降级，被学校勒令退学或自动退学。长期沉迷网络的大学生，人际关系淡薄，不愿意跟人交往，有的出现了厌学焦虑、心情压抑以及交际冷淡等不良行为，有的患有"上网综合征"，视力下降、神经衰弱，免疫力低下等，严重影响身体健康。

二　大学生网络安全教育存在的问题

近年来，党和政府高度重视网络安全教育，各高校和教育部门制定了有关加强校园网络管理工作的意见，不断加强网络安全教育与管理，取得了一定成效。但也要清醒地看到仍存在诸多不足。

（一）高校对大学生网络安全教育的重要性认识不够

目前，各高校对大学生网络安全的意义有着较为清醒的认识，但是很多高校具体实施网络安全教育时具有很大的随意性，他们的注意力主要放在了网络的应用，信息的获取，信息资源的共享等方面，而对网络安全教育重视程度不够，高校的网络安全教育严重落后于计算机技术和网络技术的发展。表现在：一是领导机制不健全。学校网络安全教育到底怎么运行，从上到下没有明确的规定，有的高校虽建立了网络安全教育领导小组，但没有明确的具体职责和分工，工作无法很好开展。有的高校没有设立网络安全教育领导小组，而是把网络安全教育工作放在学生处、保卫处、网络管理中心等某一个具体部门，高校对于网络安全教育工作的顺利进展尚未形成强大的合力。二是没有把大学生网络安全教育纳入教学计划。大学生在校接受的网络安全教育的时间、内容、教材、教师、教学效果等，教务部门都没有统一的计划。因此，大学生的网络安全教育在学校教学工作中一直没有得到应有的位置，学生网络安全教育一直没有主渠道和主阵地。尽管在《思想道德修养与法律基础》课中，有一部分内容是关于基础法学的，但是，在这门课程当中，涉及法律的内容本身就极为有限，更不用说专门的网络安全教育。因此，《道德与法律》课程不能够起到加强大学生网络安全法律意识的作用，高校必须拓展新的教育渠道。

（二）高校网络安全教育内容的片面性

1. 计算机公共课程中缺乏网络安全教育内容

高校一般都开设了公共计算机课程，在计算机基础课程中，侧重于计算机基础知识和操作，对网络安全方面的知识介绍得少，如简单地介绍病毒的概念、种类、分类等，对病毒防治、机器感染病毒的处理等几乎没有介绍，有的也仅限于单机病毒的处理，对于网络病毒及其危害没有介绍，对于网络伦理、网络安全法规、网络安全管理制度也没有涉及。高校没有设置专门的网络安全教育课程。

2. 网络安全教育缺乏实践教育环节

高校网络安全教育手段大多沿用讲授或自学的老方法，并且缺乏实践教育的环节，既脱离大学生的实际需求，又对大学生没有吸引力，此外，一些高校在网络安全教育过程中，所选用的教材过于偏重理论探究，缺乏对大学生防范网络安全风险的技能培养，必须改革传统的书本教育进而探索新的实践教学模式。

3. 没有专门讲授网络安全的教师队伍

高校网络安全教育工作具体由大学生辅导员承担，显然，大多数辅导员不能胜任此项工作，导致网络安全教育工作出现不少漏洞。

三　高校加强大学生网络安全教育的措施

网络是大学生日常学习生活中不可或缺的工具，是交流思想、学习知识、丰富课余文化生活的重要平台，高校应该加强大学生的网络使用技能和网络安全意识教育的力度，帮助大学生提高网络安全意识。

（一）高校要提高对网络安全教育的认识，完善制度，齐抓共管

高校党政领导部门要转变思想观念，要深刻认识大学生网络安全教育的必要性和紧迫性，要以"稳定压倒一切，安全重于泰山"的大局意识，高度重视网络安全教育，行动上要给予大力支持。学校要不断完善网络安全教育体制和制度，应设立网络安全教育指导机构；应把大学生网络安全教育纳入整个教学工作并切实抓好；教务部门要明确教育内容，编制详尽的网络安全教育实施规范，并加大落实力度；应安排专职教师亲自授课，并对教学效果进行科学考核。教务处统一领导，其他管理人员，如辅导员、班主任、学生干部等都应积极参与到大学生网络安全教育工作中来，要明确分工，各司其职，相互协调、相互配合，形成强大的合力，形成全校各部门齐抓共管的良好氛围。

（二）高校要丰富网络教育载体，创新教育形式

网络信息安全教育的方式要多样化，否则，学生失去兴趣，难以获得大学生的有效配合。首先，开辟网络安全教育的主渠道，网络安全教育走进课堂。课堂教育是最能使学生集中接受各种知识的教育方式，可以在思政课的教学中增加网络道德规范、网络伦理、网络法律法规教育等内容，培养大学生的网络信息安全意识、自律意识、责任意识及网络法律法规意识；在计算机基础课教学中把网络安全问题知识和相关基本技能知识放在同等重要的位置，并在教学过程中不断强化，这样在无形中会大大提高学生对网络安全的重视程度；在专业课的教学中把安全教育的有关知识融入其中，让学生在接受专业知识的同时受到安全知识的教育；设立专门的网络安全教育课程，合理、适当安排课时，向学生讲授网络安全知识，并进行考核、给予学分，增强学生学习网络安全知识的积极性，使其真正掌握相关知识，提高自我保护和安全防范的能力。其次，积极拓展课外空间，开展形式多样的网络安全教育活动。高校要充分借助校报、校园广播网、校园宣传栏等传播媒介，以及党支部、共青团、学生社团等开展系列活动进行网络安全教育，引领大学生接收正确的网络安全知识，使网络安全教育取得立竿见影的效果；定期开设网络安全知识专题讲座，深入讲解计算机病毒的新动向、病毒查杀软件的使用、网络行为规范、个人计算机安全策略等内容，通过网络安全知识专题讲座引导大学生经常关注网络安全问题，增强大学生网络安全意识；定期开展网络安全培训。学校应该定期组织专家对师生进行网络安全培训，培训应该围绕网络使用的风险，网络中如何进行自我保护，遇到风险如何寻求帮助、如何进行数据保护、网络使用涉及的法律法规等方面进行，让全体师生一起了解网络风险，形成安全责任意识及行为习惯；可以举办网络安全知识调查、网络安全知识大赛、网络征文、网络辩论赛、网络安全主题漫画比赛等丰富多彩的活动，既丰富了大学生的课外生活，又可以在校园中宣传网络安全知识，强化学生的网络安全意识。

（三）高校要拓展网络安全教育实践教学途径

网络安全教育必须要做到理论联系实际，要把书本理论同教学

实践紧密结合起来。高校要为学生创设良好的实验环境，根据较常见的网络安全问题，模拟网络安全实验环境；为开展网络安全教育提供实训基地，增强学生解决实际问题的能力；各高校还应与当地武警、交警、公安、法院等部门合作，建立校外安全实践基地，定期组织学生到基地接受网络安全知识教育，强化学生的感性认识。

（四）高校要搞好校园网络建设

高校校园网是对大学生进行网络安全教育的一个非常好的平台。各高校要在页面布局、色彩设计、栏目设置以及所含内容方面下大力气，增强校园网的思想性、知识性、趣味性、客观性、实用性；根据大学生学习、生活、就业、交往、心理咨询等多种需求，及时提供优质服务，使大学生能自愿、主动浏览校园网站。在这样的前提下，在网页中开辟专栏，介绍常见的网络安全威胁与应对策略，精选网络安全案例，法律法规介绍，在线回答大学生碰到的种种疑难问题，还应为大学生提供正版杀毒软件等工具。通过校园网络的建设，向大学生传播正能量，使他们增长知识，完善自己。此外，高校要加强计算机软硬件配置的安全管理，通过防火墙技术、网络加密技术等高科技的应用，对各种网络信息层层筛选，避免不良网络信息进入学生的视野，提高校内网络安全系数，维护校内网络安全，同时学校要加强对相关技术人员的监督和管理，保证校园网络的安全运行。

（五）建立良好的网络安全规范、监管体系

高校要建立和完善一些制度，规范学生的网络行为，比如制定《文明上网自律公约》《学生网络道德规范》《学生网络违纪处理条例》等，要求学生严格遵守，如果违背相关规定，给予一定的处分，并取消评奖评优及获取奖学金的资格，通过这些制度的建立，使学生的网络行为有章可循。高校在做好规范工作以外，还应获得当地政府的支持，同当地的公安、工商管理部门等建立一种密切的协调关系，充分利用社会各方力量来提高网络监管力度，协助配合有关职能部门开展"净网"行动，加大对学校周边违规经营网吧的整治力度，净化校园周边环境。

学校网络安全环境的创造和大学生网络安全意识的形成，是需要学校和学生共同努力完成的。学校需要加强对网络安全教育的重视程度，要丰富网络教育载体，创新教育形式，拓展网络安全教育实践教学途径，搞好校园网络建设，建立良好的网络安全规范、监管体系，净化网络环境，同时大学生自身也要提高网络安全及责任意识，要仔细甄别网络信息，增强自我保护能力，要合理、正确利用网络资源；要增强自制能力、自学能力，合理利用好课余时间，不要过度迷恋网络，更不能"上网成瘾"，以免影响身心发展和耽误学业；要"知法、懂法、守法"，不仅不做破坏网络安全的事，还要依法保护自己的人身和财产安全，为创造安全、和谐、健康的网络环境做出自己的贡献。

附：　人大常委会通过关于加强网络信息保护决定（全文）

（2012 年 12 月 28 日第十一届全国人民代表大会常务委员会第三十次会议通过）

　　为了保护网络信息安全，保障公民、法人和其他组织的合法权益，维护国家安全和社会公共利益，特作如下决定：

　　一、国家保护能够识别公民个人身份和涉及公民个人隐私的电子信息。

　　任何组织和个人不得窃取或者以其他非法方式获取公民个人电子信息，不得出售或者非法向他人提供公民个人电子信息。

　　二、网络服务提供者和其他企业事业单位在业务活动中收集、使用公民个人电子信息，应当遵循合法、正当、必要的原则，明示收集、使用信息的目的、方式和范围，并经被收集者同意，不得违反法律、法规的规定和双方的约定收集、使用信息。

　　网络服务提供者和其他企业事业单位收集、使用公民个人电子信息，应当公开其收集、使用规则。

　　三、网络服务提供者和其他企业事业单位及其工作人员对在业务活动中收集的公民个人电子信息必须严格保密，不得泄露、篡改、毁损，不得出售或者非法向他人提供。

　　四、网络服务提供者和其他企业事业单位应当采取技术措施和其他必要措施，确保信息安全，防止在业务活动中收集的公民个人电子信息泄露、毁损、丢失。在发生或者可能发生信息泄露、毁损、丢失的情况时，应当立即采取补救措施。

　　五、网络服务提供者应当加强对其用户发布的信息的管理，发现法律、法规禁止发布或者传输的信息的，应当立即停止传输该信息，采取消除等处置措施，保存有关记录，并向有关主管部门报告。

六、网络服务提供者为用户办理网站接入服务，办理固定电话、移动电话等入网手续，或者为用户提供信息发布服务，应当在与用户签订协议或者确认提供服务时，要求用户提供真实身份信息。

七、任何组织和个人未经电子信息接收者同意或者请求，或者电子信息接收者明确表示拒绝的，不得向其固定电话、移动电话或者个人电子邮箱发送商业性电子信息。

八、公民发现泄露个人身份、散布个人隐私等侵害其合法权益的网络信息，或者受到商业性电子信息侵扰的，有权要求网络服务提供者删除有关信息或者采取其他必要措施予以制止。

九、任何组织和个人对窃取或者以其他非法方式获取、出售或者非法向他人提供公民个人电子信息的违法犯罪行为以及其他网络信息违法犯罪行为，有权向有关主管部门举报、控告；接到举报、控告的部门应当依法及时处理。被侵权人可以依法提起诉讼。

十、有关主管部门应当在各自职权范围内依法履行职责，采取技术措施和其他必要措施，防范、制止和查处窃取或者以其他非法方式获取、出售或者非法向他人提供公民个人电子信息的违法犯罪行为以及其他网络信息违法犯罪行为。有关主管部门依法履行职责时，网络服务提供者应当予以配合，提供技术支持。

国家机关及其工作人员对在履行职责中知悉的公民个人电子信息应当予以保密，不得泄露、篡改、毁损，不得出售或者非法向他人提供。

十一、对有违反本决定行为的，依法给予警告、罚款、没收违法所得、吊销许可证或者取消备案、关闭网站、禁止有关责任人员从事网络服务业务等处罚，记入社会信用档案并予以公布；构成违反治安管理行为的，依法给予治安管理处罚。构成犯罪的，依法追究刑事责任。侵害他人民事权益的，依法承担民事责任。

十二、本决定自公布之日起施行。

全国人民代表大会常务委员会关于维护互联网安全的决定

（2000 年 12 月 28 日第九届全国人民代表大会常务委员会第十九次会议通过）

我国的互联网，在国家大力倡导和积极推动下，在经济建设和各项事业中得到日益广泛的应用，使人们的生产、工作、学习和生活方式已经开始并将继续发生深刻的变化，对于加快我国国民经济、科学技术的发展和社会服务信息化进程具有重要作用。同时，如何保障互联网的运行安全和信息安全问题已经引起全社会的普遍关注。为了兴利除弊，促进我国互联网的健康发展，维护国家安全和社会公共利益，保护个人、法人和其他组织的合法权益，特作如下决定：

第一条　为了保障互联网的运行安全，对有下列行为之一，构成犯罪的，依照刑法有关规定追究刑事责任：

（一）侵入国家事务、国防建设、尖端科学技术领域的计算机信息系统；

（二）故意制作、传播计算机病毒等破坏性程序，攻击计算机系统及通信网络，致使计算机系统及通信网络遭受损害；

（三）违反国家规定，擅自中断计算机网络或者通信服务，造成计算机网络或者通信系统不能正常运行。

第二条　为了维护国家安全和社会稳定，对有下列行为之一，构成犯罪的，依照刑法有关规定追究刑事责任：

（一）利用互联网造谣、诽谤或者发表、传播其他有害信息，煽动颠覆国家政权、推翻社会主义制度，或者煽动分裂国家、破坏国家统一；

（二）通过互联网窃取、泄露国家秘密、情报或者军事秘密；

（三）利用互联网煽动民族仇恨、民族歧视，破坏民族团结；

（四）利用互联网组织邪教组织、联络邪教组织成员，破坏国家法律、行政法规实施。

第三条　为了维护社会主义市场经济秩序和社会管理秩序，对有下列行为之一，构成犯罪的，依照刑法有关规定追究刑事责任：

（一）利用互联网销售伪劣产品或者对商品、服务作虚假宣传；

（二）利用互联网损害他人商业信誉和商品声誉；

（三）利用互联网侵犯他人知识产权；

（四）利用互联网编造并传播影响证券、期货交易或者其他扰乱金融秩序的虚假信息；

（五）在互联网上建立淫秽网站、网页，提供淫秽站点链接服务，或者传播淫秽书刊、影片、音像、图片。

第四条　为了保护个人、法人和其他组织的人身、财产等合法权利，对有下列行为之一，构成犯罪的，依照刑法有关规定追究刑事责任：

（一）利用互联网侮辱他人或者捏造事实诽谤他人；

（二）非法截获、篡改、删除他人电子邮件或者其他数据资料，侵犯公民通信自由和通信秘密；

（三）利用互联网进行盗窃、诈骗、敲诈勒索。

第五条　利用互联网实施本决定第一条、第二条、第三条、第四条所列行为以外的其他行为，构成犯罪的，依照刑法有关规定追究刑事责任。

第六条　利用互联网实施违法行为，违反社会治安管理，尚不构成犯罪的，由公安机关依照《治安管理处罚条例》予以处罚；违反其他法律、行政法规，尚不构成犯罪的，由有关行政管理部门依法给予行政处罚；对直接负责的主管人员和其他直接责任人员，依法给予行政处分或者纪律处分。

利用互联网侵犯他人合法权益，构成民事侵权的，依法承担民事责任。

第七条　各级人民政府及有关部门要采取积极措施，在促进互联网的应用和网络技术的普及过程中，重视和支持对网络安全技术的研究和开发，增强网络的安全防护能力。有关主管部门要加强对互联网的运行安全和信息安全的宣传教育，依法实施有效的监督管理，防范和制止利用互联网进行的各种违法活动，为互联网的健康发展创造良好的社会环境。从事互联网业务的单位要依法开展活动，发现互联网上出现违法犯罪行为和有害信息时，要采取措施，停止传输有害信息，并及时向有关机关报告。任何单位和个人在利用互联网时，都要遵纪守法，抵制各种违法犯罪行为和有害信息。人民法院、人民检察院、公安机关、国家安全机关要各司其职，密切配合，依法严厉打击利用互联网实施的各种犯罪活动。要动员全社会的力量，依靠全社会的共同努力，保障互联网的运行安全与信息安全，促进社会主义精神文明和物质文明建设。

中华人民共和国电子签名法

（2004 年 8 月 28 日第十届全国人民代表大会常务委员会第十一次会议通过）

第一章　总则

第一条　为了规范电子签名行为，确立电子签名的法律效力，维护有关各方的合法权益，制定本法。

第二条　本法所称电子签名，是指数据电文中以电子形式所含、所附用于识别签名人身份并表明签名人认可其中内容的数据。

本法所称数据电文，是指以电子、光学、磁或者类似手段生成、发送、接收或者储存的信息。

第三条　民事活动中的合同或者其他文件、单证等文书，当事人可以约定使用或者不使用电子签名、数据电文。

当事人约定使用电子签名、数据电文的文书，不得仅因为其采用电子签名、数据电文的形式而否定其法律效力。

前款规定不适用下列文书：

（一）涉及婚姻、收养、继承等人身关系的；

（二）涉及土地、房屋等不动产权益转让的；

（三）涉及停止供水、供热、供气、供电等公用事业服务的；

（四）法律、行政法规规定的不适用电子文书的其他情形。

第二章 数据电文

第四条 能够有形地表现所载内容，并可以随时调取查用的数据电文，视为符合法律、法规要求的书面形式。

第五条 符合下列条件的数据电文，视为满足法律、法规规定的原件形式要求：

（一）能够有效地表现所载内容并可供随时调取查用；

（二）能够可靠地保证自最终形成时起，内容保持完整、未被更改。但是，在数据电文上增加背书以及数据交换、储存和显示过程中发生的形式变化不影响数据电文的完整性。

第六条 符合下列条件的数据电文，视为满足法律、法规规定的文件保存要求：

（一）能够有效地表现所载内容并可供随时调取查用；

（二）数据电文的格式与其生成、发送或者接收时的格式相同，或者格式不相同但是能够准确表现原来生成、发送或者接收的内容；

（三）能够识别数据电文的发件人、收件人以及发送、接收的时间。

第七条 数据电文不得仅因为其是以电子、光学、磁或者类似手段生成、发送、接收或者储存的而被拒绝作为证据使用。

第八条 审查数据电文作为证据的真实性，应当考虑以下因素：

（一）生成、储存或者传递数据电文方法的可靠性；

（二）保持内容完整性方法的可靠性；

（三）用以鉴别发件人方法的可靠性；

（四）其他相关因素。

第九条 数据电文有下列情形之一的，视为发件人发送：

（一）经发件人授权发送的；

（二）发件人的信息系统自动发送的；

（三）收件人按照发件人认可的方法对数据电文进行验证后结果相符的。

当事人对前款规定的事项另有约定的，从其约定。

第十条 法律、行政法规规定或者当事人约定数据电文需要确认收讫的，应当确认收讫。发件人收到收件人的收讫确认时，数据电文视为已经收到。

第十一条 数据电文进入发件人控制之外的某个信息系统的时间，视为该数据电文的发送时间。

收件人指定特定系统接收数据电文的，数据电文进入该特定系统的时间，视为该数据电文的接收时间；未指定特定系统的，数据电文进入收件人的任何系统的首次时间，视为该数据电文的接收时间。

当事人对数据电文的发送时间、接收时间另有约定的，从其约定。

第十二条 发件人的主营业地为数据电文的发送地点，收件人的主营业地为数据电文的接收地点。没有主营业地的，其经常居住地为发送或者接收地点。

当事人对数据电文的发送地点、接收地点另有约定的，从其约定。

第三章 电子签名与认证

第十三条 电子签名同时符合下列条件的，视为可靠的电子签名：

（一）电子签名制作数据用于电子签名时，属于电子签名人专有；

（二）签署时电子签名制作数据仅由电子签名人控制；

（三）签署后对电子签名的任何改动能够被发现；

（四）签署后对数据电文内容和形式的任何改动能够被发现。

当事人也可以选择使用符合其约定的可靠条件的电子签名。

第十四条 可靠的电子签名与手写签名或者盖章具有同等的法律效力。

第十五条 电子签名人应当妥善保管电子签名制作数据。电子签名人知悉电子签名制作数据已经失密或者可能已经失密时，应当及时告知有关各方，并终止使用该电子签名制作数据。

第十六条 电子签名需要第三方认证的，由依法设立的电子认证服务提供者提供认证服务。

第十七条 提供电子认证服务，应当具备下列条件：

（一）具有与提供电子认证服务相适应的专业技术人员和管理人员；

（二）具有与提供电子认证服务相适应的资金和经营场所；

（三）具有符合国家安全标准的技术和设备；

（四）具有国家密码管理机构同意使用密码的证明文件；

（五）法律、行政法规规定的其他条件。

第十八条 从事电子认证服务，应当向国务院信息产业主管部门提出申请，并提交符合本法第十七条规定条件的相关材料。国务院信息产业主管部门接到申请后经依法审查，征求国务院商务主管部门等有关部门的意见后，自接到申请之日起四十五日内作出许可或者不予许可的决定。予以许可的，颁发电子认证许可证书；不予许可的，应当书面通知申请人并告知理由。

申请人应当持电子认证许可证书依法向工商行政管理部门办理企业登记手续。

取得认证资格的电子认证服务提供者，应当按照国务院信息产业主管部门的规定在互联网上公布其名称、许可证号等信息。

第十九条　电子认证服务提供者应当制定、公布符合国家有关规定的电子认证业务规则，并向国务院信息产业主管部门备案。

电子认证业务规则应当包括责任范围、作业操作规范、信息安全保障措施等事项。

第二十条　电子签名人向电子认证服务提供者申请电子签名认证证书，应当提供真实、完整和准确的信息。

电子认证服务提供者收到电子签名认证证书申请后，应当对申请人的身份进行查验，并对有关材料进行审查。

第二十一条　电子认证服务提供者签发的电子签名认证证书应当准确无误，并应当载明下列内容：

（一）电子认证服务提供者名称；

（二）证书持有人名称；

（三）证书序列号；

（四）证书有效期；

（五）证书持有人的电子签名验证数据；

（六）电子认证服务提供者的电子签名；

（七）国务院信息产业主管部门规定的其他内容。

第二十二条　电子认证服务提供者应当保证电子签名认证证书内容在有效期内完整、准确，并保证电子签名依赖方能够证实或者了解电子签名认证证书所载内容及其他有关事项。

第二十三条　电子认证服务提供者拟暂停或者终止电子认证服务的，应当在暂停或者终止服务九十日前，就业务承接及其他有关事项通知有关各方。

电子认证服务提供者拟暂停或者终止电子认证服务的，应当在暂停或者终止服务六十日前向国务院信息产业主管部门报告，并与其他电子认证服务提供者就业务承接进行协商，作出妥善安排。

电子认证服务提供者未能就业务承接事项与其他电子认证服务提供者达成协议的，应当申请国务院信息产业主管部门安排其他电子认证服务提供者承接其业务。

电子认证服务提供者被依法吊销电子认证许可证书的，其业务承接事项的处理按照国务院信息产业主管部门的规定执行。

第二十四条 电子认证服务提供者应当妥善保存与认证相关的信息，信息保存期限至少为电子签名认证证书失效后五年。

第二十五条 国务院信息产业主管部门依照本法制定电子认证服务业的具体管理办法，对电子认证服务提供者依法实施监督管理。

第二十六条 经国务院信息产业主管部门根据有关协议或者对等原则核准后，中华人民共和国境外的电子认证服务提供者在境外签发的电子签名认证证书与依照本法设立的电子认证服务提供者签发的电子签名认证证书具有同等的法律效力。

第四章　法律责任

第二十七条 电子签名人知悉电子签名制作数据已经失密或者可能已经失密未及时告知有关各方、并终止使用电子签名制作数据，未向电子认证服务提供者提供真实、完整和准确的信息，或者有其他过错，给电子签名依赖方、电子认证服务提供者造成损失的，承担赔偿责任。

第二十八条 电子签名人或者电子签名依赖方因依据电子认证服务提供者提供的电子签名认证服务从事民事活动遭受损失，电子认证服务提供者不能证明自己无过错的，承担赔偿责任。

第二十九条 未经许可提供电子认证服务的，由国务院信息产业主管部门责令停止违法行为；有违法所得的，没收违法所得；违法所得三十万元以上的，处违法所得一倍以上三倍以下的罚款；没有违法所得或者违法所得不足三十万元的，处十万元以上三十万元以下的罚款。

第三十条 电子认证服务提供者暂停或者终止电子认证服务，未在暂停或者终止服务六十日前向国务院信息产业主管部门报告的，由国务院信息产业主管部门对其直接负责的主管人员处一万元以上五万元以下的罚款。

第三十一条 电子认证服务提供者不遵守认证业务规则、未妥善保存与认证相关的信息，或者有其他违法行为的，由国务院信息产业主管部门责令限期改正；逾期未改正的，吊销电子认证许可证书，其直接负责的主管人员和其他直接责任人员十年内不得从事电子认证服务。吊销电子认证许可证书的，应当予以公告并通知工商行政管理部门。

第三十二条 伪造、冒用、盗用他人的电子签名，构成犯罪的，依法追究刑事责任；给他人造成损失的，依法承担民事责任。

第三十三条 依照本法负责电子认证服务业监督管理工作的部门的工作人员，不依法履行行政许可、监督管理职责的，依法给予行政处分；构成犯罪的，依法追究刑事责任。

第五章 附则

第三十四条 本法中下列用语的含义：

（一）电子签名人，是指持有电子签名制作数据并以本人身份或者以其所代表的人的名义实施电子签名的人；

（二）电子签名依赖方，是指基于对电子签名认证证书或者电子签名的信赖从事有关活动的人；

（三）电子签名认证证书，是指可证实电子签名人与电子签名制作数据有联系的数据电文或者其他电子记录；

（四）电子签名制作数据，是指在电子签名过程中使用的，将电子签名与电子签名人可靠地联系起来的字符、编码等数据；

（五）电子签名验证数据，是指用于验证电子签名的数据，包括代码、口令、算法或者公钥等。

第三十五条 国务院或者国务院规定的部门可以依据本法制定政务活动和其他社会活动中使用电子签名、数据电文的具体办法。

第三十六条 本法自 2005 年 4 月 1 日起施行。

计算机信息网络国际联网安全保护管理办法
（1997 年 12 月 11 日国务院批准 1997 年 12 月 30 日公安部发布）

第一章 总则

第一条 为了加强对计算机信息网络国际联网的安全保护，维护公共秩序和社会稳定，根据《中华人民共和国计算机信息系统安全保护条例》、《中华人民共和国计算机信息网络国际联网管理暂行规定》和其他法律、行政法规的规定，制定本办法。

第二条 中华人民共和国境内的计算机信息网络国际联网安全保护管理，适用本办法。

第三条 公安部计算机管理监察机构负责计算机信息网络国际联网的安全保护管理工作。公安机关计算机管理监察机构应当保护计算机信息网络国际联网的公共安全，维护从事国际联网业务的单位和个人的合法权益和公众利益。

第四条 任何单位和个人不得利用国际联网危害国家安全、泄露国家秘密，不得侵犯国家的、社会的、集体的利益和公民的合法权益，不得从事违法犯罪活动。

第五条 任何单位和个人不得利用国际联网制作、复制、查阅和传播下列信息：

（一）煽动抗拒、破坏宪法和法律、行政法规实施的；

（二）煽动颠覆国家政权，推翻社会主义制度的；

（三）煽动分裂国家、破坏国家统一的；

（四）煽动民族仇恨、民族歧视，破坏民族团结的；

（五）捏造或者歪曲事实，散布谣言，扰乱社会秩序的；

（六）宣扬封建迷信、淫秽、色情、赌博、暴力、凶杀、恐怖，教唆犯罪的；

（七）公然侮辱他人或者捏造事实诽谤他人的；

（八）损害国家机关信誉的；

（九）其他违反宪法和法律、行政法规的。

第六条　任何单位和个人不得从事下列危害计算机信息网络安全的活动：

（一）未经允许，进入计算机信息网络或者使用计算机信息网络资源的；

（二）未经允许，对计算机信息网络功能进行删除、修改或者增加的；

（三）未经允许，对计算机信息网络中存储、处理或者传输的数据和应用程序进行删除、修改或者增加的；

（四）故意制作、传播计算机病毒等破坏性程序的；

（五）其他危害计算机信息网络安全的。

第七条　用户的通信自由和通信秘密受法律保护。任何单位和个人不得违反法律规定，利用国际联网侵犯用户的通信自由和通信秘密。

第二章　安全保护责任

第八条　从事国际联网业务的单位和个人应当接受公安机关的安全监督、检查和指导，如实向公安机关提供有关安全保护的信息、资料及数据文件，协助公安机关查处通过国际联网的计算机信息网络的违法犯罪行为。

第九条　国际出入口信道提供单位、互联单位的主管部门或者主管单位，应当依照法律和国家有关规定负责国际出入口信道、所属互联网络的安全保护管理工作。

第十条　互联单位、接入单位及使用计算机信息网络国际联网的法人和其他组织应当履行下列安全保护职责：

（一）负责本网络的安全保护管理工作，建立健全安全保护管理制度；

（二）落实安全保护技术措施，保障本网络的运行安全和信息安全；

（三）负责对本网络用户的安全教育和培训；

（四）对委托发布信息的单位和个人进行登记，并对所提供的信息内容按照本办法第五条进行审核；

（五）建立计算机信息网络电子公告系统的用户登记和信息管理制度；

（六）发现有本办法第四条、第五条、第六条、第七条所列情形之一的，应当保留有关原始记录，并在二十四小时内向当地公安机关报告；

（七）按照国家有关规定，删除本网络中含有本办法第五条内容的地址、目录或者关闭服务器。

第十一条 用户在接入单位办理入网手续时，应当填写用户备案表。备案表由公安部监制。

第十二条 互联单位、接入单位、使用计算机信息网络国际联网的法人和其他组织（包括跨省、自治区、直辖市联网的单位和所属的分支机构），应当自网络正式联通之日起三十日内，到所在地的省、自治区、直辖市人民政府公安机关指定的受理机关办理备案手续。前款所列单位应当负责将接入本网络的接入单位和用户情况报当地公安机关备案，并及时报告本网络中接入单位和用户的变更情况。

第十三条 使用公用账号的注册者应当加强对公用账号的管理，建立账号使用登记制度。用户账号不得转借、转让。

第十四条 涉及国家事务、经济建设、国防建设、尖端科学技术等重要领域的单位办理备案手续时，应当出具其行政主管部门的审批证明。前款所列单位的计算机信息网络与国际联网，应当采取相应的安全保护措施。

第三章 安全监督

第十五条 省、自治区、直辖市公安厅（局），地（市）、县（市）公安局，应当有相应机构负责国际联网的安全保护管理工作。

第十六条 公安机关计算机管理监察机构应当掌握互联单位、接入单位和用户的备案情况，建立备案档案，进行备案统计，并按照国家有关规定逐级上报。

第十七条 公安机关计算机管理监察机构应当督促互联单位、接入单位及有关用户建立健全安全保护管理制度。监督、检查网络安全保护管理以及技术措施的落实情况。公安机关计算机管理监察机构在组织安全检查时，有关单位应当派人参加。公安机关计算机管理监察机构对安全检查发现的问题，应当提出改进意见，作出详细记录，存档备查。

第十八条 公安机关计算机管理监察机构发现含有本办法第五条所列内容的地址、目录或者服务器时，应当通知有关单位关闭或者删除。

第十九条 公安机关计算机管理监察机构应当负责追踪和查处通过计算机

信息网络的违法行为和针对计算机信息网络的犯罪案件，对违反本办法第四条、第七条规定的违法犯罪行为，应当按照国家有关规定移送有关部门或者司法机关处理。

第四章 法律责任

第二十条 违反法律、行政法规，有本办法第五条、第六条所列行为之一的，由公安机关给予警告，有违法所得的，没收违法所得，对个人可以并处五千元以下的罚款，对单位可以并处一万五千元以下的罚款，情节严重的，并可以给予六个月以内停止联网、停机整顿的处罚，必要时可以建议原发证、审批机构吊销经营许可证或者取消联网资格；构成违反治安管理行为的，依照治安管理处罚条例的规定处罚；构成犯罪的，依法追究刑事责任。

第二十一条 有下列行为之一的，由公安机关责令限期改正，给予警告，有违法所得的，没收违法所得；在规定的限期内未改正的，对单位的主管负责人员和其他直接责任人员可以并处五千元以下的罚款，对单位可以并处一万五千元以下的罚款；情节严重的，并可以给予六个月以内的停止联网、停机整顿的处罚，必要时可以建议原发证、审批机构吊销经营许可证或者取消联网资格。

（一）未建立安全保护管理制度的；

（二）未采取安全技术保护措施的；

（三）未对网络用户进行安全教育和培训的；

（四）未提供安全保护管理所需信息、资料及数据文件，或者所提供内容不真实的；

（五）对委托其发布的信息内容未进行审核或者对委托单位和个人未进行登记的；

（六）未建立电子公告系统的用户登记和信息管理制度的；

（七）未按照国家有关规定，删除网络地址、目录或者关闭服务器的；

（八）未建立公用账号使用登记制度的；

（九）转借、转让用户账号的。

第二十二条 违反本办法第四条、第七条规定的，依照有关法律、法规予以处罚。

第二十三条 违反本办法第十一条、第十二条规定，不履行备案职责的，由公安机关给予警告或者停机整顿不超过六个月的处罚。

第五章 附则

第二十四条 与香港特别行政区和台湾、澳门地区联网的计算机信息网络的安全保护管理，参照本办法执行。

　　第二十五条　本办法自发布之日起施行。

中华人民共和国计算机信息系统安全保护条例

（1994 年 2 月 18 日中华人民共和国国务院令第 147 号发布）

第一章　总则

　　第一条　为了保护计算机信息系统的安全，促进计算机的应用和发展，保障社会主义现代化建设的顺利进行，制定本条例。

　　第二条　本条例所称的计算机信息系统，是指由计算机及其相关的和配套的设备、设施（含网络）构成的，按照一定的应用目标和规则对信息进行采集、加工、存储、传输、检索等处理的人机系统。

　　第三条　计算机信息系统的安全保护，应当保障计算机及其相关的和配套的设备、设施（含网络）的安全，运行环境的安全，保障信息的安全，保障计算机功能的正常发挥，以维护计算机信息系统的安全运行。

　　第四条　计算机信息系统的安全保护工作，重点维护国家事务、经济建设、国防建设、尖端科学技术等重要领域的计算机信息系统的安全。

　　第五条　中华人民共和国境内的计算机信息系统的安全保护，适用本条例。

　　未联网的微型计算机的安全保护办法，另行制定。

　　第六条　公安部主管全国计算机信息系统安全保护工作。

　　国家安全部、国家保密局和国务院其他有关部门，在国务院规定的职责范围内做好计算机信息系统安全保护的有关工作。

　　第七条　任何组织或者个人，不得利用计算机信息系统从事危害国家利益、集体利益和公民合法利益的活动，不得危害计算机信息系统的安全。

第二章　安全保护制度

　　第八条　计算机信息系统的建设和应用，应当遵守法律、行政法规和国家其他有关规定。

　　第九条　计算机信息系统实行安全等级保护。安全等级的划分标准和安全等级保护的具体办法，由公安部会同有关部门制定。

　　第十条　计算机机房应当符合国家标准和国家有关规定。

　　在计算机机房附近施工，不得危害计算机信息系统的安全。

　　第十一条　进行国际联网的计算机信息系统，由计算机信息系统的使用单位报省级以上人民政府公安机关备案。

第十二条 运输、携带、邮寄计算机信息媒体进出境的，应当如实向海关申报。

第十三条 计算机信息系统的使用单位应当建立健全安全管理制度，负责本单位计算机信息系统的安全保护工作。

第十四条 对计算机信息系统中发生的案件，有关使用单位应当在24小时内向当地县级以上人民政府公安机关报告。

第十五条 对计算机病毒和危害社会公共安全的其他有害数据的防治研究工作，由公安部归口管理。

第十六条 国家对计算机信息系统安全专用产品的销售实行许可证制度。具体办法由公安部会同有关部门制定。

第三章　安全监督

第十七条 公安机关对计算机信息系统安全保护工作行使下列监督职权：

（一）监督、检查、指导计算机信息系统安全保护工作；

（二）查处危害计算机信息系统安全的违法犯罪案件；

（三）履行计算机信息系统安全保护工作的其他监督职责。

第十八条 公安机关发现影响计算机信息系统安全的隐患时，应当及时通知使用单位采取安全保护措施。

第十九条 公安部在紧急情况下，可以就涉及计算机信息系统安全的特定事项发布专项通令。

第四章　法律责任

第二十条 违反本条例的规定，有下列行为之一的，由公安机关处以警告或者停机整顿：

（一）违反计算机信息系统安全等级保护制度，危害计算机信息系统安全的；

（二）违反计算机信息系统国际联网备案制度的；

（三）不按照规定时间报告计算机信息系统中发生的案件的；

（四）接到公安机关要求改进安全状况的通知后，在限期内拒不改进的；

（五）有危害计算机信息系统安全的其他行为的。

第二十一条 计算机机房不符合国家标准和国家其他有关规定的，或者在计算机机房附近施工危害计算机信息系统安全的，由公安机关会同有关单位进行处理。

第二十二条　运输、携带、邮寄计算机信息媒体进出境，不如实向海关申报的，由海关依照《中华人民共和国海关法》和本条例以及其他有关法律、法规的规定处理。

第二十三条　故意输入计算机病毒以及其他有害数据危害计算机信息系统安全的，或者未经许可出售计算机信息系统安全专用产品的，由公安机关处以警告或者对个人处以 5000 元以下的罚款、对单位处以 15000 元以下的罚款；有违法所得的，除予以没收外，可以处以违法所得 1 至 3 倍的罚款。

第二十四条　违反本条例的规定，构成违反治安管理行为的，依照《中华人民共和国治安管理处罚法》的有关规定处罚；构成犯罪的，依法追究刑事责任。

第二十五条　任何组织或者个人违反本条例的规定，给国家、集体或者他人财产造成损失的，应当依法承担民事责任。

第二十六条　当事人对公安机关依照本条例所作出的具体行政行为不服的，可以依法申请行政复议或者提起行政诉讼。

第二十七条　执行本条例的国家公务员利用职权，索取、收受贿赂或者有其他违法、失职行为，构成犯罪的，依法追究刑事责任；尚不构成犯罪的，给予行政处分。

第五章　附则

第二十八条　本条例下列用语的含义：

计算机病毒，是指编制或者在计算机程序中插入的破坏计算机功能或者毁坏数据，影响计算机使用，并能自我复制的一组计算机指令或者程序代码。

计算机信息系统安全专用产品，是指用于保护计算机信息系统安全的专用硬件和软件产品。

第二十九条　军队的计算机信息系统安全保护工作，按照军队的有关法规执行。

第三十条　公安部可以根据本条例制定实施办法。

第三十一条　本条例自发布之日起施行。

参考文献

1. 蔡前：《以互联网为媒介的集体行动研究》，江西人民出版社2009年版。

2. 陈光磊、黄济民：《青少年网络心理》，中国传媒大学出版社2008年版。

3. 陈文力、陶秀璈主编：《中国文化对外传播战略研究》，九州出版社2012年版。

4. 陈章龙、周莉：《价值观研究》，南京师范大学出版社2004年版。

5. ［德］哈贝马斯：《交往行动理论》（第1卷），洪佩郁等译，重庆出版社1994年版。

6. 段伟文：《网络空间的伦理反思》，江苏人民出版社2002年版。

7. ［法］埃米尔·涂尔干：《社会分工论》，生活·读书·新知三联书店2002年版。

8. 冯鹏志：《延伸的世界——网络化契机限制》，北京出版社1999年版。

9. 郭利强：《网络中的虚拟世界》，天津人民出版社2011年版。

10. 国家计算机网络应急技术处理协调中心：《2013年中国互联网网络安全报告》，人民邮电出版社2014年版。

11. 韩丽颖：《当代大学生核心价值观研究》，人民出版社2014年版。

12. 郝伟：《精神病学》第五版，人民卫生出版社2004年版。

13. 何明升等：《虚拟世界与现实社会》，社会科学文献出版社

2011 年版。

14. 洪守义：《青年行为学》，中国青年出版社 2004 年版。

15. 胡慧林、陈昕、单世联主编：《文化战略与管理》（第 1 卷），上海人民出版社 2011 年版。

16. 胡凯等：《大学生网络心理健康素质提升研究》，中国书籍出版社 2013 年版。

17. 黄少华、陈文江：《重塑自我的游戏：虚拟空间的人际交往》，兰州大学出版社 2002 年版。

18. 纪秋发：《互联网与青少年成长》，中国青年出版社 2007 年版。

19. 姜秀敏：《全球化时代的国际文化关系研究》，中央编译出版社 2011 年版。

20. 蒋海升：《青少年网络道德建构研究》，山东大学出版社 2011 年版。

21. 康凯等：《互联网技术与应用》，机械工业出版社 2006 年版。

22. 李伯聪：《高科技时代的符号世界》，天津科学技术出版社 2000 年版。

23. 李超元等：《凝视虚拟世界：网络的社会文化价值》，天津社会科学院出版社 2004 年版。

24. 李佳国：《当代文化变迁与大学生思想政治教育》，西南财经大学出版社 2008 年版。

25. 李正军：《高校网络心理健康教育导论》，江西高校出版社 2009 年版。

26. 刘文富：《网络政治——网络社会与国家治理》，商务印书馆 2002 年版。

27. 刘允正等：《裂变与整合》，光明日报出版社 2009 年版。

28. 刘子富：《新群体事件观：贵州瓮安"6·28"事件的启示》，新华出版社 2009 年版。

29. 陆俊：《网络悖论》，国防大学出版社 1999 年版。

30. 吕本修：《网络道德问题研究》，中国社会科学出版社 2012

年版。

31. 罗湘明:《互联网视野下高校思想政治教育新论》,吉林大学出版社 2008 年版。

32.《马克思恩格斯全集》(第 19 卷),人民出版社 1963 年版。

33.《毛泽东思想和中国特色社会主义理论体系概论》,高等教育出版社 2013 年修订版。

34. [美] 阿尔温·托夫勒:《创造一个新文明》,生活·读书·新知三联书店 1996 年版。

35. [美] 阿尔温·托夫勒:《第三次浪潮》,生活·读书·新知三联书店 1983 年版。

36. [美] 埃瑟·戴森:《2.0 版:数字化时代的生活设计》,海南出版社 1998 年版。

37. [美] 比尔·盖茨:《未来之路》,北京大学出版社 1996 年版。

38. [美] 傅立民:《论实力——治国方略与外交艺术》,清华大学出版社 2004 年版。

39. [美] 拉里·萨默瓦:《跨文化传播》,中国人民大学出版社 2004 年版。

40. [美] 理查德·A. 斯皮内洛:《世纪道德:信息技术的伦理方面》,刘钢译,金吾伦校,中央编译出版社 1999 年版。

41. [美] 马克·史洛卡:《虚拟入侵》,台北:远流出版公司 1998 年版。

42. [美] 马斯洛:《动机与人格》,华夏出版社 1989 年版。

43. [美] 迈尔斯:《社会心理学》,人民邮电出版社 2006 年版。

44. [美] 迈克尔·H. 亨特:《意识形态与美国外交政策》,世界出版社 1999 年版。

45. [美] 尼葛洛庞帝:《数字化生存》,海南出版社 1997 年版。

46. [美] 诺尔·纽曼:《民意——沉默的螺旋发现之旅》,翁秀琪等译,远东出版社 2010 年版。

47. [美] 威廉·J. 米切尔:《比特之城》,生活·读书·新知三联书店 1999 年版。

48. [美] 韦斯特:《24 重人格》,李永平译,上海译文出版社

2013 年版。

49. ［美］雪利·特克：《虚拟化身：网络世代的身份认同》，台湾远流出版公司 1998 年版。

50. ［美］约翰·奈斯比特等：《高科技·高思维：科技与人性意义的追寻》，新华出版社 2000 年版。

51. ［美］约瑟夫·弗莱彻：《境遇伦理学》，程立显译，中国社会科学出版社 1989 年版。

52. 沈逸：《美国国家网络安全战略》，时事出版社 2013 年版。

53. 石毓彬、杨远：《二十世纪西方伦理学》，湖北人民出版社 1986 年版。

54. 苏振芳主编：《网络文化研究——互联网与青年社会化》，社会科学文献出版社 2007 年版。

55. 孙仲仪：《校园网络安全管理与教育》，吉林出版集团有限责任公司 2012 年版。

56. 陶宏开：《孩子都有向上的心》，湖南人民出版社 2005 年版。

57. 万新恒：《信息化校园：大学的革命》，北京大学出版社 2000 年版。

58. 万资姿：《符号与文化创造》，中国社会科学出版社 2011 年版。

59. 王贤卿：《道德是否可以虚拟：大学生网络行为的道德研究》，复旦大学出版社 2011 年版。

60. 王岳川：《发现东方》，北京大学出版社 2011 年版。

61. 王岳川：《媒介哲学》，河南大学出版社 2004 年版。

62. 谢宏忠：《大学生价值观导向——基于文化多样性视野的分析》，社会科学文献出版社 2010 年版。

63. 薛海鸣：《新时期大学生核心价值观教育研究》，中国书籍出版社 2014 年版。

64. 严峰：《网络群体性事件与公共安全》，上海三联书店 2012 年版。

65. 颜世富：《信息时代与心理调节》，上海人民出版社 2001 年版。

66. 杨雄等:《社会转型与青年发展》,上海社会科学院出版社2004年版。

67. 〔英〕安东尼·吉登斯:《现代性与自我认同》,生活·读书·新知三联书店1998年版。

68. 〔英〕巴雷特:《赛伯族状态:因特网的文化、政治和经济》,河北大学出版社1998年版。

69. 〔英〕戴维·赫尔德等:《全球大变革》,社会科学文献出版社2001年版。

70. 〔英〕曼纽尔·卡斯特:《虚拟社会的崛起》,社会科学文献出版社2001年版。

71. 〔英〕尼尔·巴雷特:《数字化犯罪》,辽宁教育出版社1998年版。

72. 袁贵仁:《价值观的理论与实践》,北京师范大学出版社2006年版。

73. 袁贵仁:《价值学引论》,北京师范大学出版社1991年版。

74. 郑智斌:《众妙之门　中国互联网事件研究》,中国传媒大学出版社2012年版。

75. 钟忠:《中国互联网治理问题研究》,金城出版社2010年版。